國家社科基金重大委托項目“《子海》整理與研究”成果

山東省社科規劃重大委托項目成果

子海精華編

主編 王承略 副主編 聶濟冬

讀書録 讀書續録

（明）薛瑄 撰 孫浦桓 點校

鳳凰出版社

圖書在版編目（CIP）數據

讀書録　讀書續録 / (明) 薛瑄撰 ; 孫浦桓點校.
-- 南京 : 鳳凰出版社, 2017.10
(子海精華編 / 王承略主編)
ISBN 978-7-5506-2665-2

Ⅰ. ①讀… Ⅱ. ①薛… ②孫… Ⅲ. ①讀書筆記－中國－明代 Ⅳ. ①G792

中國版本圖書館CIP數據核字(2017)第245830號

書　名	讀書録　讀書續録
著　者	(明)薛瑄 撰　孫浦桓 點校
責任編輯	林日波
出版發行	鳳凰出版社(原江蘇古籍出版社) 發行部電話025-83223462
出版社地址	南京市中央路165號,郵編:210009
出版社網址	http://www.fhcbs.com
照　排	江蘇鳳凰製版有限公司
印　刷	南通印刷總廠有限公司 南通市通州經濟開發區朝霞路180號,郵編:226300
開　本	890×1240毫米　1/32
印　張	12.5
字　數	270千字
版　次	2017年10月第1版　2017年10月第1次印刷
標準書號	ISBN 978-7-5506-2665-2
定　價	80.00圓
	(本書凡印裝錯誤可向承印廠調換,電話:0513-80237871)

國家社科基金重大委託項目“《子海》整理與研究”成果之一

《子海精華編》

執行編纂(按姓氏筆畫排列)：

王成厚　王　娜　尹思琦　曲娟娟　李　兵　宋恩來

苗　露　柏　雲　柳湘瑜　張雨霏　賈　兵　蘇運蕾

編　　務：張　櫻　劉　端　孫紅苑　沈　虎

本書審稿專家：徐有富

《子海精華編》出版説明

“子海”，即“子書淵海”的簡稱。“《子海》整理與研究”課題係國家社科基金重大委托項目、山東省社科規劃重大委托項目。該課題分《珍本編》、《精華編》、《研究編》、《翻譯編》四個版塊，力圖把子部珍稀文獻、精華文獻進行深層次的整理、研究和譯介，挖掘子部文獻的價值，促進子學研究的發展。

山東大學向來以文史見長。古籍整理與子學研究，是其中的傳統研究方向。“《子海》整理與研究”，是在山東大學前輩學者高亨先生積 30 年之力陸續做成的《先秦諸子研究文獻目録》的基础上，由已故著名古籍整理與研究專家董治安先生參與策劃、設計的大型綜合研究課題。課題立項後，得到了中宣部、教育部、財政部、山東省政府和山東大學的大力支持，學界同仁踴躍參與。《精華編》的整理研究團隊近 200 人，來自海内外 48 所高校和研究機構。在組織管理上，《精華編》努力探索傳統文化研究協同創新的新體制、新機制，現已呈現出活力和實效。

華夏文明是由多元文化構築而成的。中國古代子部典籍，以歷代士人個性化作品的形式，系統性地展示了華夏民族的世界觀和方法論，立體性地反映了中華民族對世界文明發展的貢獻。其中，無論是宏篇大論，還是叢殘小語，都激蕩著歷史的聲音，閃爍著智慧的光芒，構成中國古代思想、藝術、科技和生活方式的主體内容。《精華編》通過對子部最優秀的典籍的整理，一方面擷英取粹，爲華夏文明的傳播提供可靠的資源和文本；另一方面以古鑒今，爲當下社會的發展提供智力支持和精神支撑。并希望進而梳理中華傳統文化的多元結構，繼承中華優秀傳統文化的一貫文脈。

根據漢代以後子學發展和子部典籍的實際情况，參照官私目録的分類與著録，《精華編》選取先秦諸子、儒學、兵家、法家、農家、醫家、曆算、術數、藝術、雜家、小説家、譜録、釋道、類書等十四個類目的要籍幾百種，編爲目録，作爲整理的依據，而在成果展現上則不出現具體的類目。爲統一體例，便於工作，《精華編》編有詳細的《整理細則》，并有簡明的《整理要則》，供整理者遵循使用。

《精華編》整理原則是，對每種子書的整理，突出學術性、資料性和創新性，力求吸納已有的整理成果，推出更具參考價值、更方便閱讀的整理文本。所採用的整理方式，大體有三種：一、部頭較大且前人未曾整理者，採用標點、校勘的方式整理；二、前人曾經標點、校勘者，或採用抽换更好或别具學術特色底本的方式整理，或採用集校、集注的方式整理，或採用校箋、疏證的方式整理，或綜合使用以上方式；三、前人已有較好的注本者，則採用集注、彙評、補正等方式整理。

《精華編》採用五次校審、遞進推動的管理程式，即：一、初校全稿。子海編纂中心組織碩、博研究生，修改文稿錯别字，規範異體字，調整格式，發現并標明校點中的不妥之處。二、初審文稿。子海編纂中心的編纂人員根據情况，解决初校時發現的問題，并判斷書稿的整體質量。三、匿名評審。

聘請資深教授通審全稿，全面進行學術把關，消滅硬傷，寫出審稿意見。四、修改文稿。子海編纂中心及時把專家審稿意見反饋給整理者。整理者根據審稿意見修改，做出新文稿。五、終審文稿。待新文稿返回子海編纂中心後，總編纂作最後的學術質量把關。五步程序完成後，將文稿交付出版社。

五次校審的目的是爲了保證學術質量，提高整理水平，減少錯訛硬傷。但校書如掃塵埃落葉，隨掃隨有，《精華編》雖經多道程序嚴加把關，仍難免有錯，懇請方家不吝指教。子海編纂中心將及時總結經驗，吸取教訓，把工作做得更好，以實現課題設計的初衷。

目　録

讀書録

讀書續録

整理説明

薛瑄(1389—1464),字德温,號敬軒,河津(今山西省河津市)人。他是明代著名的理學家,河東學派的創始人,世稱"薛河東"。官至通議大夫、禮部左侍郎兼翰林院學士,有《薛文清公全集》行世。《明史》卷二百八十二有傳。

薛瑄出生於儒學世家,自幼接受了良好的教育。他天資聰穎,勤奮苦學,在三十歲以前,無心參加科舉考試,而是埋頭研讀儒家經典,孜孜以求儒道之理。

永樂十八年(1420),已届而立之年的薛瑄奉父命參加河南鄉試(其時,薛貞在河南鄢陵縣任儒學教諭),中解元。翌年,薛瑄赴京會試,進士及第。

薛瑄從宣德三年(1428)至天順元年(1457)這三十年間,居官從政的時間有二十四年。他經常做執掌法紀的官員,如監察御史、大理寺少卿和大理寺卿等。他嚴於律己,勤廉從政,有很好的聲譽。

天順元年(1457)春,將近七十歲的薛瑄升任禮部左侍郎兼翰林院大學士,入閣參與機務。但是,英宗皇帝平庸無能,薛瑄對曹吉祥、石亨亂政和于謙、王文被害之事深感失望,遂生退隱之志,很快便告老還鄉了。

薛瑄致仕還鄉以後,授徒講學,著書立説,使河東學派漸臻隆盛。天順八年(1464)六月,薛瑄溘然長逝。次年,朝廷追贈薛瑄爲資善大夫、禮部尚書,謚號文清。隆慶五年(1571)九月,詔准薛瑄從祀孔廟。

《讀書録》十一卷、《讀書續録》十二卷(以下簡稱“兩《録》”),是薛瑄平素讀書的筆記。薛瑄讀書的範圍,主要是先秦儒家的經典和宋代理學家的著述,偶及先秦道家著作和《史》、《漢》等經典史籍。黄宗羲《明儒學案》説:“(薛瑄)先生以復性爲宗,濂洛爲鵠,所著《讀書録》大概爲《太極圖説》、《西銘》、《正蒙》之義疏,然多重複雜出,未經删削,蓋惟體驗身心,非欲成書也。”①“以復性爲宗,濂洛爲鵠”這個説法準確地概括了兩《録》的學術宗旨,“重複雜出”云云,則一面指出兩《録》成書的品質較爲粗糙,一面也解釋了這粗糙的原因是“蓋惟體驗身心,非欲成書也”。這都符合兩《録》的實際情況。

從迄今所見最早的版本來看,作爲讀書筆記的兩《録》,既無明確的主題分類,也無明確的時間記録,似乎只是將一條條的讀書心得較爲隨意地集録在一起罷了。但是,兩《録》在思想上,卻並不隨意散漫。它由兩條思想主幹把全部筆記串聯起來,構成一部形散而神凝的理學著作。這兩條思想主幹,一是理氣統一論,一是理學實踐論。

首先,關於理氣統一論。

《讀書録》開卷之首,薛瑄就明確説道:“無極而太極,非有二也。以無聲無臭而言,謂之無極。以極至之理而言,謂之太極。無聲無臭,而至理存焉。”在這裹,“無聲無臭”者,

---

① 黄宗羲《黄宗羲全集》第七册,浙江古籍出版社2012年版,第121頁。

“氣”也,“無極”也;“極至之理”者,“理”也,“太極”也。“無聲無臭,而至理存焉”,“理”與“氣”相互依存,在存在上不分先後。這個理氣統一的學説,大致上是薛瑄在哲學本體論上的核心思想。

宋代儒家以“無極”、“太極”、“氣”、“理”諸概念構建了一幅宇宙圖式。由於尋本究源之心格外熱切、架構體系之舉格外宏闊,所以遺留下來的問題也就相對較多。理氣在存在上的先後問題就是一個例子。張岱年先生説:“朱熹雖然也講‘天下未有無理之氣,亦未有無氣之理’,但又説:‘然必欲推其所從來,則須先有是理’;‘然理形而上者,氣形而下者,自形而上下言,豈無先後?’”[①]指出朱熹在理氣統一觀上的游移之處。薛瑄在這個問題上,彌合了宋代儒家的游移之論。他説:“理氣本不可分先後,但語其微顯,則若理在氣先。其實有則俱有,不可以先後論也。”(《讀書録》卷二)“理”、“氣”的存在是“理”“微”而“氣”“顯”,“微”的存在給了人錯覺,似乎它應該先有,然後生出“顯”的“氣”來。實際上,無中生有是不可能的,“有則俱有”,理氣“不可以先後論也”。爲了説明問題,薛瑄作了一段較爲細緻的論説:“或言:‘未有天地之先,畢竟先有此理。有此理便有此氣。’竊謂理氣不可分先後。蓋未有天地之先,天地之形雖未成,而所以爲天地之氣,則渾渾乎未嘗間斷止息,而理涵乎氣之中也。及動而生陽,而天始分,則理乘是氣之動而具於天之中;静而生陰,而地始分,則理乘是氣之静而具於地之中。分天分地,而理無不在;一動一静,而理無不存。以至化生萬物,萬物生生而變化無

① 張岱年《〈薛瑄全集〉序》,《運城師專學報》1988 年第 2 期。

窮，理氣二者蓋無須臾之相離也，又安可分孰先孰後哉?”(《讀書録》卷三)這段解説，讓我們看到薛瑄對待理氣統一問題的認真態度及其對這一問題的嚴肅思考。“理涵乎氣之中”，有氣一定有理，有理一定有氣。薛瑄又以《太極圖》爲例，進一步解釋説：“◎此圖中一小圈，即無極而太極。動而生陽，是右邊陰爲之根；靜而生陰，是左邊陽爲之根。方其動也，則太極附動而行；方其靜也，則太極依靜而立。陰陽相根，理氣混合，元無間斷、先後。”(《讀書録》卷四)太極“動而生陽”、“靜而生陰”，因“理涵乎氣之中”，所以“陰陽相根，理氣混合”，“理”與“氣”既不會産生間斷，也不會分出先後。

薛瑄不僅彌合了宋儒在理氣問題上的游移之論，而且堅定地邁向氣本論。他説：“天地間只一氣，因有動靜，故有陰陽剛柔之分。”(《讀書續録》卷一)世界是統一的，究其根底，它統一在“一氣”裏。動靜可以使氣有陰陽剛柔之分，但無論怎樣分，“氣”總是“氣”，而不可能是别的什麽東西。所以，薛瑄説：“一氣流行，一本也；著物，則各形各色而分殊矣。”(《讀書録》卷三)必有一個根本的存在(“一本”)貫通於整個世界紛繁複雜的現象(“分殊”)中，這個世界才是一個多樣而統一的世界。這個貫通於整個世界的根本存在就是“氣”：“在天成象，在地成形，皆一氣也。”(《讀書續録》卷四)當然，“理涵乎氣之中”，所以，“一氣一理，渾然無間。萬物各得一氣一理，分之則殊，合之則一”(《讀書續録》卷一)。

薛瑄在理論上堅持氣本論，這個氣本論又是一個理氣統一論。這就繪出了一個理論上的前景：人生活在一個“一氣”貫通的世界裏，這個“一氣”又包涵著無論如何也擺不脱的“理”；所以“明理”也就成爲生人的自然且本然的一個任務了。正如王健先生所指出的那樣:"薛瑄以氣本論改造朱熹的理先氣後説,並不是反對理存在的合理性。他的目的在於強調理氣'無縫隙'的這種不可分的關係,只有如此,才能避免理氣脱節,使理不致成爲'氣之外懸空'之物,而是'真實'的。"[①]這樣的話,求道明理真的成了現實人生的一項真實任務了。

那麽,與"氣"俱在的"理"是什麽?如何求得此理、明瞭此理呢?薛瑄的回答是這樣的:"人之一身,五臟、耳目、口鼻、四肢、百骸,凡有形者,皆形而下之器也。其五臟、耳目、口鼻、四肢、百骸之理,即形而上之道也。推之君臣、父子、夫婦、長幼、朋友,皆形而下之器也。其仁義禮智信之理,即形而上之道也。以至大而天地萬物,小而一髮一塵,凡可見者,皆形而下之器。其不可見者,皆形而上之道。然器即囿乎道之中,道不離乎器之外。"(《讀書録》卷一)傳統的道器觀維護著理氣統一論,"仁義禮智信之理"這個"形而上之道"貫通在"人之一身"的"形而下之器"裏,"理"是什麽不就明明白白了嗎?如果對此還有疑問,那就請回顧一下孔子的名言:"下學而上達。知我者其天乎!"薛瑄解釋説:"下學,學人事;上達,達天理也。人事,如父子、君臣、夫婦、長幼之類是也。天理,在人,如仁義禮智之性;在天,如元亨利貞之命是也。蓋下學父子、君臣、夫婦、長幼之人事,便是上達仁義禮智、元亨利貞之天理也。"(《讀書録》卷四)這樣,問題基本得到了解決,"元亨利貞"、"仁義禮智"都是"天理",作爲形而上的存在,它們包裹、貫徹了人的肉體生命,人需要做的就是"下學,學人事;

① 王健《中國明代思想史》,人民出版社 1994 年版,第 20 頁。

上達,達天理”,即在整個人生實踐中,不斷地認識“元亨利貞”、“仁義禮智”的真實性和正確性。

其次,關於理學實踐論。

章學誠《文史通義》有一段很客觀的論説,講到性理的探求易入於空泛的玄思:“性命之説,易入虛無。朱子求一貫於多學而識,寓約禮于博文,其事繁而密,其功實而難;雖朱子之所求,未敢必謂無失也。”[①]薛瑄的理學,由於强調“下學,學人事;上達,達天理”,所以能夠在很大程度上躲開“虛無”,而進入“實學”。

儒家的學問相較於道家、佛家的學説,本來就顯示出積極入世、重實有、輕空無的學術傾向,而薛瑄的“實學”則在此傾向上,加進了諸多的實踐因素,要求學者讀經應以實用爲目的,不能將儒家經典當作“口耳文詞之資”。薛瑄説:“讀聖賢之書,句句字字見有的實用處,方爲實學。若徒取以爲口耳文詞之資,非實學也。”(《讀書續録》卷三)這個“實用”、“實學”的思想,可以説是貫通在整個兩《録》中,顯示了薛瑄理學的突出特徵。

薛瑄秉持循名責實、以實定名的名實觀。他説:“凡聖賢之書所載者,皆道理之名也。至於天地萬物所具者,皆道理之實也。書之謂某道某理,猶人之某名某姓也。有是人之姓名,則必實有是人。有是道理之名,則必實有是道理之實。學者當會於言意之表。”(《讀書録》卷一)這不禁使人想到《論語・陽貨》裏孔子的名言:“禮云禮云,玉帛云乎哉?樂云樂云,鐘鼓云乎哉?”在禮樂的形式表現裏藴含著禮樂的精神實

① 葉瑛《文史通義校注》上册,中華書局 1985 年版,第 264 頁。

質。在“聖賢之書所載”的“道理之名”裏,也有一條指示意義的道路通向“道理之實”。“言意之表”這個説法,也使人聯想到莊子的“得意忘言”説。經由語言的提示,尋求意義的活動找到了自己的準確目的——這個目的已經不在語言的藩籬裏了。於是,在薛瑄的思想中,“言辭之末”的東西也只不過是一個“模寫”罷了,這個“模寫”所要指示的目的才是一個真實的存在。他説:“實理皆在乎萬物萬事之間,聖賢之書不過模寫其理耳。讀書而不知實理之所在,徒滯於言辭之末,夫何益之有?”(《讀書録》卷十)由語言所表述的抽象之理,原本存在於真實世界的“萬物萬事之間”,它像一個實體一般真實得不能再真實了。通過聖賢之書的模寫,掌握這個實體般真實的“實理”,這是讀書的真實任務。薛瑄説:“天理如人。天理之名,如人之有名。既識人之名,須親見人之貌,方爲真識其人。既知理之名,須真知理之實,方爲真知其理。徒知理之名而不知理之實,猶徒識人之名而未嘗親見其人之貌,又烏爲真知真識哉?”(《讀書録》卷三)知道了一個人的名字,並不算真的認識了這個人,只有親見其人之容貌,方才算是認識了這個人。通過這個比喻,薛瑄強調了“天理”的真實存在,也暗示了一切表述“天理”的人爲之作都具有某種相對性。

因此,實踐就成了特别重要的事情。他説:“見得理明,須一一踐履過,則事與理相安而皆有著落處。若見理雖明而不一一踐履過,則理與事不相資,終無可依據之地。”(《讀書録》卷四)明理或不明理是重要的,但若明理之後,而不能實踐之,則理之明與事之違恰好構成認識論上的矛盾。若要解決這個矛盾,使“理與事相資”,將求知的主體安頓在“可依據之地”，則“見得理明，須一一踐履過”，由實踐去檢驗、去固化所謂的“理明”，使“事與理相安而皆有著落處”，讓知行統一起來。所以，“不力行，只是學人説話”（《讀書録》卷二），“致知力行，惟在於實，一有不實，則不能造其極矣”（《讀書録》卷十），這些話都在强調實踐在“格物致知”、“明理盡性”活動中至爲重要的地位。

在理氣統一論和理學實踐論之外，薛瑄的政治思想也是構成兩《録》的一個重要内容。

在政治思想上，薛瑄推崇孟子的王道思想。薛瑄認爲：“《孟子》一書，皆從仁義禮知中流出，所以爲聖賢之言，所以爲王者之道。”（《讀書續録》卷三）在《讀書録》卷六中，薛瑄指出：“孟子曰：‘以力假仁者霸，以德行仁者王。’論王霸之分，莫切於此。”這裏，薛瑄找到了孟子劃分王霸之道的關鍵。王道是爲政以德，實行仁政的。霸道相反，假借仁義，實行暴力統治。在《讀書續録》卷三中，薛瑄指出：“所謂王道者，真實愛民如子，《孟子》所謂‘老吾老以及人之老，幼吾幼以及人之幼’。上以是施之，則民愛之如父母者，有必然矣。”執政者的内在真實仁心若能推廣充實到政治權力的諸環節中，便可形成王道。在《讀書續録》卷四中，薛瑄對這一思想有進一步的論述：“孟子‘老吾老以及人之老，幼吾幼以及人之幼’，王道、仁政皆自此出。有一夫之不獲其所，聖人之心爲之戚然不寧。”執政者需有“老吾老以及人之老，幼吾幼以及人之幼”的仁心，天下不能有“一夫不獲其所”，否則執政者的仁心就要受到“戚然不寧”的折磨。

孔子“爲政以德”的思想，是爲建立政治的道德秩序，並試圖以此道德秩序去約束權力本身的泛濫。孟子繼承孔子的德政思想並予以發展，提出了王道仁政的系統思想，堅決反對霸道虐政。在《讀書録》卷一中，薛瑄述説他對王霸之名實的思考，將王道與天理天德聯繫在一起，將霸道虐政與人欲私心聯繫在一起，實現了從理學的角度對王霸之道的合理解釋。薛瑄説："余少知王霸之名而不知實，近日方思得之。蓋謂之王者，自一念、一慮、一心、一身，形於妻子，達之家國天下，無非仁義禮智之充周，初無内外、隱顯、遠近之間也。程子所謂'有天德者便可語王道'。天德，即仁義禮智之德。王道，即是德推之政事，達之家邦天下者是也。謂之伯者，形諸念、慮、身、心者，無非人欲之私，施諸政事征伐者，則假夫仁義之名，其内外、隱顯、遠近，名實判然不相須矣。此王霸、誠僞之所以不同也歟？"（《讀書録》卷一）身、心、念、慮的仁義禮智修養是實行王道的前提，修養的真實帶來"王道，即是德推之政事，達之家邦天下者是也"的良性結果；修養的虚僞，身、心、念、慮的"人欲之私"，則必然要假借仁義之名，以濟己私。簡單地講，就是"王道，天理也；伯功，人欲也"（《讀書續録》卷五），就是"公，王道；私，霸道"（《讀書録》卷六），就是"王者所存所行，皆天理之公；伯者則假天理之名以濟己私耳"（《讀書録》卷六）。這種將權力從服務於少數統治者的限囿裹解放出來，使之成爲服務於社會大衆的管理力量的思想，從理論上講，是很有進步性的。

下面概述一下兩《録》的主要版本。

薛瑄的弟子閻禹錫在成化二年（1466）刻印二十四卷本《讀書録》，並爲之作序，曰："當先師著述時，中心有得，至忘寢食，隨筆札記，未暇倫類，已板行於世矣。先師殁之二年，愚反復讀之，深有感焉。乃仿《近思録》，分門别類，去其重復，釐爲二十四卷。”[①]這段話透露了《讀書録》版本的重要信息，《讀書録》原刊本是一個“未暇倫類，已板行於世”的本子，閻禹錫刻印的二十四卷本《讀書録》是一個重編本，是“仿《近思録》”的體例，對“未暇倫類”的原刊本做了“分門别類”的工作。閻禹錫二十四卷本《讀書録》已佚，但閻《序》保存在後來幾種《讀書録》刻本中。

兩《録》原刊本系統的刻本，迄今所見，最早的完整本子是嘉靖四年(1525)本，這個本子傳統上叫做“石門本”，現藏首都圖書館。嘉靖四年本《讀書録》十一卷，《讀書續録》十二卷，共計二十三卷。其書所附田賦《跋重刊〈讀書録〉後》曰：“《讀書録》並《續録》凡二十三卷，作者爲我朝河東薛文清公。新而梓之者，爲我大侍御石州張公也。”田賦，[②]甌寧(今福建建甌)人，正德九年進士，歷任刑科給事中、池州知府、淮安知府等官職。田賦《跋重刊〈讀書録〉後》所説的“石州張公”，指的是張珩。張珩，[③]山西石州(今山西吕梁)人，正德十六年進士，歷任監察御史、兵部侍郎等官職。張珩主持刊刻的嘉靖四年本兩《録》，是一個難得的善本。這個本子，鍾肇鵬先生把它編入《讀書録四種》中，1998 年由北京圖書館出版社影印出版。

原刊本系統另一個善本，是嘉靖三十四年(1555)沈維藩的兩《録》刻本(以下簡稱“沈刻本”)，現藏國家圖書館。“沈

① 見於乾隆十一年刊薛瑄《讀書録》卷首。

② “國立中央圖書館”編《明人傳記資料索引》，文史哲出版社 1978 年版，第 108 頁。

③ “國立中央圖書館”編《明人傳記資料索引》，文史哲出版社 1978 年版，第 533 頁。

刻本”是《讀書録》的一個官版，由鄢陵陳棐編訂，交由時任聞喜知縣的沈維藩刊刻。“沈刻本”《讀書録》十卷，卷數上少嘉靖四年本《讀書録》一卷，但内容與嘉靖四年本並無多少差别，只是卷次上重新做了劃分而已。“沈刻本”《讀書續録》十二卷，與嘉靖四年本卷數相同，内容也相同。這個本子已列入《國家珍貴古籍名録》（第四批）中，作爲“孔子文化大全”叢書的一種，1989 年由山東友誼書社影印出版。

原刊本系統較爲重要的本子，還有四庫全書本的兩《録》（以下簡稱“四庫本”）。“四庫本”《讀書録》十一卷、《讀書續録》十二卷，與嘉靖四年本的卷數相同。《四庫全書總目》提要曰：“兩《録》之首皆有自記，言其因程子心有所開、不思則塞之語，是以自録隨時所得，以備屢省。其後萬曆中有侯鶴齡者，因所記錯雜，更爲編次，删去重複，名《讀書全録》。然去取之間，頗失瑄本意。今仍録原書以存其舊。”[①]從“去取之間，頗失瑄本意”的話裏，我們能夠看出《四庫全書》編者對侯鶴齡重編本的嚴肅批評；從“仍録原書以存其舊”的話裏，我們能夠準確判斷出“四庫本”是一個早於侯鶴齡本（侯鶴齡本刊於萬曆二十四年，1596 年）的明刊本。

原刊本系統很爲出衆的一個本子，是收在《薛文清公全書》裏的兩《録》刊本。《薛文清公全書》是薛瑄文集的遞修本，其時限上起明崇禎十六年（1643），下迄清道光七年（1827）。1984 年，北京中國書店出版了《薛文清公全書》的影印本。1990 年，山西人民出版社據《薛文清公全書》出版了簡體横排的標點本，並改名爲《薛瑄全集》。《薛文清公全

---

① 永瑢《四庫全書總目》，中華書局 1965 年影印本，第 790 頁。

書》中的《讀書録》十一卷、《讀書續録》十二卷，是乾隆十一年(1746)薛瑄十二代孫薛肯獲刊刻的。這個本子(以下簡稱“乾隆本”)的出衆之處，在於它以明代三種重要刻本(成化二年閻禹錫本、嘉靖四年張珩本、萬曆二十四年侯鶴齡本)爲校本作了一遍很精心的校勘，給出了詳細的校記。雖然我們不能獲知“乾隆本”的底本究竟是哪個版本，但我們從它與嘉靖四年張珩本極大的相似度，以及校書常取時間最早的善本做底本這個校勘通例上做判斷，“乾隆本”的底本應該是一個比嘉靖四年張珩本還要古舊的本子。我們甚至懷疑，“乾隆本”的底本可能是薛瑄家族保存的兩《録》原刊本。

以上四個版本是原刊本系統的善本。

再簡述一下重編本系統的情況。我們前面講過，閻禹錫成化二年(1466)二十四卷本《讀書録》是一個重編本。成化二年(1466)距薛瑄去世的天順八年(1464)不過兩個年頭。從閻禹錫《〈讀書録〉序》所提到的“未暇倫類，已板行於世矣”、“仿《近思録》，分門别類，去其重複，釐爲二十四卷”等情況考察，可以推斷，閻禹錫二十四卷本《讀書録》是最早的一個《讀書録》重編本。其後，侯鶴齡於萬曆二十四年(1596)刊刻二十卷本《讀書録》，名曰《薛文清公讀書全録類編》。這個本子現藏國家圖書館。侯氏將《讀書録》與《讀書續録》打亂次序，基本也是仿《近思録》的體例，對兩《録》進行了一定的分類。張銓在萬曆四十二年(1614)重刻《薛文清公讀書全録類編》二十卷，其内容與侯鶴齡本完全一樣，只是調整了一些條目，如將關涉《四書》、《五經》的條目集中排列在一起，似乎是要顯示出薛瑄某些思想的系統性。入清之後，閩人張伯行重編《讀書録》爲八卷，作爲“正誼堂全書”的一種，於康熙四十七年(1708)刻版印行,題名爲《薛文清公讀書録》。此書在同治年間,由張福昶重做校訂,仍舊編入"正誼堂全書"出版。這個本子在後來影響較大,原因是左宗棠主持了"正誼堂全書"的重印事務,後來王雲五先生又把它收録在《叢書集成初編》裏了。

本書遵循《四庫全書總目》提要的思路,重視兩《録》原貌,對原刊本系統的主要善本做一次整理,所選擇的校勘底本,是嘉靖四年張珩刻本。嘉靖四年本《讀書録》十一卷、《讀書續録》十二卷,黑口,左右雙邊,雙魚尾,半頁十二行,行二十二字,雕版工緻,印刷精良。這個本子,時限最早,内容完整,文字錯訛較少,作爲校勘底本,是十分合適的。

本書所選擇的校本,分别是"沈刻本"、"乾隆本"和"四庫本"。

"沈刻本"兩《録》,白口,左右雙邊,雙魚尾,半頁十行,行二十字。作爲校本,"沈刻本"時能訂正底本之失。例如,《讀書録》卷二底本:"'咸其輔頰古。'人未信,不可強以言聒之。""咸其輔頰舌",引《周易》語,"舌"誤爲"古",沈本正作"舌",可糾正底本。再如,《讀書録》卷三底本:"漢江武不任三公,而事歸台閣,勢然也。""光"誤爲"江",沈本"江"作"光",訂正了底本。

"乾隆本"兩《録》,黑口,左右雙邊,雙魚尾,半頁十二行,行二十二字。如前所述,"乾隆本"是一個彙校本,有很詳細的校勘記。這個校勘記主要的參考價值,是幫助我們有根據地勾勒出原刊本的原貌,使我們相信嘉靖四年張珩刻本與兩《録》原刊本是非常接近的。"乾隆本"自身也能訂正一些底本的錯訛。例如,《讀書録》卷二底本:"'思無疆。'無學思索義理者當深體之。”“無學思索義理者”文意難通,乾隆本“無學”作“爲學”,“爲學思索義理者”,這就講通了。

“四庫本”兩《録》,花口,四周雙邊,上單魚尾,半頁八行,行二十一字。“四庫本”不是一個足本,它缺一些條目,其編者在有些地方以“闕”字做了標明,也有些缺文未做明示。盡管如此,“四庫本”的校勘價值還是有的。例如,《讀書録》卷一底本:“因是以念諸葛武侯之言,曰:‘親賢臣,遠小人,此先漢所以興隆。親小人,遠賢臣,此後漢所以傾覆。’”其中,“傾覆”是講得通的,但與流傳至今的《出師表》不合。四庫本“覆”作“頹”,恰好訂正了底本的這個錯誤。又如《讀書續録》卷二底本:“《易》曰:‘庸言必信。’庸常之言,人以爲不緊要,輕發而不慎。”《荀子》講“庸言必信”,《周易》講“庸言之信”。這裏引述《周易》,應該作“庸言之信”纔對。四庫本正作“之”,訂正了底本。

兩《録》各版本的條目,數量不一。本書執行以底本爲準的原則,校本多出於底本的條目不補入,底本不見於校本的條目不删減。兩《録》各版本條目的排列次序也不一致。“乾隆本”、“四庫本”與底本基本相同,“沈刻本”與底本時有差異。在這方面,本書亦執行以底本爲準的原則,當校本條目與底本條目排列有異時,均以底本條目的排列次序爲準。

讀書録

讀書録卷一

横渠張子云，心中有所開，即便札記，不思則還塞之矣。余讀書，至心有所開處，隨即録之，蓋以備不思而還塞也。若所見之是否，則俟正於後之君子云。河東薛瑄謹識。

無極而太極，非有二也。以無聲無臭而言，謂之無極。以極至之理而言，謂之太極。無聲無臭，而至理存焉。故曰："無極而太極。"以性觀之，無兆朕之可窺而至理咸具，即無極而太極也。

統體一太極，即萬殊之一本。各具一太極，即一本之萬殊。統體者，即大德之敦化。各具者，即小德之川流。天地間只有理氣而已。其可見者，氣也。其不可見者，理也。故曰："君子之道費而隱。"

教本於道，道本於性，性本於命。命者，天道之流行而賦於物者也。故曰："道之大原出於天。"

大而六合，小而一塵，氣無不貫而理无不寓。故曰："君子語大，天下莫能載焉；語小，天下莫能破焉。"

《遠游》篇曰："道可受兮而不可傳，其小無内兮其大無垠。"形容道體之言也。

天下無性外之物，而性無不在，故道不可離。

元亨利貞，天之四德。仁義禮智，人之四德。天德流行而不息者，剛健而已。人雖有是德而不能無間斷者，由有私柔雜之也。故貴乎自強不息。

人心有一息之怠，便與天地之化不相似。

天地之間，時時處處皆是道之流行。人之道即天之道，故當隨時隨處省察，不可有毫髮之間斷也。

天理無内外、隱顯之間，故貴乎謹獨。獨處不能謹，而徒飾乎外，僞也。

爲學之要，莫切於動静。動静合宜者，便是天理。不合宜者，便是人欲。

人心一息之頃，不在天理，便在人欲。未有不在天理、人欲而中立者也。

吾於静時亦頗識是理，但動有與静違者，由存養省察之不至也。

嘗念顔子三月不違仁，諸子或日一至焉，或月一至焉。吾自體驗，此心一日之間，不知幾出幾入也。以是知聖賢之學極難，而亦不可不勉。

吾於所爲之失，隨即知而改之，然未免再萌於心。因謂有不善未嘗不知，易；知之未嘗復行，難。

遍滿天下，皆氣之充塞，而理寓其中。

天者，萬物之祖，生物而不生於物者也。釋氏亦人耳，其四肢百骸固亦天之所生也，豈有天所生者而能擅造化之柄邪？若如其説，則天不在天，而在釋氏矣。萬物始終，莫非陰陽合散之所爲。釋氏乃有輪迴之説，則萬物始終，不在造化，而在釋氏矣。寧有是理邪？道大無外，知者鮮矣。

天理流行，隨處充滿，無少欠缺。故程子作字時甚敬，曰："只此是學。"

物之栽者根乎氣，其生理向盛，故天因有以培之。若物之傾者，則與氣不相連屬，而生理已絶，故天因有以覆之。聖人之德，根乎天理，浩浩不息，猶物之栽而根乎氣也。是以保佑眷顧，而天之培養者，自不能已。凶人則戕賊仁義，自絶其固有之理於天，亦猶物之生氣已絶，故天之所以覆亡者有必至。是以培之、覆之，雖若出於天之所爲，而實皆有以自取之也。

《易傳》曰："易，變易也，變易以從道也。"如人之一動一静者，變易也。而動静之合乎理者，即道也。

少欲覺身輕。

心中無一物，其大浩然無涯。

人之一身，五臟、耳目、口鼻、四肢、百骸，凡有形者，皆形而下之器也。其五臟、耳目、口鼻、四肢、百骸之理，即形而上之道也。推之君臣、父子、夫婦、長幼、朋友，皆形而下之器也。其仁義禮智信之理，即形而上之道也。以至大而天地萬物，小而一髮一塵，凡可見者，皆形而下之器。其不可見者，皆形而上之道。然器即囿乎道之中，道不離乎器之外。故曰："道亦器也，器亦道也。"

《周書》曰："惟天地，萬物父母；惟人，萬物之靈。亶聰明，作元后，元后作民父母。"此言理一分殊。《西銘》之原，疑出於此。

先儒曰："在物爲理，處物爲義。"如君之仁，臣之敬，父之慈，子之孝之類，皆在物之理也。於此處之，各得其宜，乃處物之義也。

《易》曰："顯諸仁，藏諸用。"蓋"顯諸仁"是"藏諸用"之發見處，"藏諸用"是"顯諸仁"之機緘處。"顯諸仁"是"元亨，誠之通"，所以著"藏諸用"之妙。"藏諸用"是"利貞，誠之復"，所以爲"顯諸仁"之本。

"顯諸仁"是"藏諸用"之所爲，乃發見而可見者；"藏諸用"是能爲"顯諸仁"之機緘，而不可見者。

"顯諸仁"似隱而費，"藏諸用"似費而隱。

仁本在内，以顯則在外。用本在外，以藏則在中。

《中孚》，二體皆中實，全體皆中虚。中虚則無物，中實則有理。故曰："中虚，信之本。中實，信之質。"無物而有理，即無極而太極也。

每日所行之事，必體認某事爲仁，某事爲義，某事爲禮，某事爲智，庶幾久則見道分明。

吾居察院中，每念韋蘇州"自慚居處崇，未睹斯民康"之句，惕然有警於心云。

孔子曰："不患無位，患所以立。"惟親歷者知其味。余忝清要，日夜思念於職事，萬無一盡。況敢恣肆於禮法之外乎！

自京師至沅，六七千里，涉越名山大川，見萬物生生之盛，不以遠邇有異。所謂"語大，天下莫能載；語小，天下莫能破"者，當有以默識之。

余昨自京師來湖南。瀕行，院中僚友有誦唐人"此鄉多寶玉，慎莫厭清貧"之句。余每不忘其規戒之厚。

程子書"視民如傷"四字於座側。余每欲責人，嘗念此意而不敢忽。

爲政以法律爲師，亦名言也。既知律己，又可治人。

凡國家禮文制度、法律條例之類，皆能熟觀而深考之，則有以酬應世務而不戾乎時宜。

爲官最宜安重。下所瞻仰,一發言不當,殊愧之。

嘗觀山勢,高峻直截,即生物不暢茂。其勢奔赴溪谷、合輳回環者,[①]即其中草木暢茂。蓋高峻直截者,氣散走,難畜聚,故生物之力薄。回環合輳者,[②]元氣至此,蓄積包藏者多,故生物之力厚。水亦然。灘石峻,即水急而魚鱉不留;淵潭深,則魚鱉之屬聚焉。以是而驗之人,[③]其峭急淺露者,必無所蓄積,必不能容物,作事則輕易而寡成;寬緩深沉者,則所蓄必多,於物無所不容,作事則安重有力而事必成。善學者,觀於山水之間,亦可以進德矣。

氣直是難養。余克治用力久矣,而忽有暴發者,可不勉哉! 二十年治一"怒"字,尚未消磨得盡,以是知克己最難。

天地之間,物各有理。理者,其中脈絡條理合當是如此者是也。大而天之所以健而不息,地之所以順而有常,皆理之合當如此也。若天有息而地不寧,即非天地合當之理矣。以萬物觀之,如花木之生,春夏秋冬之各有其時,青黄赤白之各有其色,萬古常然不易,此花木合當之理也。若春夏者發於秋冬,秋冬者發於春夏,青黄者變爲赤白,赤白者變爲青黄,即非花木合當之理矣。以至昆蟲鳥獸,莫不各有合當之理。以人言之,自一心之所存,以至一身之所具,皆有降衷秉彝之性而不可易者,乃合當如是之理也。不如是,則非人之理矣。以至君之仁,臣之敬,父之慈,子之孝,夫婦之别,皆合

---

① "回",四庫本作"迴"。"環",乾隆本作"還"。
② "環",乾隆本作"還"。
③ "之",四庫本作"諸"。

當如是之理矣。[①] 凡此一有不盡，則非人倫合當之理矣。此理之所以無物不有，無時不然，語大，天下莫能載；語小，天下莫能破也。

觀崖石，每層有紋横界，而層層相沓。蓋天地之初，陰陽之氣蕩磨而成。若水之漾沙，一層復一層也。意其初，必柔軟如濕泥。然及凝結之久，遂成堅剛。北方石炭，未出穴時，其軟如泥，出穴見風即硬。此可驗崖石始柔終剛也。

孟子言浩然之氣，至大至剛。至大，則大而六合，細而一塵，無非此氣之充周。至剛，則貫崖石而草木生，透金鐵而繡澀出。人之氣，即天地之正氣也。能直養而無害，則塞天地、貫金石，至大至剛者可見矣。

人之子孫，富貴貧賤莫不各有一定之命。世之人不明諸此，往往於仕宦中昧冒禮法，取不義之財，欲爲子孫計。殊不知，子孫誠有富貴之命，今雖無立錐之地以遺之，他日之富貴將自至。使其無富貴之命，雖積金如山，亦將蕩然不能保矣。況不義而入者，又有悖出之禍乎！如宋之吕蒙正、范文正公諸公，咸以寒微致位將相，富貴兩極，曷嘗有賴於先世之遺財乎？然則取不義之財欲爲子孫計者，惑之甚矣！

富貴利達在天，無可求之理；德業學術在人，有可求之道。誠欲厚其子孫，以可求者教之，善矣。欲以不可求者厚之，豈非愚之甚邪？

余在長沙道中，偶得兩句，云："忽悟天無際，方知道不窮。"

一日偶思，性非特具於心者爲是，凡耳目、口鼻、手足動

---

① "矣"，沈刻本、乾隆本、四庫本作"也"。

静之理,皆是也。非特耳目、口鼻、手足動静之理爲是,凡天地萬物之理,皆是也。故曰:“天下無性外之物,而性無不在。”

中夜思,凡聖賢之書所載者,皆道理之名也。至於天地萬物所具者,皆道理之實也。書之所謂某道某理,猶人之某名某姓也。有是人之姓名,則必實有是人。有是道理之名,則必實有是道理之實。學者當會於言意之表。

余每夜就枕,必思一日所行之事。所行合理,則恬然安寢。或有不合,即展轉不能寐,思有以更其失。又慮始勤終怠也,因筆録以自警。

《中孚傳》曰:“中虚信之本,中實信之質。”蓋中虚者,無物也;中實者,有理也。無物而有理,即所謂“沖漠無朕之中,萬象森然已具”也。

視富貴如浮雲,許魯齋其人也。魯齋,①余莫測其爲何如人,但想其大而已。

欲淡則心清,心清則理見。

《五經》、《四書》,皆聖賢之言也。由其言以得其心,則在人焉耳。

經書,形而下之器也;其理,形而上之道也。滯於言詞之間而不會於言詞之表者,章句之徒也。

程子曰:“求言必自近。易於近者,非知言者也。”積累之久,涵泳之深,當别有所見。

聖賢千言萬語,皆説人身心上事。誠能因其言以反求諸身心,猛省而擺脱盡私累,則身心皆天理而大可知矣。

---

① “魯齋”,沈刻本作“許魯齋”。

嘗默念，爲此七尺之軀，費却聖賢多少言語！於此而尚不能修其身，可謂自賊之甚矣。

老莊雖翻騰道理，愚弄一世，奇詭萬變，不可摸擬，卒歸於自私，與釋氏同。

聖人之所以爲聖人，以其公天地萬物爲一體，屈伸、消長、進退、存亡，一由乎理之自然而不自私也。老莊必欲外天地萬物，極其智術爲巧免之計，其自私也甚矣。

老莊於道理非無所見，但不勝其避害自私之心，遂鄙薄而不爲。是豈聖人大公至正之心乎？

莊子之言，雖曰"形容道體"，然不能必信而行之，是亦知之實有未至也。使知之至，則必信之篤；信之篤，則行之必至矣。程子所謂"窺測天道未盡"者，蓋謂此。

元人有以"北有許衡，南有吴澄"並稱者，此非後學所敢輕議。然即其書，求其心，考其行，評其出處，則二公之實可見矣。

許魯齋，在後學固不能窺測。① 竊嘗思之，蓋真知實踐者也。

許魯齋，余誠實仰慕，竊不自揆，妄爲之言，曰：其質粹，其識高；其學純，其行篤；其教人有序，其條理精密；其規模廣大，其胸次洒落；其志量弘毅，又不爲浮靡無益之言，而有厭文弊從先進之意。朱子之後，一人而已。

《四書集注》、《章句》、《或問》，皆朱子萃群賢之言議，而折衷以義理之權衡，至廣至大，至精至密。發揮先聖賢之心，殆無餘藴。學者但當依朱子精思熟讀，循序漸進之法，潛心

① "不"，乾隆本作"莫"。

體認而力行之，自有所得。竊怪後人之於朱子之書之意，[1]尚不能遍觀而盡識，或輒逞己見，妄有疵議；或剿拾成説，寓以新名，衒新奇而掠著述之功，多見其不知量也。

《四書》當先以《集注》、《章句》爲主，參之於《或問》。如《輯釋》諸書，固多有發明處；但《語録》或因人淺深而發，或有未定之論；諸儒又或各持所見，間有與朱子異者。若經文《集注》、《章句》未通而泛觀此，則本義反爲所隔，使人將有望洋之嘆。若經文《集注》、《章句》、《或問》既已通貫，在己之權度既定，然後兼考諸書，則知所擇矣。

余讀《集釋》"洒掃應對"條下載朱子語録曰："洒掃應對，有形而上者。精義入神，亦有形而上者。"竊疑此語或記者之誤。蓋"精義入神"，謂精究事物之理入於神妙，[2]是即形而上者也。若謂"精義入神"以上又有形而上者，則"精義入神"爲何物邪？

許魯齋自謂學孔子。觀其去就從容而無所係累，真仕止久速之氣象也。

魯齋，召之未嘗不往，往則未嘗不辭，善學孔子者也。嘗觀周子、二程子、張子、邵子，皆與斯道之傳者也。而朱子作《大學》、《中庸》"序"，惟以二程子繼孟氏之統，而不及三子，何邪？蓋三子各自爲書，或詳於性命、道德、象數之微，有非後學造次所能窺測。二程則表章《大學》、《中庸》、《語》、《孟》，述孔門教人之法，使皆由此而進，自洒掃應對、孝弟忠信之常，以漸及乎精義入神之妙，循循有序，人得而依據。此

① "竊"，沈刻本作"切"。
② "物"，沈刻本作"務"。

朱子以二程子上繼孔孟之統，而不及三子歟。然朱子於《太極圖》、《通書》，則尊周子；於《西銘》、《正蒙》，則述張子；於《易》，則主邵子。又豈不以進修之序，當謹守二程之法；博學之功，又當兼考三子之書邪？及朱子又集《小學》之書，以爲《大學》之基本；注釋《四書》，以發聖賢之淵微。是則繼二程之統者，朱子也。至許魯齋專以《小學》、《四書》爲修己教人之法，不尚文辭，務敦實行。是則繼朱子之統者，魯齋也。

異端，欲知其得失，亦不可不觀其書。但吾學既明，雖觀其書，不爲所惑。① 苟吾學未明，而先觀之，鮮不陷溺其中矣。

老莊之書，切不可深溺。若溺其説而誦習不已，猶居齊齊言，居楚楚語，發於心術文辭，②有不覺者矣。

莊子好文法，學古文者多觀之。苟取其法，不取其詞，可也。若併取其詞爲己出而用之，③所謂鈍賊也。韓文公作《送高閑上人序》，蓋學其法而不用其一詞，此學之善者也。

存諸心者不雜，見於行者不雜，措諸事業者不雜，形諸文詞者不雜，斯謂真儒矣。④ 數者有一雜焉，其得爲真儒乎？

明道先生著述極少，先儒謂其作用近聖者，言其氣象也。後人著述雖多，而氣象有不近似者，知者必識之。

余少知王霸之名而不知其實，近日方思得之。蓋謂之王者，自一念、一慮、一心、一身，形於妻子，達之家國天下，無非仁義禮智之充周，初無内外、隱顯、遠近之間也。程子所謂

---

① "不"上，沈刻本有"亦"字。
② "辭"，沈刻本作"詞"。
③ "詞"，沈刻本作"辭"。
④ "謂"下，沈刻本有"之"字。

“有天德者便可語王道”。天德,即仁義禮智之德。王道,即是德推之政事,達之家邦天下者是也。謂之伯者,[1]形諸念、慮、身、心者,無非人欲之私,施諸政事征伐者,則假夫仁義之名,其内外、隱顯、遠近,名實判然不相須矣。此王霸、誠僞之所以不同也歟?

聖人未嘗有自聖之心。後世儒者,未有所至,即高自品置。如楊雄之《法言》,王通之《續經》,皆以孔子自擬也。二子非特不知聖人,亦不自知爲何如人矣。[2] 自今觀之,豈足以逃識者之鑑![3]

聖人作經,皆寫其身心之實耳。使非寫其身心之實,則人作一書,皆可謂之經矣。

余往年在中州,嘗夢一人,儒衣冠,其色黯然,謂是朱文公。告余曰:“少嗜欲,多明理。”明發,遂書其言於壁。一日,在湖南靖州讀《論語》。坐久假寐,既覺神氣清甚,心體浩然若天地之廣大。忽思前語,蓋欲少則氣定、心清、理明,幾與天地同體。其妙難以語人。

莊子曰:“嗜欲深者,天機淺。”蓋嗜欲昏亂此心,則理無自而見。故周子曰:“一者,無欲也。”無欲,其至矣。

“視民如傷”,當銘諸心。

深以刻薄爲戒,每事當從忠厚。

寧人負我,毋我負人。此言當留心。

聖賢之言,坦易而明白。異端之言,崎嶇而茫昧。

無形而有理,所謂無極而太極。有理而無形,所謂太極

① “伯”,四庫本作“霸”。
② “知”下,沈刻本有“其”字。
③ “足”,乾隆本作“能”。

本無極。形雖無而理則有，理雖有而形則無，此純以理言，故曰："有無爲一。"老氏謂"無能生有"，則"無"以理言，"有"以氣言。以無形之理，生有形之氣，截有無爲兩段，故曰："有無爲二。"

聖賢之言，順之則吉，逆之則凶。

有欲，則人得而中之。[①] 惟無欲，則彼無自而入。

惟寬可以容人，惟厚可以載物。

中夜忽思，天下無性外之物，而性無不在。君臣、[②]父子、夫婦、長幼、朋友，皆物也；而其人倫之理，即性也。佛氏之學，有曰明心見性者。彼既舉人倫而外之矣，安在其能明心見性乎？若果明心見性，則必知天下無性外之物而性無不在，必不舉人倫而外之也。今既如此，則偏於空寂而不能真知心性、體用之全，審矣！程子謂其言爲無不周遍，實則外於倫理，不其信歟？

余讀《泰》、《否》卦辭。"内君子而外小人，君子道長，小人道消"，爲"泰"。"内小人而外君子，小人道長，君子道消"，爲"否"。因是以念諸葛武侯之言，曰："親賢臣，遠小人，此先漢所以興隆。親小人，遠賢臣，此後漢所以傾頽。"[③]嗚呼！豈獨漢室也哉！歷觀數千載以來，家國天下之治亂興亡，[④]未有不原於此者。若武侯之言，可謂深得《大易》之旨，而足爲萬世之明戒矣。

盡心工夫，全在知性、知天上。蓋性即理，而天即理之所

---

① "中"下，四庫本無"之"字。

② "君"上，乾隆本有"如"字。

③ "頽"，原作"覆"，據四庫本改。按，《出師表》："此後漢所以傾頽。"

④ "家國"，四庫本作"國家"。

從出。人能知性、知天,則天下之理無不明,而此心之體無不貫。苟不知性、知天,則一理不通,心即有碍,又何以極其廣大無窮之量乎?是以知盡心工夫,全在知性知天上。

"不怨天,不尤人。"理當如是。

人之出處,當安於義命。不安理義命,[1]妄也。

修德行義之外,當一聽於天。若計較利達,日夜思慮萬端,而所思慮者又未必遂,徒自勞擾,秖見其不知命也。

安往而非事?安往而非道?人臣當即所遇以爲其事,[2]則道無不安矣。苟不能安於所遇,在此念彼,則不能以道自處,審矣。

博文是明此理,約禮是行此理。

《臨》卦當十二月陽剛浸長之時,而以來年八月陽消陰長爲戒。聖人之慮遠矣。

余在沅辰,令一小童燒栗,[3]忽殻破聲爆可畏。蓋熱氣在内不得出,故奮裂而有聲。先儒論雷霆之理,蓋如此。

朱子釋"彌高"、"彌堅",曰:"無窮盡。"釋"在前"、"在後",曰:"無方體。"蓋"無窮盡"者,理之大而不可限量;"無方體"者,理之妙而無所不在。其實一也。

"樞始得其環中,以應無窮。"莊生形容道體之言也。

元來只一理,貫徹天地萬物。分之不爲少,合之不爲多也。

無欲非道,入道自無欲始。

無一物而外理者。

---

① "理",沈刻本、乾隆本、四庫本作"於"。

② "臣",乾隆本作"惟"。

③ "栗"下,沈刻本有"而未破其殻"五字。

舉目而物存,物存而道在。所謂形而下、形而上者是也。

道本無名,姑以萬物、萬事必由是以行,故強名之曰道耳。

讀書,當因其言以求其所言之實理於吾身心,可也。不然,則滯於言語,而不能有以自覺矣。

是何足與言仁義也?莊周有之,其不恭莫大焉。

天以一,故實。地以二,故虛。

利貞者,乾之靜也。元亨者,乾之動也。動不生於動而生於靜,靜不生於靜而生於動,互根之謂也。

“導友善不納,則當止。”宜體此言。

不可因小人包承而易其志。

未合者,不可強言以鈎之。若然,則近於譎。

“慎言其餘。”深有味。

誠不能動人,當責諸己。

韋應物詩曰:“所願酌貪泉,心不爲磷緇。”亦可以爲守身之戒。

張子曰:“當知天下國家無皆非之理。”蓋人能仁必實仁,自足以得親;義必實義,自足以得君;禮必實禮,自足以事長;知必實知,自足以治人;信必實信,自足以得友。如是而不得者,命也,亦何責人之有!若在己者皆不能盡,一有不得,即懷責人之心,是豈君子之道哉?故學至於不責人,則其學進矣。

一故神,太極也。兩故化,陰陽也。

水柔石剛。石爲水漸浸蕩薄之久,銷削剥落。剛不能勝柔,此亦可見。

不能感人,皆誠之未至。

太極一圈，中虛無物。蓋有此理而實無形也。

無極而太極，惟無形而有理，一言括盡。

楊子“四重”、“四輕”之説，吾有取焉。

學以静爲本。

常沉静則含蓄，義理深而應事有力。

少言沉默最妙。

厚重、静定、寬緩，進德之基。

無欲，則所行自簡。

讀朱子《語録》，不若讀《易本義》、《四書集注章句》、《或問》諸手筆之書爲定論。有餘力，則參考《語録》之類可也。

科舉之文，盛而理明者，間有之；因而晦者，尤多矣。

纔欲修辭以立誠，則言自簡，是何也？以可言者少也。

“必有事焉而勿正心”，①與“正其誼不謀其利，明其道不計其功”之語略同。但董子就事言，孟子就理言。

六虛者，卦爻六位皆虛，隨所值或陽或陰居之。

四方、上下、遠邇、内外，在在處處皆是理之充塞，而生物之機未嘗息。視之雖不可見，然沖漠無朕之中，萬象森然已具，所謂無極而太極也。

敬，則中虛無物。

自敬，則人敬之。自慢，則人慢之。

不行而至，此神之妙也。

處人之難處者，正不必厲聲色與之辨是非，較長短。惟謹於自修，愈謙愈約，彼將自服。不服者，妄人也，又何校焉？

---

① “正”下，乾隆本無“心”字。

涵養深，則怒已即休，而心不爲之動矣。①

人於聲色臭味之樂，取快須臾，真所謂過客止耳。何苦深溺其中，而害吾固有之德哉！

自修，則人不得以非理相加，②所謂不惡而嚴也。

法未有久而無弊者。周之封建，初則藩屏王室，翼戴天子，未嘗不善也。至於春秋之間，則有尾大不掉之勢，而周因以微。秦矯其失，罷侯置守，又以孤立無助而亡。漢又懲秦失，遂大封同姓，至景帝有七國之變。武帝下推恩之令，諸侯王削弱，而王莽又得奮其奸。③ 魏仍漢末之失，宗室疏遠，而晋得以竊其國。晋監魏亡，分封太廣，而骨肉自戕，夷狄因之以亂華。④ 由是觀之，法雖善，久必有弊。要在隨時以審其勢之輕重以救之，勿使至於偏甚，則善之善者也。不然，則積之久，至於偏甚而不可舉正，自有大可慮者生乎其間矣。

"時中"似"義"字。

"時中"是活法而不死，"執中"是死法而不活。

不可因喜而蹉過當爲之事。⑤

纔舒放即當收斂，纔言語便思簡默。

只於坐次，便見"時中"之義。坐，一也。我尊人卑，我坐於上，人坐於下，中也。我與人同等，相對而坐，中也。我卑人尊，人坐於上，我坐於下，中也。行，一也。我長人幼，我先人後，中也。我幼人長，我後人先，中也。至於當語而語，語

---

① "矣"下，沈刻本有"近頗驗"三字。
② "理"，沈刻本作"禮"。
③ "得"下，沈刻本有"以"字。
④ "夷狄"，四庫本作"羌氐"；"亂華"，四庫本作"竊據"。
⑤ "蹉"，四庫本作"錯"。

爲中。當默而默，默爲中。中無定體，乃所謂“時中”也。

有益者不爲，無益者爲之，所以苦其勞而不見成功。

不可乘喜而多言，不可乘快而易事。

唐初，邊將未有久握兵者。至天寶間，李林甫爲固寵之計，杜絶邊將入相之路，遂致擁兵年久，而成藩鎮之勢。

須要有包含，則有餘意。發露大盡，則難繼。

勢到七八分即已，如張弓然，過滿則折。

因喜而多言，覺氣流而志亦爲之動。①

常默最妙。己心既存，而人自生敬。②

輕言輕動之人，不可以與深計；易喜易怒者，亦然。

聞事不喜不驚者，可以當大事。

小事易動，則大事可知。大事不動，則小事可知。

自修爲要。

應事接物，惟在“時中”。

人當自信、自守。雖稱譽之，承奉之，亦不爲之加喜。雖毁謗之，侮慢之，亦不爲之加沮。

和而敬，敬而和，處衆之道。

不可因人曲爲承順而遂與之合。唯以義相接，則可以與之合。

輕言則納侮。

自喜，則自矜之心生。

張文忠公曰：“左右非公故，勿與語。”予深體此言，吏卒輩不嚴而慄然也。

---

① “爲”下，原無“之”字，據沈刻本補。
② “自”下，原無“生”字，據沈刻本、乾隆本補。

待吏卒輩，公事外不可與交一言。

待下固當謙和，謙和而無節，反納其侮，所謂“重巽，吝”也。惟和而莊，則人自愛而畏。

周子曰：“天下，勢而已。在乎早識而亟反之。”余論前古封建之勢，意亦如此。

慎動，當先慎其幾於心，次當慎言、慎行、慎作事，皆慎動也。

凡作事，謹其始，乃所以慮其終。所謂永終知弊是也。不能謹始慮終，乘快作事，後或難收拾，則必有悔矣。

事纔入手，便當思其發脱。

事已往，不追，最妙。

理一，乃所以包乎分殊。分殊，即所以行夫理一。分殊固在乎理一之中，而理一又豈離分殊之外哉？

接下，言貴簡，不可一語冗長。

發言須句句有著落方好。人於忙處，言或妄發，所以有悔。惟心定則言必當理，而無妄發之失矣。

有一毫取人之意，則言必諛，貌必諂，所謂“巧言令色，鮮矣仁”也。

只理順，便是行道。①

人能於言動事爲之間不敢輕忽，而事事處置合宜，則浩然之氣自生矣。

《詩》之變者何其多，而正者何其少邪？是皆氣化人事之自然也。《易》之陽奇陰偶，亦然。噫！

程子作字甚敬，曰：“只此是學。”余謂洒掃應對亦然。洒

---

① “是”下，四庫本無“行”字。

掃應對之所以然,即精義入神之妙也。

洒掃應對,雖小子事尊長之理,[1]然禮即天理之節文,精粗本末又豈二乎?

讀書至聖賢言不善處,則必自省,曰:"吾得無有此不善乎?"有不善,則速改之。毋使一毫與聖賢所言之不善有相似焉。至聖賢言善處,則必自省,曰:"吾得無未有此善乎?"於善,則速爲之。必使事事與聖賢所言之善相同焉。如此,則讀書不爲空言,惡日消而善日積矣。

"費"是"隱"之流行處,"隱"是"費"之存主處。體用一源,顯微無間。如陰陽五行流行,發生萬物,"費"也;而其所以化生之機不可見者,"隱"也。

常默可以見道。

活潑潑地,無物不有,無時不然,只是生生之機。

德進則言自簡。

修辭以立誠,則言不妄發。

欲深,欲厚;欲莊,欲簡。

多言,最使人心志流蕩而氣亦損。少言,不惟養得德深,又養得氣完,而夢寐亦安。

常乘快不覺多言,至夜,枕席不安。蓋神氣爲多言所損也。此雖近於修養之説,然養德亦自謹言始。

養之深,則發之厚。養之淺,則發之薄。觀諸造化可見:窮冬大寒,天地閉塞,而元氣蓄藏既固,至春則發達充盛而不可遏。若冬暖,元氣露泄,則春亦生物不盛,而疫癘作矣。

---

① "理",沈刻本、乾隆本、四庫本作"禮"。

矯輕警惰，只當於心志言動上用力。

宋太祖若能大居正，以天下傳子，可也。必若重違母氏之命，爲宗社之計，亦宜早斷。當斷不斷，致晋邸生疑，而有燈影離席遜避之變。昔魯隱公欲傳位桓公而不即授，乃使營菟裘曰："吾將老焉。""將"之一詞，卒致鍾巫之反。其事正與宋祖相類。當時秉史筆者，皆其臣子，義所當諱，故爲微詞，而其事迹晦昧不彰於後世。竊謂晋邸之罪，固不可勝誅矣。而宋祖乃所謂"爲人君父不通《春秋》之義者，必蒙首惡之名"乎！

隱者，無聲無臭之妙也。

常充無欲害人之心。

知天地萬物爲一體，則能愛矣。

行其無事，則順理矣。

順理則心安而體適。

文中子曰："僮僕稱恩，可以從政矣。"

文中子曰："同不害正，異不傷物。"

文中子曰："多言不可與遠謀，多動不可與久處。"

文中子曰："我未見欲仁好義而不得者也。如不得，斯無性者也。"此言近理。

經書所載，皆天地間事。天地間事，皆吾分内事。知天地間事皆吾分内事，則德盛而不矜，功大而不伐矣。

須是盡去舊習，從新做起，乃有進。張子曰："濯去舊見，以來新意，極有益。"宣德五年閏十二月初二日夜，余在辰州府分司，睡至五更，忽念己德所以不大進者，正爲舊習纏繞，未能掉脱。故爲善而善未純，去惡而惡未盡。當自今一刮舊習，一言一行求合於道，否則匪人矣。

德不進，病在意不誠；意誠，則德進矣。

安於故習，則德不新。

性本自然，非人所能强爲也。順其自然，所謂行其所無事也。有所作爲而然，則鑿矣。

理一，猶一大城子，無不包羅。其中千門萬户，大衢小巷，即所謂分殊也。理一，所以統夫分殊。分殊，所以分夫理一。其實，一而已矣。

實有向道之心，則道必進。

近看得處事有二法：知以别可否，義以決取舍。斯無過舉矣。

處事便當揆之以義。

當於心意言動上做功夫，心必操，意必誠，言必謹，動必慎。内外交修之法也。

若胸中無物，殊覺寬平快樂。

一念之非即遏之，一動之妄即改之。

心虚，有内外合一之氣象。

公則人己不隔。私則一膜之外，便爲胡越。

發奮誠心要做好人，一切舊習定須截斷。

古人功名不立，有憂老之將至者。吾於道德無成，亦憂老之將至。誠心如此。

萬起萬滅之私，亂吾心久矣。今當悉皆埽去，以全吾湛然之性。

見枯樹則心不悦，見生榮之花木則愛之，亦可驗己意與物同也。

静中有無限妙理皆見。

俯仰天地無窮，知斯道之大，覺四海爲小矣。

學舉業者，讀諸般經書，只安排作時文材料用，於己全無干涉。① 故其一時所資以進身者，皆古人之糟粕；終身所得以行事者，皆生來之氣習。誠所謂書自書、我自我，與不學者何以異？

因思學不進，大病在見理不明，信道不篤。今欲學道，又怕既學道，爲道理拘束，與自家身心上受用外物相妨。欲不學道，又見説此是個好道理。若見理明，則必知外物之樂不如是道之樂；信道篤，則必使外物之樂不得以奪是道之樂。如是而學，其有不進者乎？勢不内重外輕，則内輕外重。權其輕重，使不至於一偏，則無患矣。

凡與人言，即當思其事之可否，可則諾，不可則無諾。若不思可否，而輕諾之事或不可行，則必不能踐厥言矣。有子曰："信近於義，言可復也。"意蓋如此。

朱子語録、雜論，散見於諸書者甚多。當時門人從傍記録，豈無一二之誤？況傳寫之久乎！嘗竊謂讀朱子語録、雜論，不若讀朱子手筆之書爲無疑。然語録、雜論中有義理精確明白，發手筆之未發者，則不可不考也。

子思姑舉鳶、魚二物示人以道體耳。其實，盈天地間無一物而非道體之所寓也。夫子川流之嘆，亦舉一端以示人。

"左之左之，右之右之"，無非此理。識得，誠不知手之舞之，足之蹈之。

《西銘》曰："予兹藐焉，乃混然中處。"混然，則内外一致，物我無間也。

心大，則如天之無物不包。心小，則如天之無物不入。

---

① "於"，沈刻本作"與"。

《西銘》“混”字、“塞”字、“帥”字皆一意，但有理氣之别。

斯須苟且，即非敬矣。

仁則不間斷，間斷則非仁矣。

仁，只是此心之理與萬物都相貫通，故欣戚相關而能愛。纔不貫通，便相間隔，只知有己，不知有物，欣戚不相關而不能愛矣。然貫通非仁，其貫通之理，仁也。

敬，則都是一片公正的心。不敬，則無限私竊的心生矣。

常人之言，猶有可信者。不信聖人之言，可乎？

曾子“忠恕”，姑借學者盡己推己，其施不窮，以著明“一貫”之體用無窮耳。其實，聖人之“一貫”，從大本大原中自然流出，初無待於盡而推也。程子曰：“此與‘違道不遠’異者，動以天爾。”則見《論語》之“忠恕”爲自然；①《中庸》之“忠恕”爲勉然。② 然“忠恕”依舊以《中庸》爲定名，要在看得活，則知《論語》之“忠恕”，乃曾子借彼移上一步，以明聖人之“一貫”耳。

“參伍以變”，只是以不齊之數互考之，欲見其齊耳。

讀《西銘》，不敢慢一人，輕一物。

讀《西銘》，著不得一毫私意。

讀《西銘》，有“天下爲一家，中國爲一人”之氣象。

讀《西銘》，知天地萬物爲一體。

《西銘》，天德、王道備焉。

《西銘》立心，可以語王道。

讀《西銘》，則知小智自私，誠可恥也。

---

① “則”上，沈刻本有“動以天”三字。
② “中”上，沈刻本有“動以人，則見”五字。

所見既明,當自信。不可因人所説如何,而易吾之自信。

君子取人之德義,小人取人之勢利。

疑人輕己者,皆内不足。

聖賢欲人皆善之心,讀其書,親若見之,①而不能體其心以爲心,可謂自棄者矣。

不可強語人以不及,非惟不能入彼,將易吾言矣。

自孔孟後,皆不識性。荀子謂性惡,楊子謂善惡混,先儒固已辨其非矣。唐韓子《原性》,以仁、義、禮、知、信論性,以喜、怒、哀、懼、愛、惡、欲論情,獨於性情爲有見。② 三品之説,蓋孔子"唯上智與下愚不移"之意,③兼氣質而言也。④ 是雖不明推出"氣"字,而意已在其中矣。竊謂自孟子後,論性惟韓子爲精粹,又豈荀、楊偏駁者可得同年而語哉!

"不下帶而道存焉",此道不可離也。

孔子讀《烝民》之詩,曰:"爲此詩者,其知道乎!故有物必有則,民之秉彝也,故好是懿德。"子思《中庸》引《詩》,曰:"'維天之命,於穆不已!'蓋曰天之所以爲天也。'於乎不顯!文王之德之純。'蓋曰文王之所以爲文也,純亦不已。"凡聖賢説《詩》,只加數字轉换過而義自見,未嘗費詞也。朱子《詩集傳》,蓋得此法矣。

機在心,當慎所發;發不以正,甚害事。

愈日新,愈日高。

篤志此道,使天下之物不能尚,其庶有進乎!

---

① "親若",四庫本作"若親"。
② "見"下,沈刻本有"而不差"三字。
③ "蓋",沈刻本作"即"。
④ "兼"上,沈刻本有"蓋"字。

匹夫之志，未必皆出於正，而猶不可奪；況君子之志於道，孰得而奪之哉！

勢無兩重之理，此重則彼輕，此輕則彼重。故道義重則外物輕，道義輕則外物重。爲學之士，常使外物不能勝其道義，則此日重，彼日輕。積久，惟見道義，而不復知有外物矣。

因思千古聖賢垂訓炳明，蓋欲人讀其書，行其道也。苟徒資爲口耳文詞之用，而不行其道，即先儒所謂買櫝還珠也。可不戒哉！①

舍《小學》、《四書》、《五經》、宋諸儒性理之書不讀，而先讀他書，猶惡睹泰山而喜觀丘垤也。② 藐乎！吾知其小矣。

聖人論道，多兼理氣而言。如所謂“一陰一陽之謂道”、“形而上下”之語，皆兼理氣而言也。

《太極圖》上面大圈子即陰陽，中、小圈子在陰陽中，見其不離；在上，見其不雜，其實一而已矣，非小圈外別有一圈爲太極也。

孔子曰：“易有太極。”又曰：“一陰一陽之謂道。”又曰：“形而上者之謂道，形而下者之謂器。”皆兼理氣而言。周子“無極而太極”，則純以理言；至“動而生陽，靜而生陰”，則兼以氣言矣。

“無極”立言，本欲明此理之無方所，無形象耳。後人將作“虛無”之“無”看，則失周子之意矣。

---

① “可不戒哉”，沈刻本作“愚亦甚矣”。

② “觀”，原無此字，據沈刻本補。按，“惡睹”、“喜觀”相對成文，沈刻本爲是。

讀書録卷二

孔子所謂“易有太極”者，言陰陽變易之中而有至極之理，是就氣中指理以示人。周子“無極而太極”，言雖無形之中而有至極之理，則專以理言；至“太極動而生陽，靜而生陰”，則亦兼以氣言矣。學者知無者太極之無形，有者太極之有理，則有無合一。[①]

工夫切要在夙夜、飲食、男女、衣服、動靜、語默、應事、接物之間。於此，事事皆合天則，則道不外是矣。

陽明者，善也。陰濁者，惡也。人見天氣晴明，則心意舒暢；見天氣陰晦，則心意黯慘；亦可以驗好善惡惡之一端。

“吉凶者，貞勝者也。”治亂興衰，相尋無端；氣化之自然也。

眼底萬物，不出水、火、木、金、土；萬善，不出仁、義、禮、知、信。凡大小有形之物，皆自理氣至微至妙中生出來，以至於成形而著。張子曰：“其來也，幾微易簡；其至也，[②]廣大堅固。”

元，無虧欠；元，無止息。

---

① “一”下，沈刻本有“矣”字。
② “至”，乾隆本作“究”。

念慮一毫雜妄,即非仁,便當克去。

一念之差,心即放;纔覺其差,而心即正。

心存則理見,心放則理與我相忘矣。

水清則見毫毛,心清則見天理。

斯須心不在而動,即妄矣。

習舉業者,借經書之文以徼利達,而不知一言之可用,誠所謂侮聖人之言也。

科目進身者有一第之後,《四書》本經悉置而不觀,則身心事業從可知矣。

人倫明,則禮樂興。

禮只是序,樂只是和。如君臣、父子、兄弟、夫婦、朋友,各得其分而不相侵越,所謂序也。序則禮立矣。君仁臣敬、父慈子孝、兄友弟恭、夫義妻聽、朋友有信,所謂和也。和則樂生焉。是則人倫禮樂之本,人倫不序不和,則禮樂何自興哉?人有斯須之不敬,則怠慢之心生,[①]而非禮矣。有斯須之不和,則乖戾之心生,而非樂矣。故曰:“禮樂不可斯須去身。”

禮者,因天理之自然而品節之,以爲制也。仁者,天理也。人而不仁,則天理亡矣,禮何自而立哉?

讀書記得一句,便尋一句之理,務要見得下落,方有益。先儒謂“讀書只怕尋思”。近看得“尋思”二字最好。如聖賢一句言語,便反覆尋思:在吾身心上何者爲是?在萬物上何者爲是?使聖賢言語皆有著落,則知一言一語皆是實理,而非空言矣。

---

① “怠”,沈刻本作“暴”。

程子謂："期月三年一世，大國五年，小國七年之類，皆當思其作爲如何，乃有益。"竊謂爲學亦然。[①] 凡讀聖賢書，於其一字一句皆當思其作爲如何，乃有益也。

讀書不尋思，如迅風飛鳥之過前，響絶影滅，亦不知聖賢所言爲何事，要作何用。惟精心尋思，體貼向身心事物上來反覆考驗其理，則知聖賢之書，一字一句皆有用矣。

天於善惡必有其報，但人以淺近之見窺測天道，便謂茫昧差爽而不可信。如夏商之後，皆統承先王，修其禮物，作賓於王家，雖改姓易物，而宗廟之血食，子孫之封爵，皆與時王匹，休而不泯。非其先世有大德大功於民，能如是乎？因是以觀，魏晋以來以及五胡、南北朝、楊堅、五代之世，皆素無功德於天下，徒以狙詐兵力，竊命一時，皆不數傳，而子孫無容足之地，廟祀遂以絶饗。則天於善惡之報，豈不明甚矣乎？

顔子"終日不違，如愚"。喋喋多言而能存者，寡矣！

人性，分而言之有五，合而言之則一。一不可見，而五則因發見者可默識也。

"咸其輔頰舌。"[②]人未信，不可強以言聒之。

先儒曰："他山之石，可以攻玉。"與小人處，則動心、忍性、增修、豫防，而德乃進。

人未己知，不可急求其知；人未己合，不可急與之合。聞人毁己而怒，則譽己者至矣。

人譽己，果有善，但當持其善，不可有自喜之心。無善，則增修焉可也。人毁己，果有惡，即當去其惡，不可有惡聞之

---

① "竊"，原作"切"，據乾隆本、四庫本改。按，此處表謙虚，應爲"竊"。

② "舌"，原作"古"，據沈刻本、乾隆本、四庫本改。按，《易》："咸其輔頰舌。"底本形近而誤。

意。無惡，則加勉焉可也。

聞人毁己，即怫然怒，是水不可磯也。[①] 其小也固矣。

顔子"犯而不校"，乃其量大無所不包，譬以寸莛而撞千石之鐘，固不能使之鳴也。

"中庸不可能"，猶顔子所謂"如有所立卓爾；雖欲從之，末由也已"之意。

程子曰："克己最難。"誠哉斯言也！

易摇而難定，易昏而難明者，人心也。惟主敬，則定而明。

荀子"性惡"之論，先儒固已辨其非；然"粹而王，駁而霸"之語，則甚當；其他猶知尊二帝三王之法，屢舉以爲言。以聖學律之，固極偏駁；在戰國時言之，視縱横之徒爲近醇。韓子所以取之者，以是歟？

荀子爲人，意必、剛愎、咈戾。觀其書，其氣象可見。果爲時用，未必不貽害於生人。

知莫先於知人。荀子不取孟子、子思，則是以二子爲非賢也。使其見用於時，有若孟子、子思尚不爲所取，則其所取者又何等人耶？既無知人之明，而欲成治功也，難矣！

仰不愧，俯不怍，心體廣胖，人欲淨盡，天理渾全，則顔氏之樂可識矣。

雖富累千金，而心爲物役，寒冰焦火，猶不樂也。顔子雖簞瓢陋巷之窶，而舉天下之物不足以動其中，俯仰無愧，胸次灑然，樂可知矣。

嘗驗之天下之人，雖至富者，求無不遂，欲無不得，自他

---

① "水"下，沈刻本有"之"字。

人觀之，不啻足矣。自其心察之，彼方愈富愈不足，計較得失之私，日夜汲汲，無須臾寧息，是曷嘗有泰然之樂邪？

實嘗用力於顔子之學，則能知顔子之所樂。不然，但得其樂之名，而未知其樂之實也。譬之泰山，人皆知其高，然必親至其處，方知其所以高。若聽人傳説泰山之高，而未嘗親至其處，則亦臆想而已，實未見其高之實也。

主一，則作事不差；纔二三，則動作小事亦差矣，[①]況大事乎！

"中庸不可能"，即"化"不可爲也。

孔子曰："一陰一陽之謂道，繼之者善也，成之者性也。"皆兼理氣而言。

"天下同歸而殊途，一致而百慮"，一以貫之。

須知己與物皆從陰陽造化中來，則知天地萬物爲一體矣。

孟子曰："天之生物也，一本。"知《易》者莫若孟子。

處事不可令人喜，亦不可令人怒。

夫子所謂"一"，即統體之太極也；夫子之所謂"貫"，即各具之太極也。

太極即理也。合天地萬物之理言之，萬物統體一太極也；就天地萬物之理言之，一物各具一太極也。統體者，所以涵夫各具者；似合矣，而未嘗不分也。各具者，所以分夫統體者；似分矣，而未嘗不合也。

太極中，陰陽、五行、男女、萬物之理，無所不有，所謂"沖漠無朕之中，萬象森然已具"也。"無極"是虚字，正以無聲無

---

① "則"下，沈刻本、四庫本有"雖"字。

臭，明太極之無形耳。

天地萬物，惟“性”之一字括盡。

“思無彊。”爲學思索義理者當深體之。[①] 蓋義理深遠無窮，苟思慮淺近，則不足以造其藴；惟思慮無彊，則可以得高深玄達之旨。《易》曰：“惟深也，故能通天下之志。”萬理之名雖多，不過一“性”。

“性”之一言，足以該衆理。

朱子謂《孟子》七篇，皆不能外“性善”之一言。竊意豈獨《孟子》七篇哉！學者默識而旁通之，則雖諸經之所言，皆不外於是理矣。

“秉心塞淵”，可以爲積德之要；“思無彊”，“思無斁”，可以爲進學之要。

“思無邪”，乃誠身之要。

聖賢之書，神而明之在乎人。

凡讀書必虚心定氣，緩聲以誦之，則可以密察其意；若心雜氣粗，急聲以誦之，真村學小兒讀誦鬥高聲，又豈能識其旨趣之所在邪？

讀書當出己之口，[②]入己之耳。

觀書，惟寧静、寬徐、縝密，則心入其中而可得其妙；若躁擾、褊急、粗略以求之，所謂“視而不見，聽而不聞，食而不知其味”者也，烏足以得其妙乎？[③]

口念書而心他馳，難乎有得矣。

惟敬足以神明其德。

---

① “爲”，原作“無”，據乾隆本、四庫本改。
② “當”下，沈刻本有“使”字。
③ “烏”，沈刻本、四庫本作“焉”。

耳、目、口，天下之善由於此，而惡亦由於此；《陰符經》所謂“三要”也。

主一，則氣象清明；二三，則昏昧矣。

各安其分，而天下平矣。

宋太祖取天下，與五代無異。然能用趙普之謀，收宿將之柄，削藩鎮之勢，挈數百年塗炭之生民，置諸衽席之上，其功大矣！

宋祖取天下之失，安天下之功，不相揜焉可也。

《易》曰：“形而上者謂之道。”又曰：“一陰一陽之謂道。”道者何？太極是也。

讀書，不體貼向自家身心上做工夫，雖盡讀古今天下之書，猶無益也。

趙普，功之首，罪之魁。

自家一個身心尚不能整理，更論甚政治！

後人開口論天下事，若指諸掌，然自治空疏，作事無本，果能有成乎？

將聖賢言語作一場話説，學者之通患。

當官不接異色人最好。不止巫祝、尼媪宜疏絶，至於匠藝之人，雖不可缺，亦當用之以時，大不宜久留於家。與之親狎，皆能變易聽聞，簸弄是非。儒士固當禮接。亦有本非儒者，或假文辭，或假字畫以媒進，一與之款洽，即墮其術中。如房琯爲相，因一琴工董庭蘭出入門下，依倚爲非，遂爲相業之玷。若此之類，皆能審察疏節，①亦清心省事之一助。

心不可有一毫之偏向，有則人必窺而知之。余嘗使一走

---

① “審”，原無此字，據沈刻本、乾隆本、四庫本補。

卒，見其頗敏捷，使之稍勤，下人即有趨重之意，余遂逐去之。此雖小事，以此知當官者當正大明白，不可有一毫之偏向。

清心省事，居官守身之要。

申公曰："爲治不在多言，顧力行何如耳！"余謂爲學不在多言，亦顧力行何如耳。

讀書體貼到自己身心上，方有味。

皆實理也，聖賢豈欺我哉！

《詩》曰："至於太王，實始翦商。[①]"朱子《論語集注》用舊説最是，惟如此，則與"三以天下讓"之言相合。《通考》中金履祥、熊禾皆力辨詩人之言謂"姑取其王迹之所由始耳，太王實未始有翦商之志"。若如其説，則泰伯"三以天下讓"之言爲不通矣。

夫子既稱泰伯"三以天下讓"，則詩人之言爲有自；太王果無翦商之志，則必不稱泰伯"三以天下讓"。

只泰伯之逃，便見與太王之志有不合處。

使太王無翦商之志，天下無歸周之勢，周一侯國耳，泰伯之去，夫子當稱其"三以國讓"足矣，何至稱其"三以天下讓"邪？以夫子之言，證詩人之語，則《集注》尤爲確論，而《通考》金、熊之説有不然矣。

金氏、熊氏辨太王事，所以爲名教慮，其意固美。但以夫子稱泰伯"三以天下讓"之語觀之，則當時天下蓋有歸周之漸。周之子孫又多賢聖，太王亦已逆知天命人心之微矣，故欲傳位季歷以及昌。泰伯知之，遂逃去。若如金氏之説，詩

---

① "翦商"，原作"剪商"，據沈刻本、四庫本改。下四處"翦商"同。按，今本《詩經》作"翦商"。

人皆假設張大之詞，則太王欲傳季歷以及昌之意，又何爲耶？

《書》言太王“肇基王迹”，《詩》言“實始翦商”，皆相合。

生天，生地，神鬼，神帝，太極也。

學力未能勝舊習，正如藥力未能除舊病。頃刻學力不至，則舊習仍在；一日不服藥，則舊病復作。學力勝，則無此病矣。

志動氣多，爲理；氣動志多，爲欲。

不可以色詞説人。

求民而不已者，其“東野稷之御”乎！

“下學上達。”如事君、事親、事長，皆人事也；能盡事之之道，則仁義之理不外於是，所謂“上達”也。以至視聽、言動、飲食、男女之類，皆人事也；於是而處之，各得其宜，則天理也。“下學人事”，形而下之器也；“上達天理”，形而上之道也。有是事則有是理，有是器則有是道，精粗本末無二致也。程子所謂“意在言表”者，在人因人事而默識天理耳。

人皆知夫子爲聖，而不知夫子所以爲聖；欲知夫子所以聖，則默契化育之妙，有非言語所能及也。故曰：“知我者，其天乎！”

“洗心，退藏於密。”以約失之者，鮮矣。

循理，則事自簡。

雖數十年務學之功，苟有一日之間，則前功盡棄。故曰：“爲山九仞，功虧一簣。①”

德性之學，須要時時刻刻提撕警省，則天理常存而人欲消熄；苟有一息之間，則人欲長而天理微矣。

---

① “簣”，原作“蕢”，據沈刻本、乾隆本、四庫本改。

不察理之有無，而泛讀一切不經駁雜之書，務以聞見該博取勝於人，吾知其記愈多而心愈窒、志愈荒，而識愈昏矣。如此讀書，非徒無益，是又適所以爲心術之害也。

學至於心中無一物，則有得矣。

自有文籍以來，汗牛充棟之書日益多，要當擇其是而去其非可也。

鄭聲亂雅樂，雜書亂聖經。

《詩》困於《小序》之牽強，晦於諸家之穿鑿，①至朱子《集傳》，一洗相沿之陋習，洞開千古之光明，真所謂豁雲霧而睹青天也。②

人生而靜以上不容説，繼之者善也。

曰"命"，曰"性"，曰"誠"，曰"道"，曰"理"，曰"太極"，一也。

一念不謹，即作狂之端兆；一念能謹，即作聖之端兆。充其極，則堯、桀分矣。

於聖賢言理處，若天理，若人心，若性命、道德、誠善、忠恕、一貫、太極之類，要當各隨其旨而知所以異，又當旁通其義而知所以同也。

鳥雀巢茂林，蛟龍潛深淵，聖人洗心，退藏於密。

言不謹者，心不存也；心存，則言謹矣。

謹言乃爲學第一工夫。言不謹而能存心者，鮮矣！

《文言》曰："修辭以立其誠。"爲學不能立誠，皆不能謹言也；能謹言，斯能立誠。謹言之功大矣！

---

① "家"，沈刻本作"儒"。

② "謂"，原無此字，據沈刻本、乾隆本、四庫本補。按，此句無"謂"字，則小有語病。

一語妄發即有悔，可不慎哉！

《易》有“修辭立誠”之訓，《書》有“惟口出好興戎”之訓，《詩》有“白圭”之訓，《春秋》有“食言”之譏，《禮》有“安定辭”之訓，《銅人》有“三緘”之誡，《論語》、《孟子》與凡聖賢之書，謹言之訓尤多。以是知謹言乃修德之切要，所當服膺其訓，而勿失也。

余於坐立方向、器用安頓之類，稍有不正即不樂，必正而後已。非作意爲之，亦其性然。

公則一，私則殊。

正則大，邪則小。

衆人非不視也，而聖人則異乎衆人之視；衆人非不聽也，而聖人則異乎衆人之聽。蓋衆人之視聽，徒得其形聲；而聖人之視聽，則獨得其所以爲形聲。此聖人聰明睿知，卓冠群倫也歟！

四方八面之聲無不聞者，竅雖在耳，神則在心。不行而至，不疾而速，心之謂歟！

《易》曰：“君子行此四德，故曰：‘乾，元亨利貞。’”《陰符經》曰：“觀天之道，執天之行，盡矣。”

天地之所以大，日月之所以明，四時之所以運，鬼神之所以靈，是皆理之自然也。聖人體道無二，與天地合其德矣；①知周萬物，與日月合其明矣；動静以時，則與四時合其序矣；屈伸以正，則與鬼神合其吉凶矣。天地也，日月也，四時也，鬼神也，聖人也，形雖有異，而道則無間，是皆自然一致，夫豈有一毫強合之私哉？惟其自然一致，是以聖人之心，即天地

---

① “與”上，沈刻本有“則”字。下“與日月”句同。

之心，聖人意之所爲，與天無毫忽之差爽，所謂“先天而天弗違也”。天理所在，聖人率而循之，無一息之差繆，所謂“後天而奉天時”也。天且不違，則人與鬼神之不違者，從可知矣。此聖人之所以爲聖人也歟。

“從心所欲不逾矩”，“先天而天弗違”也；“上律天時”，“後天而奉天時”也。

◎《太極》第二圈。◎，太極陰陽皆具，道器合一，上以包“無極而太極”，下以包“五行、男女、萬物”。故朱子於解剥《圖》意終曰：“《易》有太極，◎之謂也。”道器、精粗、本末，此圈盡之。

周子作《太極圖》，乃心得之妙，畫出造化以示人。

爲學於應事接物處尤當詳審，每日不問大事小事，處置悉使合宜，積久則業廣矣。

言動舉止，至微至粗之事，皆當合理，一事不可苟。先儒謂一事苟，其餘皆苟矣。

目欲視，即當思其邪與正；耳欲聽，即當思其是與非；口欲言，即當思其可與否。正焉，是焉，可焉，則視之、聽之、言之；邪焉，非焉，否焉，則勿以止之，此之謂“三要”。

觀太極中無一物，則性善可知；有不善者，皆陰陽雜糅之渣滓也。①

無極而太極，天地之性也；太極動而生陽，靜而生陰，氣質之性也。天地之性，以不雜者言之，故曰“無極而太極”，“○”是也。氣質之性，以不離者言之，故曰“太極動而生陽，

---

① “渣”，原作“柤”，據乾隆本、四庫本改。按，此處“柤”通“渣”，乾隆本、四庫本用本字。

静而生陰"，""是也。然無極而太極，即陰陽中之太極，陰陽中太極，即無極而太極。太極雖不雜乎陰陽，亦不離乎陰陽。天地之性，氣質之性，一而二，二而一者也。

無極而太極，氣未用事，故純粹至善而無惡；及動而生陽，静而生陰，則善惡分矣。

見事貴乎理明，處事貴乎心公。理不明則不能辨别是非，心不公則不能裁度可否。惟理明心公，則於事無所疑惑，而處得其當矣。

暑不生於暑而生於寒，寒不生於寒而生於暑。動不生於動而生於静，静不生於静而生於動。治不生於治而生於亂，亂不生於亂而生於治。盛衰相根之理，微矣！

細看萬物，皆自沖漠無朕之微以至於形著堅固。

天地之氣相感，而物乃成形。如星在天，乃氣之精英耳，及隕於地，得地氣遂凝爲石。

纔資始即資生，無纖毫之間也。

天之氣一著地之氣，即成形。如雪、霜、雨、露，天氣也，得地之氣則成形矣。

雨、露、霜、雪，近地方有形；若太虚至高，則氣愈清，而不能凝聚。嘗在湖南登山之極高處，日色晴霽；俯視山下，則雲合而雨。以此知雨、露、霜、雪之類，皆得地氣而成形也。

觀陰陽互根之微，則知治亂盛衰之端，其來遠矣。

有意悦人，便失其本心。

纔敬，便渣滓融化，①而不勝其大；不敬，則鄙吝即萌，而不勝其小矣。

---

①“渣”，原作“柤”，據乾隆本、四庫本改。

人外無道，道外無人，見天人之合一也；纔有間，即非道矣。

動爲靜根，故父生長女而爲《姤》；靜爲動根，故母孕長男而爲《復》。

造化一歲一番新。往者既過，則草木之枯落者，皆煨燼糟粕也。

萬物之始終，雖有遲速不同，其理皆然。

非力所及而思者，妄也。故“君子思不出其位”。

知止，所包者廣。就身言之，如心之止德，目之止明，耳之止聰，手之止恭，足之止重之類皆是。就物言之，如子之止孝，父之止慈，君之止仁，臣之止敬，兄之止友，弟之止恭之類皆是。蓋止者，止於事物當然之則。則，即至善之所在。知止，則定、靜、安、慮、得，相次而見矣。

不能知止，則耳目無所加，手足無所措。

知止，即知者不惑之事。

知止，則萬理明，而心自定矣。

不能知止，猶迷方之人，心摇摇而莫知所之也。

知止，則能素其位而行，不願乎其外矣。

知止，則動靜各當乎理。

萬物不能礙天之大，萬事不能礙心之虚。

朱子作《濂溪贊》，其曰“風月無邊”，以言乎遠則不禦也；其曰“庭草交翠”，以言乎近則靜而正也；其曰“《書》不盡言，《圖》不盡意”，此理之微妙，誠有非《圖》、《書》所能盡者。

心靜能處事。

平旦虚明氣象，最可觀。使一日之間，常如平旦之時，則心無不存矣。

平旦虚明之氣象，有難以語人者，惟無忘者能識之。平旦未與物接之時，虚明洞徹，胸次超然，真所謂“清明在躬，志氣如神”者，此蓋夜氣澄靜之驗。[1] 苟一日之間，勿使物欲汩雜，而神清氣定，常如平旦之時，則心恒存，而處事無過不及之差矣。

瑄因憶少年時晚間誦書，愈數而不能誦，至來早即心志豁然，昨晚所讀之書，悉能成誦。今思之，晚間誦多不能記者，氣昏也；早間能背誦者，氣清也。此亦可驗夜氣之説。

因思古來事勢之去，有非人力所能及，雖聖賢亦無如之何。

理盛則能勝氣，氣盛亦能勝理。

因思古來治亂盛衰，固有因人事得失所致，然所以或生聖哲而人事修，或生昏暴而人道乖，亦莫非氣運之自然，有非人力所能與也。

治世之音，文、武、成、康而已，下此則“變風”、“變雅”盛焉。人事之得失，氣化之盛衰，於此可考矣。

亢極之治，惟聖人有道以持之，使不至於傾。如堯之治極矣，時當衰也，有舜則能持其盛；舜之治極矣，時當衰也，有禹則能保其治。使堯之後無舜，舜之後無禹，則鳴條、牧野之事，不待後世而後見也。乃知治亂盛衰相尋無端者，理之常然；或當衰不衰，當亂不亂者，則聖人斡旋造化之功也。

僞學之謗正，如毁日月者，初何損其明！

法立貴乎必行，立而不行，徒爲虚文，適足以啓下人之玩而已。故論事當永終知敝。

---

① “蓋”，沈刻本作“皆”。

立法之初，貴乎參酌事情，必輕重得宜，可行而無敝者，則播告之修。既立之後，謹守勿失，信如四時，堅如金石，則民知所畏，而不敢犯矣。或立法之初，不能參酌事情，輕重不倫，遽施於下，既而見其有不可行者，復遂廢格，則後有良法，人將視爲不信之具矣。令何自而行，禁何自而止乎？

中者，立法之本；信者，行法之要。

爲政以愛人爲本。

法者，因天理，順人情，而爲之防範禁制也，當以公平正大之心，制其輕重之宜，不可因一時之喜怒而立法。若然，則不得其平者多矣！

論事不可趨一時之輕重，當思其久而遠者。

日入而群動息者，氣機闔也；日出而群動作者，氣機闢也。一闔一闢，至理昭然。

人之性與氣，有則一時俱有，非有先後也。

望道未見之心，即求道不已之心。學者以是自勵，則其進自不能止矣。

許魯齋力行之意多。

不力行，只是學人説話。

文士學做聖賢文詞，如中國人學外國人言語，①學得雖是，自身却只是中國人；做得雖是，自身却只是庸衆人。

禽鳥，得氣之先者也。丑則雞先鳴者，②陽氣動也；午中雞亦鳴者，陰氣動也；是皆天機之自然。玄鳥、鴻雁往來，亦如此。

---

① “中國”，乾隆本作“外國”，下“中國”同；“外國”，乾隆本作“中國”。
② “則”，沈刻本作“前”。

魯齋不陳伐宋之謀,其志大矣。

魯齋不對伐宋之謀,“伐國不問仁人”之意也。

魯齋出處合乎聖人之道。

魯齋以王道望其君,不合則去,未嘗少貶以徇世,真聖人之學也!

世祖雖不能盡行魯齋之道,然待之之心極誠,接之之禮極厚。自三代以下,道學君子,未有際遇之若此也。

魯齋學徒,在當時爲名臣則有之,得其傳者則未之聞也。

程朱之外,諸儒性理雜論,尤當大著眼力以辨其真是真非,不可執以爲先儒成説,而悉從其言。魯齋謂其言有“彌近理而大亂真”者,蓋謂是也。

魯齋厭宋末文弊,有從先進之意。

處事即求是處,格物致知之一端。

格物,所包者廣。自一身言之,耳目、口鼻、身心,皆物也。如耳則當格其聰之理,目則當格其明之理,①口鼻、四肢則當格其止肅恭重之理,身心則當格其動静、性情之理。推而至於天地萬物,皆物也。天地則當格其健順之理,人倫則當格其慈、孝、仁、敬、智、信之理,鬼神則當格其屈伸變化之理,以至草本、鳥獸、昆蟲,則當格其各具之理。又推而至於聖賢之書、六藝之文、歷代之政治,皆所謂物也,又當各求其義理、精粗、本末、是非、得失,皆所謂格物也。然天下之物衆矣,豈能遍格而盡識哉?惟因其所接者,量力循序以格之,不疏以略,不密以窮,澄心精意,以徐察其極。今日格之,明日格之,明日又格之,無日不格之,潛體積玩之久,沉思力探之

---

① “則”,原無此字,據沈刻本、乾隆本補。

深。已格者不敢以爲是而自足，未格者不敢以爲難而遂厭。如是之久，則塞者開，蔽者明。理雖在物，而吾心之理則與之潛會而無不通。始之通也，見一物各一理；通之極也，則見千萬物爲一理。朱子所謂"衆物之表裏精粗無不到，而吾心之全體大用無不明"者，可得而識矣。

"有不速之客三人來，敬之終吉。"處橫逆之道也。

"人非堯舜，安能每事盡善？"真名言也。

學貴乎日新。

履端者，時之新也。爲學亦當與時俱新。宣德辛亥元日書於辰溪分司。

一語一默，一坐一行，事無大小，皆不可苟處之，必盡其方。

程子作字甚敬，曰："只此是學。"蓋事有大小，理無大小，大事謹而小事不謹，則天理即有欠缺間斷。故作字雖小事必敬者，所以存天理也。

勿起一念之妄，誠可存矣。

觀經書所載之道，即當求吾身固有之道。

心常存，則因事觸撥，[1]有開悟處，所謂左右逢原者可見。心不存，則與理相忘，雖至近至明之理，亦無覺無見也。

聖賢知覺運動，雖不能不以氣，而理則爲主；衆人知覺運動，但氣之所爲，漫不知理爲何物。

斯須無序，即非禮；斯須不和，即非樂。然不和由於無序，是知禮又樂之本也。

如數人在坐，尊卑貴賤各得其序，自無乖爭；失序則爭

---

① "撥"，沈刻本、乾隆本、四庫本作"發"。

矣。以是知禮先而樂後。

度數，所以辨人倫自然之序；聲音，所以發人倫自然之和；無序，不和。禮云禮云，①度數云乎哉！樂云樂云，聲音云乎哉！

古之樂正人心，後之樂蕩人心。

古稱唐太宗語及禮樂，房、杜有愧，論者因謂房、杜無制作之才。余謂非特房、杜有愧，蓋太宗有愧也。上有虞舜之德，則天叙天秩明而上下和，由是伯夷、后夔得以推其序與和，形之度數，播之聲音而爲禮樂。太宗之德，果如有虞之盛乎？天叙天秩果明而上下和乎？不然，雖使伯夷、后夔生於其時，亦無如禮樂何矣。是又不得爲房、杜病也。

用人當取其長而舍其短，若求備於一人，則世無可用之才矣。

凡取人當舍其舊而圖其新。自賢人以下，皆不能無過。或早年有過，中年能改；或中年有過，晚年能改；當不追其往而圖其新可也。若追究其往日之過，並棄其後來之善，將使人無遷善之門，而世無可用之才也。以是處心，刻亦甚矣！

太抵常人之情，責人太詳，而自責太略，是所謂"以聖人望人，以衆人自待"也。惑之甚矣！

作詩、作文、寫字，皆非本領功夫，惟於身心上用力最要。身心之功有餘力，游焉可也。

作詩、作文、寫字，疲弊精神，荒耗志氣，而無得於己。惟從事於心學，則氣完體胖，有休休自得之趣。惟親歷者知其

---

① "禮云"二字，原無，據沈刻本、四庫本補。按，此句仿《論語・陽貨》孔子"禮云禮云，玉帛云乎哉"句型而成言，故沈刻本、四庫本爲是。

味，殆難以語人也。

養深，則發於文詞者沛然矣。有德者必有言，是也。

明德，指此心昭然不昧而言。蓋心明則理亦明。故朱子釋明德，曰："明德者，人之所得乎天，而虚靈不昧，以具衆理而應萬事者也。"重在"虚靈不昧"上，其曰"具"，曰"應"，皆虚靈之所爲，所謂心統性情者也。

求在外者未可必，求在内者必可得。未可必者，一聽於天；必可得者，當責之己。

萬金之富，不以易吾一日讀書之樂也。

外物之味，久則可厭；讀書之味，愈久愈深，而不知厭也。

酒色之類，使人志氣昏酣荒耗；傷生敗德，莫此爲甚。俗以爲樂，余不知果何樂也？惟心清欲寡，則氣平體胖，樂可知矣。

事無小大，即求合理。

聽言雜，則與之俱化，遂失其正，故貴乎聽德惟聰。

理氣本不可分先後，但語其微顯，則若理在氣先。其實有則俱有，不可以先後論也。

理氣決不可分先後。

讀書録卷三

太極動而生陽。但就動之端説起，其實動之前又是静也。

天地一終翕寂之餘，太極動而生陽，而天復開。動極而静，静而生陰，而地復成。一動一静，互爲其根，天命流行無窮，而萬物生生不息焉。其天地翕寂之前，如是之動而生陽，静而生陰；如是之一動一静，互爲其根；如是之天命流行，化生萬物者，蓋不可勝窮也。斯所謂"動静無端，陰陽無始"也歟！

《太極圖》，一言以蔽之，曰理氣而已。

程子"性即理也"之一言，足以定千古論性之疑。

聖人之所以教，賢者之所以學，性而已。

今天地之始，即前天地之終。其終也，雖天地混合爲一，而氣則未嘗有息；但翕寂之餘，猶四時之貞，乃静之極耳。至静之中，而動之端已萌，即所謂"太極動而生陽"也。動極而静，静而生陰，静極復動。一動一静，互爲其根；分陰分陽，兩儀立焉。原夫前天地之終静，而太極已具；今天地之始動，而太極已行。是則太極或在静中，或在動中，雖不雜乎氣，亦不離乎氣也。若以太極在氣先，則是氣有斷絶，而太極别爲一懸空之物，而能生夫氣矣。是豈"動静無端，陰陽無始"之謂乎？以是知前天地之終，今天地之始，氣雖有動静之殊，實未嘗有一息之斷絶，而太極乃所以主宰流行乎其中也。

“無極而太極”，乃周子指出陰陽中之理以示人，實未嘗離乎陰陽也。若誤認陰陽别有一物爲太極，則非矣。

造化人事，雖萬變不齊，而理則一定也。

《泰》之九三，當盛之極而衰之端兆焉，可不慎歟！

否泰相因，無一息之停，盛衰之理微矣。

無我，則内外合，而與天爲一矣。

或言：“未有天地之先，畢竟先有此理。有此理便有此氣。”竊謂理氣不可分先後。蓋未有天地之先，天地之形雖未成，而所以爲天地之氣，則渾渾乎未嘗間斷止息，而理涵乎氣之中也。及動而生陽，而天始分，則理乘是氣之動而具於天之中；静而生陰，而地始分，則理乘是氣之静而具於地之中。分天分地，而理無不在；一動一静，而理無不存。以至化生萬物，萬物生生而變化無窮，理氣二者蓋無須臾之相離也，又安可分孰先孰後哉？孔子曰“易有太極”，其此之謂與！

程子曰：“老子，竊弄闔闢者也。”蓋造化之翕聚，所以爲發散；發散，所以爲翕聚。《老子》：“將欲取之，必固與之；將欲翕之，必固張之。”是所謂“竊弄闔闢者也”。

用力於詞章之學者，其心荒而勞；用力於性情之學者，其心泰然而樂。

涵養之深，玩索之久，涣然冰釋，怡然順理矣。①

無極而太極，本然之性也。太極動而生陽，動極而静；静

① “順理”，乾隆本作“理順”。

而生陰，[1]靜極復動；[2]二五流行，化生萬物者，氣質之性也。

聖賢千言萬語，只是明此理。

程子曰："善，固性也；惡，亦不可不謂之性也。"性一而已矣。氣質清粹而無所蔽，則皆以仁義禮智之性，發而爲惻隱、羞惡、辭讓、是非之情，所謂"善，固性也"。氣質濁雜而有所蔽，則仁流爲耽溺，義流爲殘忍，禮流爲矯僞，智流爲譎詐，所謂"惡，亦不可不謂之性也"。

天理本一也，由陰陽之運，參差而不齊。人性本一也，由人心之感，而善惡有異。

程子曰："有主則中虛，虛謂心中無物也。"又曰："有主則中實，實謂有理也。"

《河圖》乃萬數、萬理、萬象、萬化之源。

水，陰也，生於陽；火，陽也，生於陰。見陰陽有互根之義。

畫前之"易"，即太極也，所謂"沖漠無朕之中，而萬象森然已具"也。

太極之中，無所不有，所謂畫前之"易"也。

開卷即有與聖賢不相似處，可不勉乎！

若實見得，雖生死猶不可異，[3]況取舍之間乎！

一陽在上下五陰之間，張子所謂"陰在外，陽在内而不得出，則奮擊而爲雷霆"。觀《豫》卦之象，亦可見矣。

觀太極生兩儀、四象、八卦，則物之一本可知矣。

懈意一生，即爲自棄。

---

① "而"，沈刻本作"極"。
② "靜極復動"，沈刻本無此四字。
③ "異"，沈刻本作"易"。

春日和氣薰心，有惻然之意。一花即具元亨利貞之理：花始萼而未開者，元也；開而盛者，亨也；盛而就實者，利也；實已成熟者，貞也；成熟可種而復生，又爲貞下之元矣。生理循環，蓋未嘗毫髪止息間斷。

人惻然慈良之心，即天地藹然生物之心。

漢光武不任三公，[①]而事歸臺閣，勢然也。

繼之者善，其理一；成之者性，其分殊。

理氣在天地，爲公共之物；一麗於形，則萬殊矣。

古者，宰相竊柄，顯而猶可攻；惟近習竊柄，如恭、顯輩，則深而難去，所謂城狐社鼠是也。

天地萬物，形體皆虚，而理則實。

薰然慈良惻怛之心，與温然春陽之氣爲一。

爲人不能盡人道，爲官不能盡官道，是吾所憂也。

德行道藝皆不如古人，豈可不自勉！

生之理，仁也。

活潑潑地，仁之發也。

禮者，天理之節文。孔子謂"克己復禮爲仁"，何也？蓋仁即天理也，人欲熾，則天理不行，必克去己私，[②]事事皆復於禮，則天理流行而爲仁矣。

余思仁數日，未得其説，忽於惻然隱恤慈良之端，似可即用以窺體：有一毫忮害之心，即非仁矣。

一氣流行，一本也；著物，則各形各色而分殊矣。

敬天，當自敬吾心始。不能敬其心，而謂能敬天者，

---

① "光"，原作"江"，據沈刻本、乾隆本、四庫本改。按，此處指漢光武帝，"光"作"江"則不知所云。

② "去"，原無此字，據沈刻本、乾隆本、四庫本補。

妄也。

天包地外，水在地中，地中之水即天所生也。①

山澤通氣，地中之氣，爲地中之水也；山川出雲，地中之氣，爲天上之雨也。地中之水，天上之雨，統一氣之流行鬱蒸耳，非有二也。

人知水生於地中，而不知乃天所生也。蓋天包地外，地處天中，地外之天氣，無時止息，而鬱積流通於地中，故能生水而不窮也。

大丈夫心事，當如青天白日，使人得而見之可也。

春秋時，辭命猶有言禮義者，乃先王之澤未泯也。至戰國縱横之徒，唯言利害而不及禮義，先王之澤盡矣。

民心至柔，真有不可強者；惟順其心而道之，則無不從矣。

自古未有逆民心而得天下者，幸而得之，亦不過數傳耳。

欲以虚假之善蓋真實之惡，人其可欺，天其可欺乎？

陰多而陽少，小人多而君子少，鷹隼多而凰鳳少，豺虎多而麒麟少，荊棘多而芝蘭少，碔砆多而良玉少，其理一也。

《夬》九三："壯於頄，有凶。獨行，遇雨若濡，有愠無咎。"決小人之道，怒見於面必有凶。惟從容和柔以決之，則無咎。

單襄公曰："君子不自稱也，非以讓也，惡蓋其人也。夫人性，凌下者，不可蓋也。求蓋其人，抑下滋甚。故聖人貴讓。"此乃名言。

單襄公曰："君子目以定體，足以從之，是以觀容，而知其

---

① "生"，原作"主"，據沈刻本、乾隆本、四庫本改。按，"天一生水"，老生常談，"生"作"主"則文意不通。

心矣。目以處事，足以步目。今晉侯視遠而足高，目不存體，而足不步目，其心必異矣。目體不相從，何以能久？"此亦名言。

川流不息之意，余於《先天圖》見之。

一陽復而爲之喜，一陰生而爲之戒。聖人扶陽抑陰之意至矣。

觀《復》、《姤》，則知君子小人盛衰之理矣。

心誠、色温、氣和、辭婉，必能動人。

虚心接人，則於人無忤。自滿者反是。

人有負才能而見於辭貌者，其小也可知矣！

天賦人以才德，本無不備。才德全，始稱爲人之名，初無一毫加於本分之外。乃知自矜自伐者，皆妄也。

人知天下事皆分内事，則不以功能誇人矣。

讀《夬》九三之辭，而知決小人之道；讀九五之辭，而知克己私之功。

天無不包，地無不載，君子法之。

人須有容乃大。古謂"山藪藏疾，川澤納污，瑾瑜掩瑕"，有容之謂也。

覺人詐而不形於言，有餘味。

戒太察。太察則無含弘之氣象。

《經》曰"有容德乃大，有忍乃濟"者，宜深體之。

行有不得，皆當反求諸己。①

不愧於天，不愧於人，不愧於心，斯近道矣。不愧於心，其本乎！

---

① "當"，原無此字，據沈刻本、乾隆本、四庫本補。

君子之志，固非常人所識也。

少陵詩曰："水流心不競，[1]雲在意俱遲。"從容自在，可以形容有道者之氣象。

少陵詩："寂寂春將晚，欣欣物自私。"可以形容物各付物之氣象。"江山如有待，花柳自無私。"唐詩皆不及此氣象。

天，陽也，其氣渾然無間，故其數奇，"⚊"以象之。地，陰也，其形中虚而開，故其數偶，"⚋"以象之。

"立天之道，曰陰與陽；立地之道，曰柔與剛；立人之道，曰仁與義。"陰陽以氣言，剛柔以質言，仁義以德言。三才分殊，而理一也。

欲動情勝，"氣壹之動志也"[2]。

"係戀之私恩"，"畜臣妾吉"。此待小人、女子之道也。

待左右當嚴而惠。

孟子一暴十寒之喻，皆格心之學。

孟子告君，皆先正其心。

宋道學諸君子，有功於天下，萬世不可勝言。如"性"之一字，自孟子以後，荀、楊以來，或以爲惡，或以爲善惡混，議論紛然不決，天下學者莫知所從。至於程子"性即理也"之言出，然後知性本善而無惡；張子氣質之論明，然後知性有不善者，乃氣質之性，非本然之性也。由是"性"之一字大明於世，而無復異議者，其功大矣！自孟子之後，漢唐以及五代之間，異端與吾道爭爲長雄，至有讀聖人之書，游聖人之門，以儒自名者，猶匍匐而歸之，況其餘乎！獨唐之韓子，不顧侮笑，力

---

① "競"，原作"兢"，據沈刻本、乾隆本、四庫本改。按，《杜工部集》："水流心不競。"

② "壹"，沈刻本、四庫本作"一"。

救其失，而一齊衆楚，猶莫之能勝也。至宋道學諸君子出，直擣異端之巢穴，而辨其毫釐似是之非，由是邪正之分，昭然若睹黑白，雖未得悉絶其道，無使並行，然吾道既明，如精金而不得淆以鉛錫，明珠而不得混以魚目，彼雖援引比附，①亦無自而入也。是以庠序育才，科舉取士，講學命詞，粹然一出於堯、舜、禹、湯、文、武、周公、孔子、顔、曾、思、孟之正，絶口於異端之教，是皆道學諸君子距邪閒正之功也。嗚呼，盛哉！

斯須省察不至，則妄念發。

有於一事心或不抉，遂於别事處置失宜，此不敬之過也。

天地萬物，渾是一團理氣。

人只爲拘於形體，自小；若能不爲形氣所拘，則内外合一，而不勝其大矣。

斯須心有不存，則與道相忘；要當常持此心而不失，則見道不可離矣。

或讀書，或處事，或論人物，必求其是處，便是格物致知之功。蓋是者，天理也；非者，人欲也。得其是，則天理見矣。

中夜以思，只"公"之一字，乃見克己之效驗。

人所以千病萬病，只爲有己；爲有己，故計較萬端。惟欲己富，惟欲己貴，惟欲己安，惟欲己樂，惟欲己生，惟欲己壽，而人之貧賤、危苦、死亡，一切不恤。由是生意不屬，天理滅絶，雖曰有人之形，其實與禽獸奚以異！若能克去有己之病，廓然大公，富貴、貧賤、安樂、生壽皆與人共之，則生意貫徹，彼此各得分願，而天理之盛，有不可得而勝用者矣。

萬物萬事各有分；各安其分，自然無事矣。

---

① "雖"下，沈刻本有"欲"字。

己與人、物，本同一理、一氣，而或不能公好惡於天下者，蔽於有己之私也。

凝定最有力。

往時怒覺心動；近覺隨怒隨休，而心不爲之動矣。

一息不可不涵養。涵養只在坐作、動静、語默之間。

輕，當矯之以重；急，當矯之以緩；褊，當矯之以寬；躁，當矯之以静；暴，當矯之以和；粗，當矯之以細。察其偏者而悉矯之，久則氣質變矣。

作事切須謹慎仔細，最不可怠忽疏略。先儒謂前輩作事多周詳，後輩作事多闊略。余覺有闊略之失，宜謹之！

"使民如承大祭。"然則爲政臨民，豈可視民爲愚且賤而加慢易之心哉！

作官者，雖愚夫愚婦，皆當敬以臨之，不可忽也。

余性偏於急，且易怒，因極力變化。①

心一操而群邪退，聽一放而群邪並興。

一念不謹，即有偷惰之意，所謂"惟聖罔念作狂"者，豈虚語哉！

爲學最要務實，知一理則行一理，知一事則行一事，自然理與事相安，無虚應不切之患。②

操心，一則義理昭著而不昧，一則神氣凝定而不浮。養德養身，莫過於操心之一法也。

許魯齋詩曰："萬般補養皆爲僞，③只有操心是要規。"惟心得而實踐者，乃知其言之有味。

---

① "化"下，沈刻本有"近覺平緩矣"五字。

② "應"，沈刻本作"泛"。

③ "爲"，沈刻本作"虚"。

學者大患,在行不著,習不察,故事理不能合一。處事即求合理,則行著習察矣。

聖賢立教,明白懇切,直欲天下萬世之人,皆入於聖賢之域。

纔收斂身心便是居敬,纔尋思義理便是窮理,二者交資而不可缺一也。

一於居敬而不窮理,則有枯寂之病;一於窮理而不居敬,則有紛擾之患。

居敬有力,則窮理愈精;窮理有得,則居敬愈固。

居敬以立本,窮理以達用。

造化翕寂專一,則發育萬物有力;人心寧靜專一,則窮理作事有力。

如存心端坐之時,此居敬也。或讀書而思索義理,或處事而求其當否,即窮理也。

初學時,見居敬、窮理爲二事;爲學之久,則見得居敬時敬以存此理,窮理時敬以察此理,雖若二事而實則一矣。

《堯典》以"欽"之辭始,《益稷》以"欽"之辭終,則堯、舜傳心之要可知矣。

天理流行賦予人物之機,無須臾之止息,兹所謂命也歟!

好議論前輩得失,乃初學之大病。前輩誠有不可及者,未可輕議也。

在古人之後,議古人之失則易;處古人之位,爲古人之事則難。

以紙上之言觀往事,率皆輕議古人處事之失。設使身居其地,吾見其錯愕失措者多矣。

言不及行,可恥之甚。非特發於口者謂之言,凡著於文詞者皆是也。嘗觀後人肆筆奮詞，議論前人之長短，及夷考其平生之所爲，不及古人者多矣。豈非言不及行，可恥之甚乎？吾輩所當深戒也！

切不可隨衆議論前人長短，要當己有真見方可。

唐之韓子，乃孟子以後絶無僅有之大儒。《原道》、《原性》篇雖"博愛"、"三品"之語有未瑩者，然大體明白純正，程子所深許，朱子又爲考正其書，誠非淺末者可得而窺也。後學因見朱子兼論其得失，而不知此乃責備賢者之意，遂妄論前賢若不屑爲者，其可謂不知量也甚矣！

當韓子之時，異端顯行，百家並倡，孰知堯、舜、禹、湯、文、武、周公、孔子、孟軻爲相傳之正統？又孰知孟軻氏没而不得其傳？又孰知仁、義、道、德合而言之？又孰知人性有五，而情有七？又孰知尊孟氏之功不在禹下？又孰敢排斥釋氏濵於死而不顧？若此之類大綱大節，皆韓子得之遺經，發之身心，見諸事業，而伊洛真儒之所稱許而推重者也。後學因見先儒有責備之言，遂剿拾其説，妄議韓子，若不足學者。設使此輩生韓子之時，無先覺以啓其迷，無定論以一其志，吾見淪於流俗，[①]惑於異端之不暇，又安敢窺韓子之門牆哉！故論韓子之得失，在周、程、張、朱數君子則可；苟未及數君子，皆當自責自求，殆未可輕加詆議，以取僭妄之罪也。

性理之學，經周、程、張、朱諸君子發揮，如此明白，當時親炙者尚失其意。而韓子生於道術壞爛之餘，無所從游質正，乃能卓然有見，排斥異端，扶翼正道，遂有立於天下後世。真可謂豪傑之才矣！

---

① "見"下，沈刻本有"其"字。

韓子氣質明敏、剛正、樂易、寬厚，皆過於人，但生於學絶道散之時，無所講明切磋以底大就。使生宋時，得與道學諸君子游，則其所立當不止是矣。

性理自宋道學諸君子反覆辯論、發揮藴奥之後，粲然如星日麗天；而異學曲説，真如區區之爝火，自不得亂其明也。

人不持敬，則心無頓放處。

人不主敬，則此心一息之間馳騖出入，①莫知所止也。不主敬，則嗜欲無涯，馳騖不止，真病風狂惑之人耳。

小人有功，可優之以賞，不可假之以柄。

群陰長而陽道消，《大易》之深戒也。

主敬，則思不出位而分定矣。

只一理而改頭换面，做出無窮物事，神矣哉！

萬古不易者，理而已。

氣無窮，理亦無窮。

古人於小人有功，可深慮而不可喜。《易》曰："開國承家，小人勿用。"漢誅竇憲，五侯有功，而其勢自此盛。故功由君子立，國家之大慶；功由小人立，知者所深慮也。

讀《易》則知陰陽消長之機，皆由微以至著。聖人謹其微，故不至於著；衆人圖其著，則亦莫之及矣。

上蔡有一硯，極愛之，遂屏去。此可爲克己之法。

《詩》曰："不愆不忘，率由舊章。"《孟子》曰："遵先王之法而過者，未之有也。"蓋祖宗更事，多爲慮深，故立法周且密；後世率而循之，何失之有！

不能克己者，志不勝氣也。

---

① "騖"，原作"鶩"，據乾隆本、四庫本改。下"馳騖"同。

器用當用者，不可缺；有私吝之心，則不可。

外物得亦不喜，失亦不怒，則心定矣。得失而喜怒生焉，是猶累於外物而心未定也。

人之克己，或能克於此，不能克於彼，此是克之有未盡也；能推其所能以及其所不能，則克無不盡矣。

私無大小，覺即克去。

愛外物好，則心不好矣。

“以言乎遠則不禦”，六畫之上，生生而無窮；“以言乎近則静而正”，六畫之中，當體而理無不具。

“以言乎遠則不禦”，生生而無窮；“以言乎近則静而正”，禀賦各定。

制服私意而不拔其根，[①]如蓄火於毛羽之中，得風復燃矣。[②] 故“克、伐、怨、欲不行”，固“爲難”，不若克、伐、怨、欲淨盡之爲至也。

讀書以防檢此心，猶服藥以消磨此病。病雖未除，常使藥力勝，則病自衰；心雖未定，常得書味深，則心自熟。久則衰者盡，而熟者化矣。

因一事不快於心而遷怒之心妄發，此學者之通病。

許魯齋曰：“責己者可以成人之善，責人者適以長己之惡。”

周公告成王曰：“厥亦惟我周太王、王季克自抑畏。”蓋“抑”乃撿束收斂之意，“畏”乃恐懼競慎之意。[③] 豈惟王者當然，實爲學修省之至要也！

---

① “服”，沈刻本作“伏”。

② “燃”，原作“然”，據沈刻本改。

③ “競”，乾隆本、四庫本作“兢”。

周公曰:“無皇曰:‘今日耽樂。’乃非民攸訓。”至哉言乎!蓋人君者天下之表儀,人君一日之耽樂,雖若不至於大害,然作於上即應於下。上以耽樂縱,則下以耽樂從,是其爲訓於民,非言語之訓,乃以身訓之訓,宜其感應之機爲尤速也。益之告舜曰:“罔游於逸,罔淫於樂。”皋陶告舜曰:“無教逸欲有邦。”皆此意也。豈非萬世之永鑒與!

陶淵明曰:“此亦人子也,可善遇之。”

吾性覺疏快、寫字有差遺者,即此是敬不屬處。謹之!

處事當詳審安重。爲之以艱難,斷之以果決,事了即當若無事者,不可以處得其當而有自得之心。若然,則反爲所累矣。

大事小事,即平平處之,便不至於駭人視聽矣。

處事了,不形之於言尤妙。

處事大,宜心平氣和。

治人當有操縱人不得而怨之。

常見人尋常事處置得宜者,數數爲人言之,陋亦甚矣!古人功滿天地,德冠人群,視之若無者,分定故也。

如治小人,寬平、自在、從容以處之,事已絶口不言,則小人無所聞以發其怒矣。

處事最當熟思緩處。熟思則得其情,緩處則得其當。

治小人向他人聲揚不已,不惟增小人之怨,亦見其自小。

安重深沉者能處大事,輕浮淺率者不能。

天下之事,緩則得,忙則失。先賢謂:“天下甚事,不因忙後錯了!”此言當熟思。

法者,天討也;以公守之,以仁行之。

一字不可輕與人,一言不可輕許人,一笑不可輕假人。

楊雄年四十餘，自蜀來游京師，大司馬車騎將軍王音奇其文，召以爲門下史，薦雄待詔。歲餘，奏賦，爲郎，給事黄門，與王莽並。其後卒爲莽臣，而死於其世。是其進也以王氏，終也以王氏，大節之虧，有自來矣。

心無須臾閒，理、欲之幾，間不容髮。此勝則彼負，此負則彼勝。

學者之心當常有所操，則物欲退聽；斯須少放，即邪僻之萌滋矣。

無義理以養心，何所不至！

志固難持，氣亦難養。主敬可以持志，少欲可以養氣。廣大虚明氣象，無欲則見之。

中夜坐思，曰：天賦之初，本有善而無惡。人而不爲善，是悖天也。

欲淡則心虚，心虚則氣清，氣清則理明。

知大事小事皆己分之當爲，則自不有其功矣。

德如堯舜，學如孔子，皆己分之當爲，與人一毫無與。以賢智誇人者，皆不能究其本也。

人亦有此理，我亦有此理。人不能全，而我能之。視不能全者憫憐之可也，鄙笑之不可也；引掖之可也，棄絶之不可也。

執己能以病人之不能，適足以自病而已。

古人叙事之文極有法。如《禹貢》篇，首以“敷土奠高山大川”爲一書之綱；次冀州，以王畿爲九州之首；次八州，次導山，次導水，以見經理之先後；次九州、四隩、九川、九澤、四海，以結經理之效；次制貢賦，立宗法，秪台德，先分五服，以述經理之政事；而終之以“聲教訖於四海，執玄圭以告厥成功”。始終本末,綱紀秩然,非聖經其能然乎?

六十四乃三十二所分,三十二乃十六所分,十六乃八所分,八乃四所分,四乃二所分,二乃一所分。至一,則隱矣,微矣,非耳目思慮之所及矣。孔子所謂“密”,邵子所謂“畫前之易”。

“神而明之,存乎人”,“人能弘道也”。

化而裁之,推而行之,舉而措之,神而明之,默而成之,皆指此理而言。

班固《外戚贊》曰:“夫女寵之興,繇至微而體至尊,窮富貴而不以功,此道家所畏,禍福之宗也。”余謂豈獨女寵爲然哉！小人無大功德而竊高位厚禄,亦若此而已矣。

《大象辭》皆以理言。

天之道,元亨利貞;民之故,仁義禮智。

程子之《易》,主孔子。

只一理,春謂之“元”,夏謂之“亨”,秋謂之“利”,冬謂之“貞”,因時以立名耳。

伏羲時,卦畫雖具而占卜之法未備。意唐虞夏商之世已有占卜之法。如禹曰:“枚卜功臣,惟吉之從。”舜曰:“朕志先定,[1]昆命於元龜。”祖伊曰:“格人元龜,罔敢知吉。”箕子陳《洪範》稽疑之疇,尤詳於卜筮。大卜掌《三易》,夏曰《連山》,商曰《歸藏》,周曰《周易》。以是觀之,則周已上蓋已有占卜之法矣。《周易》則因文王演《易》繫《彖》,周公繫《爻》而得名。周以前,占卜之法既皆不傳,今所傳者惟《周易》。至孔子,則作《彖傳》、《小象》、《大象》、《文言》、《繫辭》、《説卦》、

---

① “朕志先定”,沈刻本作“官占,惟先蔽志”。

《序卦》,謂《十翼》。然周以上《易》雖不可見,觀經傳論載之語,蓋皆專主卜筮。文王、周公之《易》,則皆發明伏羲卜筮教人之意尤著。至孔子,則始詳於義理而不遺卜筮。程子之《傳》,專主義理。朱子《本義》,則推原作《易》教人卜筮之意於千古之上。讀《易》者,各即其意而觀之可也。朱子之《易》主邵子,《啓蒙》可見。

親親,仁也。敬長,義也。無他,達之天下也。故知惟孝友於兄弟,爲爲政之本。

成性存存,所以立本也;道義之門,所以達用也。

性是本來固有之理,惟存之又存,則道義由是而出矣。

行浮於言。

行七八分,言二三分。

不言而自能行出,則人心服。

處事不可使人知恩。

法者,天討也,或重或輕,一付之於天,[①]可也。或治奸頑而務爲寬縱,暴其小慈,欲使人感己之惠,其慢天討也甚矣!

情可矜,雖從寬典,又當使之不知其寬可也。

欲人悦己,則人有惡己者矣。

爲政當以公平正大行之,是非毁譽皆所不恤。必欲曲徇人情,使人人譽悦,則失公正之體,非君子之道也。

只令在己者處得是,何恤浮言!

處事在己者只當務實,若能動人否,則在彼耳,我何容心其間哉!

---

① "於天",沈刻本、四庫本作"無心"。

因讀朱文公《與子受之書》“念之念之，夙夜無忝所生”之言，不勝感發興起，中心惻然，必欲不爲一事之惡以忝先人。

每顧遺體之重，未嘗一日敢忘先人。

處事詳審安重。

伊尹曰：“接下思恭。”豈惟人君當然哉！有官君子於臨衆處事之際，所當極其恭敬，而不可有一毫傲忽之心。不惟臨衆處事爲然，退食宴息之時，亦當致其儼肅，①而不可有頃刻褻慢之態。臨政持己，内外一於恭敬，則動静無違，人欲消而天理明矣。

乾以易知，坤以簡能。乾坤只是自然，故易簡；人能順自然之理，則易簡者可默識矣。

人只是個心性，②静則存，動則應，明白坦直，本無許多勞擾。若私意一起，則支節横生而紛紜多事矣。

少欲則心静，心静則事簡。

簡者，非厭事繁而求簡也，但爲所當爲，而不爲所不當爲耳。

一爲外物所誘，則心無須臾之寧矣。

當事務叢雜之中，吾心當自有所主，不可因彼之擾擾而遷易也。

閑邪如城郭，城郭不完則外寇入，閑邪不密則外慮侵。

事貴斷制、撇脱。

用法秤量輕重，要不失其中而已。

法者，天討也；玩法所以玩天也。敢不敬乎！

---

① “儼”，乾隆本作“嚴”。

② “心”下，沈刻本無“性”字。

世有賣法以求賄者，此誠何心哉？夫法，所以治奸頑也。奸頑有犯，執法以治之，則良善者獲伸矣。若納賄而縱釋奸頑，則良善之冤抑何自而伸哉？使良善之冤抑不伸，是不惟不能治奸頑，而又所以長奸頑也。據高位，載顯名，稟三尺者，[①]忍爲此態乎！[②]

世有假官柄以濟貪欲者，吾不知此何心也。

至誠以感人，猶有不服者，況設詐以行之乎！

感自内出，應由外來。

《陰符經》曰："萬化定基。"《易》曰："同歸而殊途，一致而百慮。"其旨一也。

至宋儒而道術一。

漢儒讖緯九流之雜，唐士釋老辭章之支，至宋儒出而道術定於一。今學校之教，經術之習，絶口於漢唐異端駁雜之學者，宋儒之功也。

圖像隱於異學者數千年，至邵子而反之於《易》，其有功於《易》學大矣。

《易》先天諸圖，自希夷以前皆爲方士所傳授，至邵子反之《易》，則知作《易》之本原實出於此。朱子詩曰："《大易》圖像隱。"正謂隱於異學也。

《易》之本原，至邵子而復明。

行第一步，心在第一步上；行第二步，心在第二步上；三步、四步無不如此，所謂敬也。如行第一步而心在二步、三步之外，行第二步而心在四步、五步之外，即非敬矣。至若寫

---

① "稟"，原作"乘"，據沈刻本、乾隆本、四庫本改。按，"稟三尺"謂執權柄，符合此處文義。

② "此"下，沈刻本無"態"字。

字、處事，無不皆然。寫第一字，心在第一字上；爲一事，心在一事上；件件專一，便是敬。程子所謂“主一之謂敬，無適之謂一”與。

膽欲大，見義勇爲。心欲小，文理密察。智欲圓，應物無滯。行欲方，截然有執。

膽大心小，似知崇禮卑。知圓行方，似和而不流。

象由卦生，德以象立。

仁健義順，與天地合其德也。知周萬物，與日月合其明也。仕止久速各當其可，與四時合其序也。進退存亡不失其正，與鬼神合其吉凶也。

心細密則見道，心粗則行不著、習不察。

不言而躬行，不露而潛修。

《書》稱舜曰“濬哲”。蓋深則哲，淺則否。嘗驗之於人，其深沉者必有智，浮淺者必無謀也。

讀書皆以明本來固有之理，而欲行之無疑耳。

爲學大抵就己分上去其本無之私欲，全其固有之天理耳。

德不德，能不能，厚之至也。

聖賢之子孫賢不肖，皆天也。天本無心，人之生也，偶值其氣之清明純粹者爲賢知，得其氣之昏濁駁雜者爲頑愚。若聖賢之子孫有賢不肖之異者，則以所值之氣不同耳。後人因見聖賢之子孫或有不肖者，乃謂聖賢已奪其秀氣，可謂繆悠之論矣。

體認之法，須於身心之所存所發者，要識其孰爲中，孰爲和；孰爲性，孰爲情；孰爲道，孰爲德；孰爲仁，孰爲義，孰爲禮，孰爲智，孰爲誠。又當知如何爲主敬，如何爲致恭；如何爲存養，如何爲省察；如何爲克己，如何爲復禮；如何爲戒慎恐懼，如何爲致知力行，如何爲博文約禮。於凡天理之名，皆欲識其真。於凡用功之要，皆欲爲其事。如此則見道明、體道力，而無行不著、習不察之弊矣。

有人爲學者，徒曰講道、學道，不知所以體認之，則所講所學者實未知爲何物也。

天理如人。天理之名，如人之有名。既識人之名，須親見人之貌，方爲真識其人。既知理之名，須真知理之實，方爲真知其理。徒知理之名而不知理之實，猶徒識人之名而未嘗親見其人之貌，又烏爲真知真識哉？

氣質之偏，自生來便有此矣。若自幼至長，歷歷曾用變化之功，則亦無不可變之理；若氣質既偏，自少至長所習又偏，一旦驟欲變其所習，非百倍之功不能也。

無限量，無欠缺，無間斷。

學不進，率由於因循。

事事不放過而皆欲合理，則積久而業廣矣。

此果何物邪？推而上之，莫究其始；引而下之，不見其終；測之而無窮，資之而不竭；離之而不開，斷之而不絶。此果何物邪？竟不得而名也。

淵淵乎，天源之莫測；浩浩乎，天流之無窮。

千古聖賢，未嘗不以警懼之意爲勉。

治世君臣，警戒之辭多；衰世君臣，諛説之辭多。

借問天源深幾許？古今常只是滔滔。年年成就無邊物，本體何曾减一毫！

聖賢立心，扶持千萬世之綱常。

常日役役於物，忽有一念之善生，即夫子所謂“平地，雖覆一簣,進,吾往也”。平日力於爲善,忽有一念之懈生,即夫子所謂“譬如爲山,未成一簣,止,吾止也”。

“語之而不惰”,只是顔子之心深契聖人之言,故每聞每新,忻悦不已而行之,亹亹忘倦。若心與言不相契,則每聞每厭矣,尚安能忻悦不已而發之所行哉?

理氣間不容髮,如何分孰爲先,孰爲後?

循循而不已者,其有所至與。

防小人,密於自修。

三綱五常之理,萬古猶一日。

非實理,則月易而歲不同矣。①

太極只是個“性”字。

周子之“太極”,即《中庸》之“誠”。

今之學者有開口即論太極者,不知果識否?不然,吾恐徒得其名,而不得其所以名也。

程子親受《太極圖》於周子,而終身不以語人,其慮遠矣。後學有未涉《四書》門庭者,開口即論太極,馳心玄妙,而不知反求諸己,其弊有不可勝言者。

一理涵萬物,萬物分一理。

萬物各得一理之一分,而一理之本體依然完具,初無絲毫之減損也。

萬物一年生一番,是得一年之氣。萬物雖銷落泯滅無餘而氣之滚滚日新者,自無窮已。而所以自無窮已者,豈非太極爲之體與?

《鄉黨》一篇,皆聖人之“時中”。

---

① “易”,沈刻本作“異”。

舜命棄播百穀，即命契敷五教，繼以臯陶明刑。食、教、刑三者相因，可見有虞爲治之序。

養民生，復民性，禁民非，治天下之三要。

萬物自微以至著。

聖人全體太極，渾身是天理也。

究竟無言處，方知是一源。①

雲厚則雨甚，雲薄則雨少。

欲問收功何所似，玄天幽默本無言。

不識理名難識理，須知識理本無名。

孰爲始乎？氣之息，其始乎？始之前爲終，終之前復爲始，殆不可知其孰爲終，孰爲始。蓋必有能始能終者居其間，而卒莫之始終也。

海其大乎？曰：非也。岳其大乎？曰：非也。地其大乎？曰：非也。然則孰爲大？曰：天爲大。海者，天氣之流萃；岳者，天氣之流峙；地者，天氣之流結；是皆天之所爲也。天之所爲者，若有方矣；而其所以爲者，則未有方也。以其無方，則天之大不亦宜乎？

駸駸而明者，日之爲乎？曰：日特陽之一物耳，非能爲明也。駸駸而暗者，月之爲乎？曰：月亦陰之一物耳，非能爲暗也。然則明暗孰爲之哉？曰：氣機一動而群陽闢，晝之明從焉。氣機一静而群陰翕，夜之暗隨之。動静翕闢，皆機之所爲，而實未嘗有爲也；是皆循環相推而不得已焉爾。

氣有形，理無迹；氣載理，理乘氣。二者渾渾乎無毫忽之

① "一"，原無此字，據沈刻本、乾隆本、四庫本補。按，此處文例爲五言對五言，缺"一"字，則於文例不符。

間也。

萬物未生不加多，萬物已生不加少。《易》所謂“富有日新”，其是之謂與？

謂有乎？則視之無形也。謂無乎？則其來有本也。有本而無形，則有而無矣；無形而有本，則無而有矣。有而無，無而有，非真知有無爲一體者不足以語之。

天地、山川、日月、星辰、萬物，皆可見也；而其所以爲是，則不可見也。以不可見者語人，孰信哉？蓋必心得而後信也。心得非他，必自近始，近莫近於吾身。吾身，百體皆可見也；其所以爲是百體之宜，則不可見也。可見而無不可見者爲之主，則百體皆失其職矣。舉近以明遠，則天地、山川、日月、星辰、萬物之理，一也。

升堂入室必以階，而君子爲學亦必以階。《小學》、《大學》，古爲學之階也。秦漢而下，學者莫得其階，升堂入室者寥寥，而迷惑顛躓於異學功利之途者衆矣。卒亦何所至耶？今朱子《小學》、《四書》，猶古之階也；循此而賢，循此而聖，是在人焉耳。舍是而階於他，吾不知其所至矣。

豈獨樂有《雅》、《鄭》邪？書亦有之。《小學》、《四書》、《六經》，濂洛關閩諸聖賢之書，雅也。嗜者少矣，夫何故？以其味之淡也。百家小説、淫詞綺語、怪誕不經之書，鄭也。莫不喜談而樂道之，蓋不待教督而好之者矣。① 夫何故？以其味之甘也。淡則人心平而天理存，甘則人心迷而人欲肆。是其得失之歸，亦何異於樂之感人也哉！②

---

① “蓋”下，沈刻本有“有”字。
② “何”，沈刻本作“可”。

君子之心，欲人同其善。小人之心，欲人同其惡。

“形而上者謂之道，形而下者謂之器。”聖人論理氣最分明，又無離而二之之病。

萬物定於一，萬事定於一，萬古定於一。

如耳目、口鼻、手足之理，各具之太極也；一心之理，統體一太極也。

讀書録卷四

自一身言之,耳有耳之理,目有目之理,口鼻有口鼻之理,手足有手足之理。以身之所接而言,父子有父子之理,君臣有君臣之理,夫婦、長幼、朋友有夫婦、長幼、朋友之理,以至萬物有萬物之理。凡此衆理,莫不窮而通之,所謂窮理也。既知其理,於一身之理必有以踐之,於人倫之理必有以行之,於萬物之理必有以處之,所謂盡性也。能盡其性,則理所自出之天命,莫不有以造極一原,所謂至命也。理也,性也,命也,雖同爲一理,初無本末精粗之殊;而窮也,盡也,至也,則略有淺深之序。學者不可不察。

體認未至,終未能與道合一。①

乍作乍亡者,②是間斷之時多也。

吾奮然欲造其極而未能者,其病安在?得非舊習有未盡去乎?

舊習最害事。吾欲進,彼則止吾之進;吾欲新,彼則汩吾之新。甚可惡,當刮絶之。

吾北歸得如"非復吴下阿蒙",則庶有進乎!若與初來時

① "合"下,沈刻本無"一"字。
② "作",沈刻本、乾隆本、四庫本作"存"。

無異，恐有愧於故舊也。

朱子遣子從學，欲其一變舊習而歸，曰："念之，念之！無忝爾所生。"吾來湖南三年矣，北歸有進，庶"無忝爾所生"乎！

仁則一，不仁則殊。

生理無不貫者，仁也。

仁道之大，莫能禦。

仁推之千萬億，物無不通。

生意無窮，偶於李核可見。如一李核，種之即成一株；一株姑以結百李言之，種之即成百株；百株結千李，種之即成千株；千株結萬李，種之即成萬株；萬株結百萬李，種之即成百萬株。由是推之，生生之理，蓋不可勝窮也。仁道之大，於此亦可見。

心不可斯須離正理，身不可斯須離正道。

曾點言志，只是個"仁"字。

"滿招損，謙受益"，即《謙》卦"虧盈益謙"之意。

周子《通書》，字字皆實。

二帝、三王治天下，純是天地之公，無一毫人欲之私。漢唐歷代治天下，純是人欲之私，帶些子天理於其間。

開眼六十四卦，皆見於天地之間。

讀有卦畫之"易"，當知無卦畫之"易"。有卦畫之"易"，今之《易》書，猶可以言求。無卦畫之"易"，則可以心會，而不可以言求，邵子所謂"須信畫前元有易"是也。

萬物皆一陰陽，陰陽皆一理。

道只在動、止、語、默之間，身外求道，遠矣！

已知如未知，已能如未能，則有進。

事未至，先無一物在心，則事至應之不錯。若事未至，先有三端兩緒在心，則先自擾雜矣，應事安得不錯乎？

不敢有邪心，漸近於誠。

聖賢言格物致知處，便當效其格物致知；言存養省察處，便當效其存養省察。聖賢爲教之法，無不效其所爲，則讀書有切己之益，而不爲口耳之陋矣。

學者開口皆能言“道是好道理”，然當自體諸心，果能實好此好道理否？又當體之身，果能實行此好道理否？若徒能言之於口，而體諸身心者皆不能然，是所謂自欺也。

謹防外好以奪志。

斯須照管不至，則外好有潛勾竊引之私，不可不察。

人欲如寇敵，專以窺吾之虚實，斯須防閑不密，則彼乘間而入矣。

人心貴乎光明潔淨。

爲學時時處處是做工夫處，雖至鄙至陋處，皆當存謹畏之心而不可忽。且如就枕時，手足不敢妄動，心不敢亂想，①這便是睡時做工夫。以至無時無事不然。

天地自然之文，物物皆具，如花木、文縷、彩色之類皆是也。

《噬嗑》、《賁》、《豐》、《旅》四卦論用刑，皆離火之用，以是見用法貴乎明。《噬嗑》、《豐》以火雷、雷火交互爲體，用法貴乎威明共濟。《賁》、《旅》以山火、火山交互爲體，貴乎明慎並用。②

治獄有四要：公、慈、明、剛。公則不偏，慈則不刻，明則

① “心”下，沈刻本有“下”字。
② “貴”上，乾隆本有“用法”二字。

能照,剛則能斷。

外物至輕,己德至重。重其所輕,輕其所重,不知類也已。外物爲養生之具,固不可缺。但君子取之有道,用之有節;小人則取不以道,用不以節。所謂天理人欲,同行異情也。

工夫緊貼在身心做,不可斯須外離。

常得心在内,則寡過矣。

心一放,即悠悠蕩蕩無所歸着。

千古聖賢之言,一"性"字括盡。

細看天之生物,只是自然,無纖毫作爲之思,①故人見其易而不見其難。人能事事順理而行,則亦如天之自然不難矣。

順理而行,則直而易;逆理而行,則曲而難。

聖賢之迹固當考,而己之所行者又當隨時揆之以理,而不必其事之同。如禹、稷、顔回,迹雖不同,而道則同也。

所謂理者,萬事萬物自然之脈絡條理也。循其脈絡條理而行,本無難事。惟不知順理妄行,所以崎嶇險阻,不勝其難也。

心地乾淨,自然寬平。

人能知天地萬物各有截然之分,則心自定矣。

知理而行者,如白晝見路分明而行,②自無差錯。不知理而行者,如昏夜無所見而冥行,雖或偶有與路適會者,終未免有差也。

---

① "思",乾隆本作"私"。
② "晝",原作"畫",據沈刻本、乾隆本、四庫本改。

讀前句如無後句，讀此書如無他書，心乃有入。

凡看聖賢書，皆當以仁、義、禮、智、信五者細細體會旁通之；久則彼此互相發明，可以見天下道理之名雖多，而皆不外此五者矣。

“予畏上帝，不敢不正。”可見湯之伐夏，一出於上天之公，孟子所謂“天吏”是也。夫豈有一毫利天下之心哉？苟有利天下之心，則非所以爲湯矣。

“成湯放桀於南巢，惟有慚德。”湯之不幸，天下之幸也。

“天之生物，一本也。”知《易》者，莫若孟子。

易有太極。易者，陰陽之變；而其所以爲是陰陽之變者，太極也。

聖人言太極，就陰陽中指出此理以示人，元不曾離陰陽而言。如所謂“一陰一陽之謂道”，“形而上者之謂道，形而下者之謂器”，皆不曾外陰陽而言道也。

一分而爲二，一即在二中，而一之本體未嘗分也。二分而爲四，一即在四中，而二之一則未嘗少也。四分爲八，一即在八中，而四之一又未嘗減也。以至八分爲十六、十六分而爲三十二、三十二分而爲六十四，一則隨所分而無不在，而其分之主則自若也。蓋一生二，二生四，四生八，八生十六，十六生三十二，三十二生六十四，而一隨生隨在者，分之殊也。六十四根於三十二、三十二根於十六、十六根於八、八根於四、四根於二、二根於一者，理之一也。理之一各貫於分殊之中，分之殊畢統於理一之内。分之殊若分矣，而理之一則渾然無所不包，實未嘗不合也。理之一若合矣，而分之殊則粲然各有條理，實未嘗不分也。分而合，合而分，斯所謂“一以貫之”者歟！

一心管萬事，理一分殊；萬事由一心，分殊理一。

天陽地陰。陰陽之氣屈伸往來者，鬼神也。故曰："鬼神者，天地之功用，而造化之迹也。"

陽之能伸者，神；陰之能屈者，鬼；二物也。伸極而屈者，神之鬼；屈極而伸者，鬼之神；一物也。二而一，一而二，知道者默而觀之。

生天，生地；生陰，生陽；生温，生熱；生寒，生涼；生日，生月；生星，生辰；生雨，生露；生雷，生霆；生水，生火；生木，生金；生人，生物；生獸，生禽；生生之多，蓋不可勝窮也，而皆本於一生。

太極動而生陽，神也；静而生陰，鬼也。鬼神者，其太極乘氣機而屈伸乎！

英氣甚害事，渾涵不露圭角最好。

第一要有渾厚、包涵、從容、廣大之氣象。

促迫、褊窄、淺率、浮躁，非有德之氣象。

只觀人氣象，便知其涵養之淺深。

萬物之形著者，其始也甚微。

《河圖》虚其中以爲太極，而兩儀、四象、八卦皆由是以生，邵子所謂"天向一中分造化"也。

畫前之"易"，不待卦畫而已著者也。

見得理明，須一一踐履過，則事與理相安而皆有着落處。若見理雖明，而不一一踐履過，則理與事不相資，終無可依據之地。曾點所以流於狂也。

精粗本末兼盡，所以爲聖賢之學；若舍粗而求精，厭末而求本，所謂"語理而遺物，語上而遺下"，鮮不流而爲異端。

二程所以接孔孟之傳者，只是進修有序。

直是要求實理,實理之名雖在書,而實理之理則在理。

曲折細微,理無不貫。

讀書當着實體認。如讀《中庸》首章"天命之謂性",便當求天命之性的在何處。讀《大學》首章"明德、新民、止於至善",便當求三者的爲何事。如此則道理躍如,皆在心目之間,自不爲文字言語所纏繞矣。

因閒,畫伏羲八卦小圓圖,貼於壁上觀之,覺有流動之意。

孟子曰:"天下之生久矣,一治一亂。"知《易》者莫若孟子。

纔言象便非真。因象以識其真,則在人焉耳。

每日就身心、言行、應事、接物處緊緊體認仁、義、禮、智四者。體認得是,則行不錯。

聖人取人極寬。如仲叔圉、祝鮀、王孫賈皆未必賢,以其才可用,猶皆取之。後之君子好議論者,於人小過必辨論不置,而遺其大者,視聖人包含之氣象遠矣。

聖人取人,不以有功而揜其過,不以有過而揜其功。如管仲,霸者之佐耳,其過多矣,聖人猶不廢其一匡之功。[①] 後世有論人過而遂没其功者,多見其尅核之甚也。

老子《道德經》"常無欲,以觀其妙",應上文"無名,天地之始";"常有欲,以觀其徼",應上文"有名,萬物之母"。

讀《二典》、《三謨》、《夏》、《商》、《周書》,其明白者皆有切於學者之身心,愈讀愈有味。

"知我者其天乎",猶《中庸》所謂"知天地之化育"。言與

① "匡"下,沈刻本有"天下"二字。

天地之化育默契爲一，非但聞見之知而已。但《中庸》言己契天，《論語》言天契己，其實一也。

“下學而上達。知我者其天乎！”下學，學人事；上達，達天理也。人事，如父子、君臣、夫婦、長幼之類是也。天理，在人如仁義禮智之性，在天如元亨利貞之命是也。蓋下學父子、君臣、夫婦、長幼之人事，便是上達仁義禮智、元亨利貞之天理也。謂之“天知”者，非聞見之知也，乃天與聖人默契爲一，是以人不能知而天獨知也。然五者姑舉事之大者而言，①其實無一而非下學人事，上達天理也。

夫子發“莫我知也”之嘆，蓋當時之人，雖知夫子爲聖人，但雷同知其名而已，實不知聖人之所以爲聖人也。知聖人所以爲聖人，“如愚”之顔子，②一“唯”之曾子而已。如子貢之高識，猶未及此，故曰：“知我者其天乎！”然於斯之際，子貢雖未能盡領夫子之嘆，若後來“性與天道不可聞”之言、“夫子猶天不可階而升”及“綏來動和”之論，則子貢亦可謂深知夫子矣。

《家人》卦，治天下之本備焉。

偶食桃梅桃樹接梅枝結實者，其生者味酸，熟者味甘。因思孟子曰：“夫仁亦在乎熟之而已。”蓋凡爲學、爲善，皆貴乎熟，不獨仁也。苟爲不熟，焉得其味之美哉？

君子熟於善，小人熟於惡。

君子熟於精微之義，小人熟於機詐之巧。

君子熟於公正，小人熟於私邪。

---

① “事”下，沈刻本、乾隆本有“理”字。

② “子”，原無此字，據沈刻本補。

理、象、數、辭,《易》備焉。

上下、遠近、大小、内外,渾只是天也。

天外無物,物外無天。

理、氣、象、數之外,無餘物。

大小大道理,①吾心悦而口不能言。②

舉此以告人,人其信之乎?吾其誰告之?

毫私不有,渾渾乎其深大也。

融釋與道爲一。

元來學不可有爲,有爲即人欲,而非天理矣。

觀天之道,皆公而自然。不爲何而春夏生物,不爲何而秋冬成物。人之道亦公而自然。不爲何而行仁義,不爲何而行禮智。若有爲而行,即私而不公矣。

讀《咸有一德》之書,則知伊尹之學極其精密,成湯以"元聖"稱之,有自矣夫!③

《商書》數篇,光明峻潔,真所謂灝灝者也。

《典謨》、《仲虺》、《成湯》、《伊傳》諸書,尤切於學者。

讀書必專精不二,方見義理;有一念之雜,即隔一重矣。

以鴻鵠之心讀書,必不能造乎精微。

《説命》曰:"惟學遜志,務時敏,厥修乃來;允懷於兹,道積於厥躬。惟斆學半。念終始典于學,厥德修罔覺。""遜志","時敏","允懷","終始典學",皆爲學之功;"乃來","道積于厥躬","厥德修罔覺",皆爲學之效。

---

① "小"下,四庫本無"大"字,據之,則"大"字應删。按,乾隆本校記,此句第一個"大"字下"洛陽本"有"凡"字,即"大凡小大道理"。

② "口",原無此字,據沈刻本補。

③ "自",沈刻本作"以"。

《説命》曰:“人求多聞,時惟建事。”下文即繼之曰:“學於古訓,乃有獲。事不師古,以克永世,匪説攸聞。”蓋“學古訓”,即所謂“求多聞”;“事不師古”之事,即“時惟建事”之“事”,非有二也。“求多聞”,猶《易》曰:“多識前言往行,以畜其德耳。”①必謂資之人可乎!

“既乃遁於荒野”、“暨厥終罔顯”,只是甘盤隱遁不顯于世耳。當以朱子《語録》爲正。

張南軒“無所爲而爲之”之言,其義甚大。蓋無所爲而爲者皆天理,有所爲而爲者皆人欲。如日用間大事小事,只道我合當如此做,②做了心下平平,如無事一般,便是無所爲而爲。若有一毫求知求利之意,雖做得十分中理,十分事業,總是人欲之私,與聖人之心絶不相似。

無所爲而爲,猶“正其誼不謀其利,明其道不計其功”之意。

無所爲而爲,猶當理而無私心,仁也。有所爲而爲者,事雖當理,未能無私心也,謂之仁可乎?

如乍見孺子之入井,惻隱之心發,無所爲而爲也。若惡其聲,納交、要譽之心生,即有爲而爲矣。

知及之,仁不能守之,雖得之,必失之,狂者也。

觀“師冕見”一章,可見聖人接物之誠心。若常人之於瞽者,鮮不忽易而欺紿之。於此亦可以觀聖人之氣象。

觀聖人與師言,辭語從容,誠意懇至,直使人感慕于數千載之上。

---

① “畜”,四庫本作“蓄”。
② “我”,乾隆本作“義”。

常人見貴人則加敬，見敵者則敬稍衰，於下人則慢之而已。聖人於上下、人己之間，皆一誠敬之心。

敬天之心，瞬息不敢怠。

近來誠實畏天，而不敢萌一念之惡。

《洪範》篇造化、氣數、天理、人事皆具，《書》之《易》也。

“二、五事”，[①]踐形盡性之學備於此。

《易》六十四卦，三百八十四爻，只是君子小人迭爲盛衰。

君子居君子之位，小人居小人之位，則治；反此，則亂。有天下國家者，皆當親君子而遠小人。

大丈夫以正大立心，以光明行事，終不爲邪暗小人所惑而易其所守。

以顔子之亞聖，聖人猶告以“遠佞人”，況他人乎！理明心正，則邪媚不能惑。

好正道則正人至，好邪道則邪人至，氣類相感也。

君子之出處，當修之身而聽之天。彼卑污苟賤，摇尾乞憐，攀援勢要以售進者，果何心哉？

邪正相爲勝負，久矣！

《仲虺》曰：“惟天生民有欲，無主乃亂，惟天生聰明時乂。”成湯曰：“惟皇上帝，降衷於民，[②]若有恒性，克綏厥猷惟后。”武王曰：“惟天地萬物父母，惟人萬物之靈。亶聰明，作元后，元后作民父母。”歷觀自古聖君賢相之言如此，則天之所以立君者，不過欲治民、教民、養民，使各遂其生而已，豈有他乎哉？

---

① “二”上，乾隆本有“洪範”二字。
② “於”下，沈刻本有“下”字。

老子云“玄之又玄,衆妙之門”,只是説性情。

衆妙之門,猶道義之門。

老子之書,始欲論理之玄妙,末則流於權術。

程子曰:“予之所傳者,辭也;由辭以得其意,則在人焉耳。”不但讀《易》之法如此,他書皆然。

莊子斫輪之説,深中學者溺於語言而不得其意之弊。世有開卷則能説義理,真若有所得者,掩卷則茫然漫不知所説爲何事。誠所謂糟粕者,其弊也久矣!

一一見得理有下落,方爲真見。

真見明,則邪見不能惑。

余覺前二十年之功,不如近時切實而有味。

天地者,吾之父母也;凡有所行知,順吾父母之命而已,遑恤其他!

《先天圖》却觀,自《坤》、[1]《艮》、《坎》、《巽》、《乾》、《兑》、《離》、《震》以至《復》,皆前天地之往;順觀,自《復》、《震》、《離》、《兑》、《乾》、《巽》、《坎》、《艮》以至《坤》,皆後天地之終。往者,推其往而無極;來者,推其來而無窮。所謂“引之於前,而不見其始之合;推之於後,而不見其終之離也”。

占卜,古爲大事。舜欲禪禹,禹曰:“枚卜,功臣惟吉之從。”《洪範》稽疑,專以卜筮爲主;《大誥》、《洛誥》諸篇,凡征伐定都大事,皆歸重於卜。以是知占卜,古爲大事。

古者占卜之法,聖人以至公無私求之;其求之之心固已神矣,則龜筮之神安得不應之?如所謂“官占,惟先蔽志,昆命于元龜。朕志先定,詢謀僉同,鬼神其依,龜筮協從”之語,

① “自”,原無此字,據乾隆本補。

可見後人以私意邪謀求之，欲其應也難矣。

孟子曰："苟求其故，千歲之日至，可坐而致也。"康節之學，推往知來，蓋亦如此。

雖微細事不可苟，皆當處置合宜。

寡欲，省多少勞擾。

只寡欲，便無事；無事，心便澄然矣。

余每呼此心，曰：主人翁在室否？至夕必自省，曰：一日所爲之事，[1]余合理否？[2]

讀書所以不見德崇業廣者，只是講説，不曾實行。如講"學而時習"章，便能學而時習否？讀"其爲人也孝弟"章，便能孝弟否？讀"顔子問仁"章，便能非禮勿視、聽、言、動否？若不能如此，只是講説耳。

看得爲學無别法，只是知一字、行一字，知一句、行一句，便有益。心不妄思，一心皆天理；身不妄動，一身皆天理；事不妄爲，事事皆天理。

因無窮盡，故無方體；若有窮盡，則有方體矣。

凡卦，六爻以"初"、"二"、"三"、"四"、"五"、"六"爲主，以所值"九"、"六"之爻爲客，所謂"周流六虚"者也。

卦爻"六"位皆虚，隨所值奇偶居之。

天下無獨必有對，《河圖》卦畫可見。

迹，履之所出也，而迹豈履哉？書，道之所出也，而書豈道哉？

雨皆地氣自下而上蒸騰而成；天愈高則氣愈清，不能成

---

① "日"，沈刻本作"月"。

② "合"上，沈刻本、乾隆本、四庫本無"余"字。

雨也。

雲濃則成雨，氣濃則生物。《易》曰：“天地絪緼，萬物化醇。”

遏惡揚善，非剛明者不能，故于《大有》言之。内剛外明，《大有》也。

人不能有進，只是惑。惑者，見理未透而心有所疑也。疑，故欲進不進。學至不惑，則理明而無疑，其進自不能止矣。

雷電、風雲、雨露、霜雪之類，皆氣聚而有聲有形，既散則無迹矣。神矣夫！

細看天地萬物，皆氣聚而成形，有聚必有散。雖散有大小、遲速之不同，其散一也。

謹守下學，自能上達。

看聖門教法，只是有序，無序便差。

曾子所傳無弊，只是教人有序，《大學》可見。

内剛外和，決小人之道。

決小人，當先自修，不可專尚剛強。《夬》曰：“告自邑。不利即戎，利有攸往。”

内健，則有必去之志；外説，則無悻悻之色。決小人之善道也。

取與是一大節，其義不可不明。

理氣雖不可分先後，然氣之所以如是者，則理之所爲也。只是合當如是便是理。

聖人之言雖零碎説，而合輳起來則皆貫於一。諸子之書非無嘉言，但欲一一合輳爲一，則有不通者矣。

理直是難説，謂無形則須有理，謂有理則又無形，惟默識之可也。

理直要心得，難以言語形容之。

五性之用，知最先。如開眼作事，便要見是非，豈不是知在先？

理、氣不可分先後，只如《太極圖》可見。①

太極動而生陽，雖自動處説起，而其根却自静中來。如天之四時，貞下起元是也。然静又根於動，動又根於静，所謂動静無端，陰陽無始也。

理只在氣中，决不可分先後。如太極動而生陽，動前便是静，静便是氣，豈可説理先而氣後也？

此圖中一小圈，即無極而太極。動而生陽，是右邊陰爲之根；静而生陰，是左邊陽爲之根。方其動也，則太極附動而行；方其静也，則太極依静而立。陰陽相根，理氣混合，元無間斷、先後。

一陽止於二陰之上，山之象。一陽，剛也，石也；二陰，柔也，土也。觀之山可見。

心一收而萬理咸至。至，非自外來也，蓋常在是而心存，有以識其妙耳。心一放而萬理皆失。失，非向外馳也，蓋雖在是而心亡，無以察其妙耳。

如手足、耳目、口鼻之類，皆人也；其理，則道也。須是於手足之類事事操持，其理斯存，所謂人能弘道也。若手足之類不加操持，則理豈能自存哉？此道不能弘人也。

古語曰："敬，德之聚也。"此語最宜潛體。蓋道妙莫測，靡有攸定，惟敬則能凝聚得此理常在。如心敬，則凝聚得德

① "如"，沈刻本作"於"。

在心上;貌敬,則凝聚得德在貌上;以至耳目口鼻之類,無不皆然。或有不敬,則心君放逸而天德亡,百體懈弛而物則廢,雖曰有人之形,其實塊然血氣之軀,與物無以異矣。此"敬"之一字,乃聚德之本,而爲踐形盡性之要也與!

周子《太極圖》,朱子之《解》,以心契心者也。熟讀精思二三十年,庶得其旨趣之妙,殆非淺近之功所可得而窺測也。

余見説太極者多矣,苟非實得,真説夢耳!

朱子曰:"聚散者,氣也。若理,則只泊在氣上,初不是凝結自爲一物。但人分上合當然者,便是理,不可以聚散言也。"

理既無形,安得有盡?

理如月,氣如水。或一海水,或一江水,或一溪水,或一沼水,或一鍾水,或一盂水,水雖不同,莫不各得一月之光。或一海水盡,或一江水盡,或一溪、一沼、一鍾、一盂水盡,水盡時,各水之月光雖不可見,而月之本體則常存,初不與水俱盡也。以是觀之,則氣有聚散,而理無聚散也,又可見矣。

易有太極,言氣以原理;太極動而生陽,言理以及氣。

有形者,可以聚散言;無形者,不可以聚散言。

後人開口論性、天道,而其理益隱矣。

近世儒者,割裂經史子集、百家之説,區别門類,綴集成書,務欲包括古今間目,以爲決科之利,使後學轉相剽竊,但資僥倖利達,而無以資身心之用。其弊也甚矣!

爲科目而著書者,皆非爲己之學也。

聖賢專以爲己之學教人,而猶有爲人者,况以科舉爲人之學教人乎!

子貢謂"夫子之言性與天道,不可得而聞也";近見性與天道，誠有不可得而聞者。

一部《論語》，聖人所以教人者，率多孝弟、忠信、仁義之道，至於性、天道，僅見於子貢之語，而夫子之語則終未之及也。後之學者，開口即論性、天道之微，竟不知實於此理爲何如？

俗儒不知教人之本，或爲講語之類，使學者誦習全文，爲説書應答之用，其壞人才也甚矣！

諸子百家皆有可取之言，但欲句句求實用，則有不通者矣。故曰："致遠恐泥。"

聖賢之書，統體純粹而不雜；諸子之言，雜駁中亦有純粹者，取節焉可也。

江邊石壁無寸土而草木生之，尤可見剛陽之氣。

無物有大於理者，天地雖大，亦一物耳。

誠知此理有登泰山而小天下之氣象。

讀朱子語録雜書，斷不若讀其手筆之書。

後儒纂集雜説語録，附諸經書條下，有語同而數處皆見者，幾於"曰若稽古"三萬言矣。

各經、《四書》注脚之注脚大繁多，竊謂不若專讀各經、《四書》正文、傳注，熟之又熟之，[①]以待自得之可也。小注脚大繁多，不惟有與經、注矛盾處，亦以起學者望洋之嘆。

學者於正經、傳注尚不能精熟，即泛觀小注中諸儒之説，愈生支節而莫知其本。若傳注精熟之餘，有餘力而參看之，可也。

外慕者，皆不知其味也。

---

① "又熟"下，乾隆本無"之"字。

知理之大，則知萬物之小，形而上者無窮也。

天地間無别事，只一理、陰陽、五行化生萬物而已。

《太極圖》右半，陰中之陽，即程子所謂“静中有物”，乃十月純坤中之陽也。

理一分殊，開眼便見。

理雖微妙難知，實不外乎天地、陰陽、五行、萬物，與夫人倫日用之常。善觀者於此默識焉，[1]則其體洞然矣。

耳順，非特聞人言語爲聲入心通，雖風雷禽鳥、一切有聲之物接於耳者，無不悟其妙也。張子喜聞驢鳴之意，亦如此。

觸目皆物，物識其理，所謂眼底無全牛也。

要當於有形處默識無形之理，所謂“費而隱”也。物格知至，則識太極矣。

孔子曰：“庸言之信，庸行之謹。”以是知言行之至小者，皆當謹信而不可忽。今人日用言行，將謂小事都不謹信，此德業所以不廣崇也。

聖人大公無我，真天地之氣象。後人區區小智自私，晝夜圖爲，無非一身佚欲之計，宜其氣象之卑陋也。

實當修其在己，名無恤其在外。

己未善，人譽之，不足喜；己有善，人毁之，不足怒。

静思，善皆己分之當爲，初與人一毫無與；若纔爲善，即有求名之心，乃人欲而非天理矣。

在外者皆不可必，在己者皆所當求。

太極反之於身，精而約者也。

太極理雖至妙，而其實不外乎身心、動静、五常、百行之

---

① “觀”下，乾隆本有“理”字。

間。後人論太極，即作高遠不可究詰之理求之，去道遠矣！

只於身心、口鼻、耳目、手足、動静、應事、接物至近至小處，看太極尤分明。不必專論於千古之上、六合之外也。然近者、小者既盡，則遠者、大者可默識而一以貫之矣。

太極乃至精至約之理，全之者聖，修之者賢。

伏羲觀象以畫《卦》，周子原理以作《圖》，其義一也。

疾惡之心固不可無，然當寬心緩思可去與否。審度時宜而處之，斯無悔。切不可聞惡遽怒，先自焚撓；縱使即能去惡，己亦病矣。況傷於急暴而有過中失宜之弊乎！經曰："勿忿疾於頑。"孔子曰："膚受之愬，不行。"皆當深味。

事最不可輕忽，雖至微至易者，皆當以慎重處之。

觀聖人之去小人，皆從容自在若無事者，所謂"可怒在彼，己何與焉"者也。

觀《太極圖》，得一"静"字，爲處事之本。

凡事皆當謹始慮終。

從事於主敬者，斯得太極之妙。

"亦足以發"，只是尊所聞，行所知耳。

他人聞聖人之言便休，顔子於聖人之言，句句無不識其理而踐其實。故曰："亦足以發。"

不爲耳目口鼻所役，覺得心常泰然。

螢隨時而出，蟲應節而鳴，無非教也。

萬物盡，天地老，超然獨存，再造天地萬物者，其太極乎！

如崖石上草木，豈有種？皆氣化而生也。

"山下有火。賁。君子以明庶政，勿敢折獄。"上山下火，火爲山揜，明不燭遠，故有此象。

天地之初，總是氣化；今則氣化、形化並行而不息。

天地之初，人物無種，純是氣化。自人物有種之後，則形化雖盛，而氣化亦未嘗息。自今觀之，人與禽獸、五穀之類，凡有種者皆形化；至若昆蟲、草木之類，無種而生者尚多。試以一片白地驗之，雖掘至泉壤，暴晒焚燒其土，俾草木之遺種根蘖皆盡，然一得雨露滋澤，風吹日晅，則草木復生其處。此非氣化而何？又若腐草爲螢，朽木生蠹，濕氣生蟲，人氣生虱之類，無非氣化也。或謂形化盛而氣化消者，竊以爲不然。

石壁上草木，最可見生物自虚中來，虚中則實，氣是也。知此，直使人有手舞足蹈之喜。

一切有形之物，皆呈露出無形之理來，所謂無非至教也。

人讀書，果能於聖人之言，句句皆體之身心而力行之，即是顔子"亦足以發"之意。

讀書只當以正文、傳注爲本。正文、傳注已通析，尚有可疑者，乃可參考語録諸説。竊見傳注之外，皆有諸儒小注。經文不過數語，而小注乃至數千百言。其實學者不但不能周覽，並經文、傳注亦不能精矣。若有大聖賢作，必重加芟削矣。

人果能誠心求道，雖《五經》、《四書》正文中亦自有入處。若無誠心向此，雖經書一章反復以數萬言釋之，①人亦不能有得也。

二程因遺經而得不傳之遺緒，今之傳注可謂發揮詳且明矣，而學者莫肯盡心其間，何邪？

識高則量大，氣盛則聲宏。

聖賢教人，皆略啓其端，使學者深思而自得之。如夫子

① "復"，沈刻本作"覆"。

所謂“不憤不啓，不悱不發”；孟子所謂“引而不發，躍如也”；程子曰“《易傳》只説得七八分，待人自去體究”；朱子釋“顏樂”章曰“今亦不敢妄爲之説”；如此之類甚多。聖賢之心，非不欲一言而使學者盡得其義；其實道體深妙，有非一言所能盡者。而言之輕，①適足以使聽之者易，彼必不能深思而自得也。故必略啓其端，使彼深思而自得之，則守之固而不忘矣。後之人有于聖賢引而不發者，極論其底藴，使學者一見之頃，即謂吾已盡領其妙，而不復致思，其實不能真得于心，而徒增口語之嘩耳。以是知聖賢立教，爲慮甚遠，而有益于學者甚大。

《易》、《書》、《春秋》，誠有不可強通者，只當缺其疑。

文中子曰：“古之從仕者養人，今之從仕者養己。”切中後世禄仕之病。

《易》、《書》、《春秋》以數千年簡編之傳寫，②豈無一言半句之磨錯？必欲字字釋其義，難矣。不若守朱子讀書之法，通其可通者，缺其不可通者。

密汝言，和汝氣。

仲長子光曰：“在險而運奇，不若宅平而無爲。”

薛收問仁，文中子曰：“五常之始也。”問性，“五常之本也”；問道，“五常之一也”。

自有天地，即有聖人之教。西方之學果是耶？伏羲、神農、黄帝、堯、舜、三代之世，又何爲不出邪？果非邪？何其既出而好之者衆邪？西方之學未出，而天下之治靡所缺；既盛，

---

① “之”下，乾隆本有“者”字。

② “年”，原作“言”，據沈刻本、乾隆本、四庫本改。按，作“年”，於義較長。

而前代之治有所忽。其殆有所乘而至邪？抑氣化消息、邪正相勝而然邪？余皆不知其故也。

三教之説，其來久矣。使教有三，則天地之化亦有三矣。

觀奇偶，則知邪正有迭勝之理。扶陽抑陰，距邪閑正，非聖賢吾誰望邪？

孟子曰："天之生物也，一本。"而世以三教並稱，則是天之生物亦有三本邪？

夷服、夷音、夷行，人皆知惡之，而有不惡者，何邪？

修己、治人，始終條理詳備者，無如《大學》。

他書非無修己、治人之法，但散出而難得其要；得其要者，《大學》也。

人心皆有所安，有所不安。安者，義理也；不安者，人欲也。然私意勝而不能自克，則以不安者爲安矣。

《大學》，全體大用之書也。

《大學》文簡，而包括無窮。

《大學》"三綱領"、"八條目"，于千聖之書無不括盡。

論治而不本於《大學》，非所謂治也。

《大學》"八條目"功夫，一節不可缺。

《大學》之道，其至矣乎！不行於世也，古矣。①

有《大學》之功夫，則有王佐之事業。

《大學》乃諸書之括例。

不觀諸陰陽乎？其化皆以漸而不驟。人之處事如是，則鮮失矣。

經傳究竟而不可言者，所謂密也。

---

① "古"，沈刻本、乾隆本作"久"。

理非利口辯舌者所能知，惟默而成之、不言而信存乎德行者識之。

政出於一，則治有所統而民心信。

唐虞百揆之職，“揆”之一字最有深意。政事可止可行，莫不揆度其宜，可則行，否則止。此所以政出於一而下無廢事也。

患知人之不明，不患大臣之竊柄。蓋知人，則所任者必君子，何竊柄之患？不知人，則雖防忌大臣，不使預事，而左右竊柄者必有人矣。觀之後漢可見。

舍《大學》之道，而欲復三代之治，未之有也。

漢、唐、宋之治所以苟簡而不能復三代之隆者，皆不能盡《大學》之道耳。

唐太宗欲興禮樂，可謂不度德者也。

或謂誠得大儒佐漢祖以禮樂爲治，其效當不止如叔孫通制禮之小。竊謂漢祖以馬上得天下，不事《詩》、《書》，治家則以私昵，爲治則以雜霸，於人倫之序與和者蔑如也；使有大儒生其時，果能變其已成之氣習，致君德如三代之隆邪？不然，則亦無如禮樂何也。

太極者，萬理之總名。

三綱、五常，禮樂之本，萬事之原。

聖人論治，有本有末。正心、修身，其本也；建制、立法，其末也。

理極難説，大抵神妙不測；不問遠近、幽深、大小、精粗，無乎不在。

可見者是氣，氣之所以然便是理。理雖不離氣而獨立，亦不雜氣而無别。

看來理一齊皆具，而無一物能外之者。

氣則萬變不齊，理則一定不易。

天地生人物，不是旋安排個理來與他，[①]蓋合下便已都定了，無添無減，無多無少，萬古只如是。有此理便有此物，有此物便有此理，元不相離。

以勢利交者，安得不終離？

《易》之卦、爻、象、數，皆是天生的。

爲君所委任者，當以誠報，不可一事欺之。

《易》從至微以到至著。

惟以文辭名位自高，而貪鄙之行有不異常人者，斯亦不足貴也已。

畫前之易，沖漠無朕之中，而萬象昭然已具也。

挺特自守者，[②]必君子；攀援附和者，必小人。

《太極圖》義理，精而約，該而備。

太極中無一物。人能中虚無物，則太極之妙可默識矣。

百姓日用而不知，皆爲氣所隔，昏蔽之極，殆與物無異。

理明而觀衆論之得失了然。

無毫髪欠缺，無瞬息間斷。

此理真不得而名，故夫子取"無聲無臭"以形容之。若以物喻之，即滯於形器矣。

不可以方所求。

心存，則因器以識道。

---

① "旋"，四庫本作"漸"。

② "特"，原作"持"，據沈刻本、乾隆本、四庫本改。按，"挺特"，語出《漢書》："英姿挺特，奇偉秀出。""特"作"持"，形近而誤。

看來學者不止應事處有差，即小小言動之間，[①]差者多矣。

釋氏極論道妙，而以金玉、珍寶、奇怪之物侈言之，何邪？

聖人之心如天，物有違忤者，終無私怒也。釋氏極言其神妙無方，慈悲忍辱，至於一有毁謗其書，不尊其教者，即報之以種種之罪，又何量之小而心之忮邪！[②]

《太極圖》，一以貫之。

"天體物而不遺，仁體事而無不在"，"吾道一以貫之"。

聖人之言，坦易明白，讀之千古可見其心。老莊之言，回邪艱阻，使讀者不可摸擬，此其所以爲異端也。[③]

聖人之心，天地之理，只是直。

聖人聞人毁己、譽己，元不少動，如浮雲一過而太虚湛然。

教人之法，至程朱而復明。

教人不以《小學》、《大學》，爲學不由《小學》、《大學》，皆非教非學也。

余少年學詩、學字，錯用功夫多，早移向此，庶幾萬一。

治病不求其本，除弊不自其源，難也已！

子産鑄刑書，叔向譏之，此有深意。

觀孔門諸弟子之言，從容和毅，皆仿佛夫子之氣象，乃聖教涵煦而然也。

不以禮制心，其欲無涯。

心無所止，則一日之間，四方上下安往而不至哉！

---

① "即"，沈刻本、四庫本作"只"。
② "何"下，沈刻本、乾隆本有"其"字。
③ "異端也"，沈刻本作"正道、異端之别"。

衣食之類,本爲養生之具,不可缺者。故聖人爲治,必開衣食之源,以厚民生。故衣食飽暖足矣,[1]若過求華麗之衣,欲以是誇人而有道者,無足觀也。必有極口腹之欲,[2]養小以失大,君子不爲也。是則衣食取足者,天理之公;過爲華侈者,人欲之私。君子謹之!

釋老之高,只是無欲;無欲而滅絶倫理,故曰高而無實。

後人只爲多欲,故爲異端所小。若能如聖人之無欲而常伸於萬物之上,彼烏得而小之!

君子法《乾》之健,只無私便不息,有私則息矣。

---

① "故",乾隆本作"但"。
② "有",沈刻本作"欲"。

讀書録卷五

《易·大象》。

重坤相因，其勢極厚，君子法之，以厚德載物。

“水洊至”，“君子以常德行，習教事”。水相續不已，有恒久之意，故君子以常德行；相沓而來，有重復之意，故君子以習教事。

“天下有山，遯。君子以遠小人，不惡而嚴。”天高，去而不留；山卑，下而常止；有懸絶不相及之勢。君子，猶天也；小人，猶地也。君子以莊敬自持，則小人自不能近，故取此象。

“山上有火，旅。君子以明慎用刑而不留獄。”火照有明意，山静有慎意，火去又有不留之意。

“澤上於地，萃。君子以除戎器，戒不虞。”萃，聚也，人聚既衆，易致變故，故除戎器以備不虞。

地暗火明，明出於暗，爲《晋》。君子觀其象，以去暗即明，故曰：“以自昭明德。”

“雷出地中”，其聲大而氣和暢。故樂之聲音，和暢象之。

機不可妄發。康節詩曰：“施爲欲似千鈞弩。”此意近老子之術。

“至日閉關，商旅不行，后不省方。”安静以養微陽，聖人贊化育之一端。

雲雷參錯震迅，乃天地屯難之時，君子觀其象，宜經綸以濟時難。

震動坎險，時之未通，君子宜不遑安處，以濟其屯。

火雷噬嗑，火明雷震。"先王明罰"，取火之意；"敕法"，取雷之意。①

"以茂對時育萬物。"皆實理也，故取法於"無妄"。

外晦則氣象含蓄，内明則文理密察，蒞衆之道也。

《既濟》，乃已盛而有將衰之兆，故當"思患而豫防之"。

剛明並用，折獄致刑之道也。

明相因而不息，大人緝熙光明，以照臨天下也。

澤没火則火滅，火燥澤則澤涸，相革之義也。

四時寒暑迭相更革，故"治曆明時"，取《革》之義。

"類族辨物"，各别其所同也。

臨下之道，無過於"教思無窮，保民無疆"。

"山下有澤"，澤匯山減，乃"損"之義。人所當損者，莫過於忿怒、嗜欲也。

"麗澤"，有互相浸灌之義；"講習"，有互相滋潤之益。

"上天下澤"，其分甚明，"辨上下，定民志"法之。

鼎器所處安重，故能受所載之實。君子居位，法鼎器之安重，故能凝聚上天之命。靜則聚，動則散，故"正位"足以"凝命"。

"木上有水井"，其出無窮。"君子勞民勸相"，亦無倦。

天之不息以剛。君子法天之不息，亦以剛。

地厚無水不容，故爲"師"。君子法之，亦當無物不容也。

---

① "之"，原無此字，據沈刻本、乾隆本補。

“天下有風”,鼓物無不周遍,“誥命施四方”法之。①

“隨風,巽。”風有漸次柔入之義,君子法其象,亦當丁寧其命於再三以行事,則入人深而人易從矣。

雷相沓而至,聲可畏無甚於此,故“君子以恐懼修省”。

“艮”内外皆止,故“君子所思不出其位”。

木自地出,爲“升”。君子法“升”之象,順積其德,自小以至大。

澤性潤下,山體中虚,内能受外也。君子亦當虚中無我,以受天下之善。

天,氣也;山,形也。以形畜氣,所畜至大。君子法之,“多識前言往行,以畜其德”。

“山上有木”,爲漸長之義。“君子居賢德善俗”,亦當以漸而不可驟。

風行地上,無不周遍,“先王省方觀民設教”,亦無不周遍。

物之相比,莫過水與地,故“先王建萬國,親諸侯”取其義。

他物相比猶有間,惟水與地無間。

君子之顯晦屈伸,隨時而已,故否之時則“儉德辟難,人不得以禄榮之”。

過恭,過哀,過儉,皆過之小者也。

上安由下厚,故“剥上厚下以安宅”。

“山下出泉”,雖蒙昧而有可行之理;“山上有水”,則窒礙而有難行之勢。故君子觀《蒙》之象,則當“果行育德”;觀

---

① 此條原與上一條併爲一條,據四庫本改。

《蹇》之象，則當“反身修德”。

“果行”，水之義；“育德”，山之義。

天上水下，天左水右，二者相違而爲《訟》。君子觀其象，“作事謀始”，則訟端絶。

只六十四卦之名，儘有義理，“以言者尚其辭”，此亦可見。

“君子議獄緩死”，出於中心之實，故取《中孚》之義。

遷善如風之速，改過如雷之迅，《益》之大者。

雷入澤中，聲向闃寂，[1]“嚮晦入宴息”取其義。

“山下有火，賁。君子以明庶政，無敢折獄。”“明庶政”，取火之義；“無敢折獄”，取止之義。[2] 山下有火，明不能燭遠，故其象如此。

“制度數，議德行”，《節》之義。

《中孚》，全體則中虚，二體則中實。中虚如心之無物，中實如心之有理。

火上水下，各行其性而不相資。[3] 故君子觀其象，“以慎辨物居方”。“辨物”，謂水火二物；“居方”，謂火上水下。凡物皆然。

“風行水上”，涣散之義。“享帝立廟”，所以合其涣。

山本高，地本下，高而能下，《謙》之義。

遏惡揚善，非内剛外明者不能，故《大有》象之。

---

① “闃”，沈刻本作“間”。“向”，四庫本作“響”。

② “之”，原無此字，據乾隆本補。

③ “資”，沈刻本作“實”。

“山下有風。蠱。君子以振民育德。”振作其民，取“風”義；[①]養育其德，取“山”義。

“澤上於天。[②] 夬。君子以施禄及下，居德則忌。”“施禄”，取“澤下”之義；“居德則忌”，取“乾健”之義。

“愼言語”，養德之大；“節飲食”，養生之大。

“雷雨作。解。赦過宥罪。”取“解散”之義。

“上火下澤。睽。君子以同而異。”同者，秉彝之自然；異者，制行之當然。

君子需時，“飲食宴樂”以需之也。

隨日入之晦而宴息，“隨”之大者。

陽根陰，陰根陽，而太極之理無不在焉。程子所謂“易，變易也；變易以從道也”。道者何？太極之謂也。

天地之化，一過而不留；聖人之心，一應而無迹。

《金剛經》只欲説形而上之道，以形而下者爲幻迹，此所以偏于空虚也。聖人則道器合言，所以皆實。

立法當審度時宜。後世論者多欲復肉刑，此不度時宜者也。唐、虞、三代，風氣淳，教養備，犯者至少，故肉刑可施。後世風氣日漓，他事皆與古異，獨欲復此法，殆有“屨賤踊貴”之譏矣！

先儒謂肉刑于今死刑中取之，[③]亦足以寬民之死。

《太極圖》右邊黑中之白，白盡即爲陽，非自右而左也；左

---

① “義”，原作“意”，據乾隆本改。按，取某義，古人多用“義”字而罕用“意”字。

② “天”，原作“地”，據沈刻本、乾隆本、四庫本改。按，《易·夬》：“澤上於天。”

③ “取”，沈刻本作“施”。

邊白中之黑，黑盡即爲陰，非自左而右也。但假象以顯義，姑以黑白分左右耳。

靜中之動亦自此起，動中之靜亦自此起，非有二也。聖人之心，廓然大公，與化無累。異端必求一超出陰陽之外不生不滅之説，有是理乎？

聖人大公至正之道，開眼即見，萬世無弊。

雨亦有就隨處雲氣蒸騰而成者，亦有自他方雲氣風雷挾持而至者，雖有遠近不同，及雲氣布濩周匝則無間矣。

想韓文公敬大顛，[1]只是被他説着己病，故爲其所動。韓公不能忘情富貴，而大顛以物外清虚曠蕩之説格之，此公之所以爲其動也。[2]

爲學以《四書》爲本。

《四書》、《五經》，周、程、張、朱之書，道統正傳；舍此而他學，非學也。

漢唐以來，正教與異學並行，而學者莫知所宗。自宋諸君子表章《四書》、《五經》而發揮之，如日月經天，而爝火自息。有志之士，宜熟讀精思而力行之，[3]庶不負先正之教云。

《四書》，滿天下真知實踐者蓋有之矣，吾不得而識其人也。

《書》求"精一"之旨，《詩》求"思無邪"之旨；《禮》求敬，《樂》求和；《春秋》求是非，《易》求象占。義理皆體于身心，則有實用矣。

---

① "大"，原作"太"，據四庫本改。按，所謂"太顛"者，即與韓愈相交甚洽的大顛和尚。"大"作"太"，乃刻工習氣所致之誤也。

② "公"下，沈刻本無"之"字。

③ "之"，原無此字，據沈刻本、乾隆本、四庫本補。

惟無欲最高，有欲則低矣。

伊、傅、周、召，佐王行道，其功大矣；而彼不自爲大也。[①]如有自大之心，則非伊、傅、周、召矣。

舜、禹有天下而不與，分定故也。

天、地、日、月、風、雷、雲、雨、金、木、水、火、山、澤，八卦之象；健、順、麗、明、險、陷、止、動、説、入，八卦之德。

楊子《法言》意實淺，而飾以短澀奇古之詞，何邪？

聖人雖澤及四海，功被萬世，而無一毫自滿之意。釋氏動輒言其功德無量，何邪？

聲、香、色、味、觸，佛書所謂五欲，世人之所貪彼欲滅絶者也。[②]及其論聲、香、色、味之盛，又極人世之所無者而誇耀之，何邪？[③]

學有所得，必自讀書入。讀書千熟萬熟時，一言一句之理自然與心融會爲一，斯有所得矣。

象山謂人讀書爲"義外工夫"，必欲人静坐先得此心。若如其説，未有不流於禪者。

太極是《易》之精，六十四卦、三百八十四爻中無限事是《易》之藴。下民雖所禀之性皆同，而其實拘于氣質，愚昧無知者多。《傳》曰："堯、舜帥天下以仁，而民從之；桀、紂帥天下以暴，而民從之。"使皆有知，則帥之以暴而不從矣。如異端怪誕之説，分明理所無者，而民皆靡然信從之，可見其無知也。

好異端者，天資高則淪于空虚，氣禀下則惑于罪福。

要見道，只在存心。存心，則觸處與道相值；心不存，則

① "自"下，沈刻本無"爲"字。
② "貪"下，沈刻本有"著"字。
③ "何邪"，沈刻本作"何其自相反邪"。

雖至近者，亦莫識其爲道矣。①

程子釋《中庸》“鳶飛魚躍”，曰：“與‘必有事焉而勿正心’之意同，活潑潑地。”存心之謂也。

萬事猶可力爲，只此理非力所及。

理如物，心如鏡。鏡明則物無遁形，心明則理無蔽迹。昏則反是。

惟心明，則映得理見。

道雖未嘗遠人，心有斯須不存，則人自遠道矣。

釋子以罪、福誘人，豈是公道？

釋子不問賢愚、善惡，②只順己者便是。

一片實理，徹上徹下，萬古完具，而有生之類自不能外。

理如日光，氣如飛鳥。理乘氣機而動，如日光載鳥背而飛。鳥飛而日光雖不離其背，實未嘗與之俱往，而有間斷之處。亦猶氣動而理雖未嘗與之暫離，實未嘗與之俱盡，而有滅息之時。氣有聚散，理無聚散，于此可見。

一理古今完具，而萬物各得其一。

理如日月之光，小大之物各得其光之一分；物在則光在物，物盡則光在光。

消息者氣，而所以消息者理。

聖人所以不矜者，只爲道理是天下古今人物公共之理，非己有之私，故不矜。

《論語》一書，聖人多就事言，而理在其中。③ 其答問仁

---

① “道”，乾隆本作“近”。
② “愚”，乾隆本作“否”。
③ “其”，原無此字，據沈刻本、乾隆本、四庫本補。

處,亦只以求仁之方、爲仁之資告諸子,[1]至於仁之理,則未嘗及也。此所謂無迹也歟!

論理而不及事,末流爲虚無之弊。

聖人多教人以下學人事。

古者《詩》、《書》、《禮》、《樂》多就事上教人,而窮理亦就物上窮究,故所學精粗本末,兼該而無弊。後世或論理太高,學者踐履未盡粗近,而議論已極精深,故未免有弊也。

《君子偕老》,其辭含蓄微婉,略無激發不平之氣,可見詩人之忠厚。而學者玩此,亦可以進德矣。

詩人氣不暴戾而詞語和平,雖其一己有涵養之功,是亦先王德澤入人之深也。後世之詩有佻薄淺露者,雖其人無涵養之功,亦可以觀世變矣。

讀書固不可不思索,然思索太苦而無節,則心反爲之動而神氣不清。如井泉然,淆之頻數則必濁。凡讀書思索之久,覺有倦意,當斂襟正坐,澄定此心,少時再從事于思索,則心清而義理自見。

思索太勞而不節,暴其氣也。

顔子于聖人之言無所不説,正與"不違如愚"互相發。

事來不問大小,即當揆之以義。

萬物本諸天,萬事本諸心。[2]

氣昏物誘者,性之害;識明理勝者,學之功。

三代之治,本諸道;漢唐之治,詳於法。

教不以道則非教,學不以道則非學。

---

① "諸",原作"語",據沈刻本、乾隆本、四庫本改。按,此處"諸子"指孔子的諸弟子。

② "事",乾隆本作"理"。

古之學也一，後之學也支。

公於己者能公於人，私諸人者由私諸己。

周、程、張、朱有大功於天下，萬世不可勝言。于千餘年俗學異端淆亂駁雜中，剔撥出《四書》來表章發明，遂使聖學晦而復明，大道絶而復續，粲然各爲全書流布四海，而俗學異端之説自不得以干正，其功大矣！

心不錯，即諸事不錯矣。

《法言》澀而晦，《中説》暢而淺。

思天理，則心廣而明；思人欲，則心狹而暗。

《中説》勝《法言》。

聖賢之書，其中必有體要。如"明德"爲《大學》之體要，"誠"爲《中庸》之體要，"仁"爲《論語》之體要，"性善"爲《孟子》之體要，以至《五經》各有體要。體要者何？一理而足以該萬殊也。荀、楊諸子之書，詞亦奇矣，論亦博矣，其中果有體要如聖賢之書乎？不然，則偏駁支離而已矣。

《文中子》論治道固多條暢，只是碎細。若聖人論治道，則自源徂流，本末兼舉，不若是之碎細也。

語人以所及者，當；語人以所不及者，妄。

默觀《太極圖》，與己一一契合。

《五經》、《四書》之外，義理之精妙者無過《太極圖》，切要者無過《西銘》。太史公謂"儒家者流，博而寡要"。非寡要也，雖有要而人自不知也。要者何？一之外無餘言也。

觀衆水之流，當知其一源；觀萬物之生，當知其一本；觀群聖之言，當知其一理。

宋以前，知孟子者，韓子一人而已。

實過其名者，魯齋其人也。

須彌納芥子，以形言；芥子納須彌，以理言。

程子挈“敬”之一辭，[1]示萬世爲學之要。

程子之“主敬”，周子之“無欲”，皆爲學之至要。

讀書貴知要。只顔子“四勿”，心不絶想，口不絶念，守之勿失，循之勿違，豈有差錯？泛觀天下之書而不知用力處，雖多，亦奚以爲？

理無影，就事可默識。

尋思千能百巧都不濟事，只無欲是高處。

不善之端，豈待應物而後見邪？如静中一念之刻即非仁，一念之貪即非義，一念之慢即非禮，一念之詐即非智，此君子貴乎慎獨也。

程子曰：“人之於性，猶器之受光於日，日本不動。”得此一證，則此理萬古常存而可知矣。[2]

理爲主，氣爲客；客有往來，皆主之所爲；而主則不與俱往。[3]

元、亨、[4]利、貞，天之命也；仁、義、禮、智，人之性也；四者惟人與天合而得其全。就人中細分之，又有氣質清濁、通塞之不齊。有全之全者，有全之半者，有全之少者，有皆不能全者，其品蓋不能勝計也。[5] 至於物，則拘於氣質，愈不能全矣。如木得仁之性，火得禮之性，金得義之性，水得智之性，皆不能相通也；蜂蟻得義之性，雎鳩得智之性，虎狼得仁之

---

① “辭”，乾隆本作“字”。

② “而”下，沈刻本有“不亡”二字。

③ “與”下，沈刻本有“之”字。

④ “亨”，原作“享”，據沈刻本、乾隆本、四庫本改。

⑤ “能”，沈刻本作“可”。

性，豺獺得禮之性，亦不能盡推也。是則同者，生理之一源；異者，氣質之萬殊。

仁之性，物得者尤多。如牛呼犢而鳴，①鳥護子而翔，雞護雛而啄，犬護子而噬，皆慈愛之發於自然也。但爲形氣所拘，于此一端略能發見，他則不能類推矣。

天將陰，②而穴居者先知，如蟻出而鸛鳴于垤是也。以此見物，物各有一性。

至微之物，尤可見其性識之靈。常看蟻出穴者，雖行百步之遠，一往一返，行列不亂，而又不迷失故穴。非其性識之靈，能若是邪？

飛、潛、動之物，皆有知有性。植物，則無知而有性。

性之本體，未感物時渾是善；到感物而動之初，則有善有不善，周子所謂"幾"也。

衆蟻得一物，合力舉之以歸其穴，謂之無知，不可。

仁義禮智之謂性，率性而行之謂道，行道而有得于心之謂德，全是德而真實無妄之謂誠。

無欲如至清之水，秋毫必見。③ 有欲如至濁之水，雖山岳之大亦莫能鑑矣。

人欲盡而天理見，如水至清而寶珠露；人欲深而天理昏，如水至濁而寶珠暗；此先儒之成説。但先儒以氣稟言，某以人欲言。④

犬至賤而有義，主家雖貧甚而不去，亦可見性無不在也。

---

① "呼"，乾隆本作"護"。
② "陰"下，沈刻本有"雨"字。
③ "必"，乾隆本作"畢"。
④ "某"，沈刻本作"瑄"。

鳥逮天未陰雨而綢繆牖户,①亦其智之一端。

鳥性巧,如燕作巢之類可見。

瓜瓠之類,以竹木引之皆纏附而上,又似有心者。蓋主宰乎是者,乃其心也。

鴻雁之避寒暑,鶢鶋之避風,皆其智之一端。

鳥獸皆知寒暖、飢渴、牝牡、利害之情,而不知禮義之當然,乃其氣體昏塞之甚而不能通也。晦庵朱子所謂"知覺運動之蠢然者,人與物同;仁義禮智之粹然者,人與物異",正謂此耳。

今人開口論治道,殊不知治道之大,不出乎《大學》一書。

孔子教人,説下學處極多,説上達處極少。至宋諸老先生,多將本源發以示人,亦時不得不然耳!

細看植物,亦似有心。但主宰乎是,使之展葉開花結實者,即其心也。

聖人教人以正容謹節,即是持敬之道;如告仲弓"出門如見大賓,使民如承大祭"之類可見。

程子曰:"善,固性也;惡,亦不可不謂之性也。"可見理雖不雜乎氣,亦不離乎氣。

仁義禮智即是性,非四者之外别有一理爲性也。道只是循此性而行,非性之外别有一理爲道也。德即是行此道而有得於心,非性之外别有一理爲德也。誠即是性之真實無妄,非性之外别有一理爲誠也。命即是性之所從出,非性之外别有一理爲命也。忠即盡是性於心,非性之外别有一理爲忠也。恕即推是性於人,非性之外别有一理爲恕也。然則性

---

① "逮",沈刻本作"迨"。

者，萬理之統宗歟！理之名雖有萬殊，其實不過一性。

省察之功不可一時而或怠。《詩》曰："夙夜匪懈。"其斯之謂與？

一而無二。

内外合一，性與理無二致。

太極中無一物。外物于吾何有？

老子"多藏必厚亡"之言極善。

老子曰："身與貨孰多？"身一而已矣。世有迷貨喪軀者，何其愚之甚邪！

天誠可畏。近而吾心、吾身、密室、顯地，無非天也，敢不畏乎？人爲不善者，將以欺天，而天不可欺；將以欺人，而人不可欺；曷若不爲之愈也！

性，一也。本然之性，純以理言；氣質之性，兼理氣言；其實則一也。故曰："二之，則不是。"

程子曰："形易則性易。性非易也，氣然也。①"

萬變不齊者，皆氣之所爲，而理則自若也。

輕與必濫取，易信必易疑。

此理爲氣所挾持，或善或惡，至於萬變之不齊，而其體則一也。

性譬如一源水，引去清渠中則水亦清，亦猶氣清而性亦明也；引去濁渠中則水亦濁，亦猶氣昏而性亦昏也。是則水有清濁者，渠使之然，而水則本清；性有昏明者，氣使之然，而性則本明。此先儒之説，余特述以明己意耳。

凡待人當盡其忠而不可以欺，人我一致，欺人實所以自

---

① "氣"下，乾隆本有"使之"二字。

欺也。

理本齊,而氣不齊。

氣強理弱,故昏。明善惡皆隨氣之所爲,而理有不得制焉。[①] 至或理有時而發見,隨復爲氣所揜,終不能長久開通。[②] 所謂爲學者,正欲變此不美之氣質,使理常發見流行耳。然非加百倍之功,亦莫能致也。

慮事周密,處心泰然。

"敬"字、"一"字、"無欲"字,乃學者至要至要。

余近日甚覺敬與無欲之力。

此理經宋儒大加發揮之後,粲爛明白,真所謂"江漢以濯之,秋陽以暴之,皜皜乎不可尚已"!

惡亦是性,只是性翻轉了便爲惡,非性之外别有一物爲惡也。如《陰符經》"五賊"之説可見。

略有與人計較短長意,[③]即是渣滓消融未盡。[④]

"人能弘道,非道弘人",見氣強而理弱。

氣自是新者,非既散之氣復爲方生之氣也。程子論呼吸亦如此。

"上天之載,[⑤]無聲無臭。"復何言哉!

"不行而至,不疾而速。"蓋當體皆具,亦無至亦無速。

理只爲氣所隔蔽,[⑥]故不明;去其蔽隔,則天理明矣。[⑦]

---

① "制",沈刻本作"與"。
② "長",沈刻本作"常"。
③ "意",原無此字,據沈刻本、乾隆本、四庫本補。
④ "渣",原作"柤",據四庫本改。
⑤ "上"上,乾隆本有"既曰"二字。
⑥ "隔蔽",乾隆本作"蔽隔"。
⑦ "明",沈刻本作"粲如"。

至大之惡，由於一念之不善。

君子惟義是守，命有所不恤也。

君子性其氣，小人氣其性。

掃却浮雲而太虚自清，徹去蔽障而天理自著。

世人信占卜小術，以爲己有富貴之命，一切不修人事，恣縱妄爲，偃然僥倖所獲，蓋有不遂所欲，而反罹咎者多矣。命其果可恃乎？惟君子則不然，凡百恐懼修省，惟義是守，而貧賤富貴一聽于自然，命蓋有所不計也。

星命家最悮人。君子得吉卜，固若常事，而不廢其修省之功。小人得吉卜，則曰："吾命素定矣！雖爲不義之事，可無傷也。"恃此而取敗者多矣。

命雖在天，而制命實在己。有人于此以星命家言之，謂其有永年之壽矣；然入水即溺，入火即焦；所謂永年者不可恃也。不入水火，即不焦溺。豈非命雖在天，而制命在己乎？

又如人素羸瘠，乃能兢兢業業，[①]凡酒色傷生之事皆不敢爲，則其壽固可延永矣。又如人素強壯，[②]乃恃其強，恣意傷生之事，[③]則其禍可立待也。此又豈非命雖在天，而制命在己歟？

程子曰："修養之引年，爲國之祈天永命，常人之至於聖賢，皆工夫至此，則有此效驗。"信哉，斯言也！

觀《無逸》"耽樂"之戒，則祈天永命者誠有在。[④]

程子曰："吾以徇欲傷生爲深恥。"學者體此，則可以保

---

① "兢兢"，原作"競競"，據乾隆本、四庫本改。
② "人"，原無此字，據乾隆本補。
③ "事"下，乾隆本有"無不爲"三字。
④ "則"下，沈刻本、乾隆本有"知"字。

身矣。

聖人爲治,推其固有之善及人。纔有私意,即入於權謀術數矣。

爲善須表裏澄徹,方是真實爲善。有纖毫私意夾雜其間,即非真爲善矣。

韓魏公、范文正公諸公,皆一片忠誠爲國之心,故其事業顯著而名望孚動於天下。後世之人,以私意小智自持其身,而欲事業、名譽比擬前賢,難矣哉!

君子行義以俟命,小人恃命以忘義。

天道福善禍淫,昭然可驗。間有不然者,幸不幸耳。

敬是方做工夫,誠是已成就處。

心如鏡,敬如磨鏡。鏡纔磨,則塵垢去而光彩發;心纔敬,則人欲消而天理明。

讀書録卷六

讀《陰符經》雜言並序

伊川程子曰："《老子》甚雜，如《陰符經》却不雜，然皆窺天道之未至者也。"間閲其書，而録所得之語如左。

上篇

經曰"天道"、"天行"、"五賊"、"天性"、"人心"，一也。天道者，元亨利貞；天行者，春夏秋冬；五賊者，仁義禮智信；天性者，即天道、五行、五賊之德具於人心者也。人心萃理氣之靈，有作爲運用之妙。"觀天道，執天行，見五賊，而施行於天，囊括宇宙而造化在我"，皆由此心而已。故曰："人心，機也。""機"之一字，又《陰符經》之至要至要者歟！

"天性，人也；人心，機也；立天之道，以定人也。"總結上兩節而言。

機發太過而變怪見，機發得宜而萬化定。理、欲之謂也。

"性有巧拙"，以氣質之稟清濁而言，清者巧而濁者拙。巧者識其機而能伏藏，拙者昧其機而不能伏藏。能伏藏者，九竅之邪不能動其中也；不能伏藏者，九竅之邪皆得以汩其天也。九竅之中有"三要"，耳、目、口是也。巧者於三要，動靜皆不失其宜，而能伏藏。拙者誠能變拙爲巧，而能致力於視、聽、言之間，使皆一出於正，則餘邪悉皆退聽，而亦可以收伏藏之效矣。“火生於木，禍發必剋；奸生於國，時動必潰”，機之過也。“知之修練，謂之聖人”，機之宜也。

中篇

“天生天殺，道之理也。”陰陽生殺，消息盈虧，①理之自然也。

“天地，萬物之盜；萬物，人之盜；人，萬物之盜。三盜既宜，人物乃安。”盜得其宜，則生也，殺也，皆順其理而萬物安矣。盜失其宜，則生也，殺也，皆逆其理而萬物病矣。“食其時，則百骸理。”人能利天地自然之利，則一身得其養矣。“動其機，則萬化安。”人能合天地自然之機，則萬化得其宜矣。

“人知其神之神”者，貴於耳而好聞其異也；“不知其不神之所以神”者，習於目而不察其理也。

程子所謂“惡亦不可不謂之性”者，“五盜”之謂也。②

“聖功生，神明出。”知化窮神之事也。

“盜機在人而莫能見，莫能知”者，蔽於氣稟之偏也。“君子善用之而逢昌，小人不善用之而罹殃。”③微矣，深矣。

下篇

“瞽者善聽，聾者善視，絶利一源”，致一也；“用師十倍”，其效也。“三返晝夜”，致一之精也；“用師萬倍”，其效也。

---

① “虧”，沈刻本作“虚”。
② “五”，四庫本作“三”；“盜”，乾隆本作“賊”。
③ “罹”，沈刻本作“惟”。

“心生於物”，物誘也；“心死於物”，物化也。物化物誘，“其機皆在於目”。

“乾始能以美利利天下，而不言所利”，“天之無恩，而大恩生”也。“迅雷烈風，莫不蠢然”，無恩之謂也。①

主樂順理，②故其性廣大而有餘。至淨無染，故其性廉潔而無私。生死恩害，陰陽相根，理之自然。

《陰符經》雜言終

夫子曰：“人之生也直，罔之生也幸而免。”君子之獲福，宜也；小人之獲福，幸也。

六十四卦，三百八十四爻，惟貴乎“時”。君子之處世，亦曰“時而已矣”。

“位”與“時”，學《易》者宜深體之。

理無窮而氣亦無窮，但理無改變而氣有消息。如温熱涼寒，氣也；所以温熱涼寒，理也。温盡熱生，熱盡涼生，涼盡寒生，寒盡温復生，循環不已，氣有消息，而理則常主消息而不與之消息也。氣有聚散，理無聚散，於此又可見。

人有矜伐者，亦勞矣。

無形皆是道，有形皆是氣。氣，形而下者也；道，形而上者也。

人只於身内求道，殊不知身外皆道，渾合無間，初無内外也。

不可將身外地面作虛空看。蓋身外無非真實之理，與身

① “謂”，沈刻本作“恩”。

② “主”，沈刻本、乾隆本作“至”。

内之理渾合無間也。

程子所謂“廓然而大公,物來而順應”,正周子“胸中灑落,如光風霽月”之氣象。

聖人之心,應物即休,元不少動。

聖人應物雖以此理應之,其實理只在彼物上,彼此元不移也。

外慕者,内不足。

萬物各有定分,己不得一毫侵預之。

“未應不是先,已應不是後。”造化亦然。

如此物未生時,此理不是先;此物已生時,此理不是後;一以貫之。

應事既已,[1]理依舊在此,元不隨去。

聖人治人,不是將自己道理分散與人,只是物各付物。

知無極而太極者,窮神之事也。

只主於敬,纔有卓立,不然,東倒西歪,卒無可立之地。

薛子宴坐水亭,忽鬱然而雲興,滃然而雨集,泠然而風生,鏘然而蟲急。羽者飛,秀者植,童者侍,鱗者適,群物雜然而聲其聲,形其色。薛子窈然深思,獨得其所以爲是聲與色者,而中心悦。

敬爲百聖傳心之要,凡見於《書》者尤詳,程子發明其所以爲敬之義精矣。

敬則卓然。

敬則光明。

---

① “已”,原作“以”,據沈刻本、乾隆本改。按,“已”若作“以”,句意則模糊不明。

纔到理處，便難言。

滯於言，則愈蔽。孔子曰："天何言哉？四時行焉，百物生焉，天何言哉？"

"天何言哉"，即無極之妙。

千古爲學要法無過於敬，敬則心有主而諸事可爲。

人爲外物所動者，只是淺。

相業自《大學》、經學中來者深，自史學、俗學中來者淺。要見古人之相業，伊、傅之書宜熟讀。

後世非無救時之相，只是淺。①

相業有格心之學，則其規模宏遠矣。

歷代世變固不可不考，然當以明理爲本。

《春秋》謹嚴，不止於謹華夷之辨。字字謹嚴，句句謹嚴，全篇謹嚴。

《春秋》意在言表。

《春秋》詞簡而旨微，欲盡得聖人之心於千載之上，難矣！

興師以正，任帥得人，吉人之大者。②

《師》卦辭最明。

興師、擇將、行賞、用人之要，備於《師》。③

興師之義既正，又得丈人爲之主帥，在我者先勝矣，征伐其有不克乎？

纔説理，便無可言者。

理氣無縫隙，故曰："器亦道也，道亦器也。"

太極不可以動静言，然舍動静便無太極。

---

① "是"下，沈刻本有"規模"二字。

② "吉"下，沈刻本無"人"字。

③ "備"上，沈刻本有"莫"字。

理是天地萬物之極至處，更復何言？

公則四通八達，私則偏向一隅。

《書》終於《秦誓》，殆聖人之微意歟？

《書》所載皆帝王經世之大法，而終之以侯國之書，豈非衰世之意邪？

孟子曰："不下帶而道存焉。"舉目而皆物，即物而道存。

陳司敗謂孔子有黨。孔子曰："丘也幸，苟有過，人必知之。"其氣象之大可想。

程子謂："人天資有量者，雖江海之大皆有滿。惟聖人之量，道也，自無滿時。"近觀人素稱有量者，不能不滿，益信程子之言矣。

道大無窮盡，無方體，聖人體道無二，其量無所不容，又安有滿時邪？

此理真實無妄，如天地日月，風雲雨露，草木昆蟲，陰陽五行，萬物萬事皆有常形定則，亘古今而不易。① 若非實理爲之主，則歲改而月不同矣。

一理一切穿透，又不黏帶，其妙不可言。

觀人之法，只觀含蓄，則淺深可見。

人心公則如燭，四方上下無所不照；私則如燈，只有一面光，不能遍照也。

觀人之法，聽言最先，雖不能盡，亦可得七八分。

人有才而露只是淺，深則不露。

方爲一事即欲人知，淺之尤者。

淤泥塞流水，人欲塞天理，去其塞，則沛然矣。

---

① "今"上，沈刻本有"亘"字。

人當大着眼目，則不爲小小者所動。如極品之貴，舉俗之所歆重，殊不知自有天地來，若彼者多矣，吾聞其人衆矣，是又足動吾念邪？惟仁義道德之君子，雖願爲之執鞭可也。

凝重之人，德在此，福亦在此。

當如是者即是理。如春當温，夏當熱，秋當凉，冬當寒，皆理也；不如是則非理矣。如父當慈，子當孝，君當仁，臣當義，夫婦當别，朋友當信，理也；不如是則非理矣。推之萬物，莫不皆然。

堯舜之心，萬古如見。

乾坤毁則無以見《易》，天地毁則無以見聖人之心。

道學明而異論息，程朱之功也。

本然氣質之性，具見於《太極圖》。

天心豫，本於吾心豫。

凡有形者皆氣，無形者皆密。

内外合一，無纖毫之間。

"惟時惟幾。"聖人警戒之心，曷嘗有頃刻毫髮間斷！

余直不欲妄笞一人。前時妄笞人，或終日不樂，或連日不樂。

事少有處置不得其宜，心即不快。必皆得宜，心乃快然而足。

萬物皆有精。日月五星爲陰陽之精，聖賢爲人之精，金玉爲石之精，珠貝爲水之精，文木爲木之精，是皆得氣之清明秀異而成象成形者也。

成王問史佚曰："何德而民親其上？"史佚曰："使之以時而敬順之，忠而愛之，布令信而不食言。如臨深淵，如履薄冰。"此名言也。

知止則有定，不知止則心不定。

理明則心定。

萬物各具一理，萬理同出一原，故一以貫之。

一以貫之，只爲理同。

天之生物，一本，故一以貫之。

聖人之心，萬事之理，絲毫無間，故一以貫之。

一以貫之，觀《太極圖》可見。

持己得一"敬"字，接物得一"謙"字。

敬以持己，謙以接人，可以寡過矣。

愈收斂，愈充拓；愈細密，愈廣大；愈深妙，愈高明。

時然後言，惟有德者能之。

一只是性。天下無性外之物，而性無不在。

一以心言，貫以情言，所謂"心統性情者也"。

順理則心悦豫，不順理則心阻戚。

順理都無一事。

順理則泰然行之，①無所窒礙。不順理則鑿矣。

理明後見天地萬物，截然各安其分。

私欲盡而心體無量。

虚明廣大氣象，到人欲淨盡處自見，匪言所能喻也。

理明則心定、萬事定。

所惡有甚於死者，人皆有是心也。觀《小學》所載夏侯令女盧氏、竇氏二女之事，皆婦人女子，非素閒於禮教者，②一旦臨利害之際，寧就殘毁危迫糜軀之禍而不肯易其節。非所

---

① "順理"，原作"理順"，據乾隆本、四庫本改。

② "閒"，乾隆本、四庫本作"嫺"。

惡有甚於死者,能然乎?

道學明而異論息,程朱之功也。

字雖人制,而其理實出於天。如"一"而大爲天,"二"而小爲地之類可見。

沖漠無朕之中,萬象森然已具。《書》其一也。

《河圖》,數之始,字畫之原。

"水"、"火"二字,分明乃《坎》☵、《離》☲二卦,順置之可見。

常使有己,則不隨俗而變。

韓文公交友忠而不返於退面,可以爲百世之師矣。

舍而不求爲忘,求之太過爲助長,勿忘,勿助長。

漢文帝嬖鄧通,武帝嬖韓嫣,哀帝嬖董賢,①男色之溺人也如此。

心定氣平,而身體之委和舒泰不可言。

李牧守邊,每匈奴入寇,輒入保不戰,如此數歲,一旦出兵,大破匈奴,威震漠北。此正老子所謂"大國以下小國,則取小國;小國以下大國,②則取大國"。又曰:"欲上民,必以言下之;欲先民,必以身後之。"孫子所謂"始如處女,敵人開户;後如脱兔,敵不及拒";古人用兵之術,大率此類。③

顔子"仰彌高,鑽彌堅,在前在後",皆指此理而言。"博文",是明此理;"約禮",是體此理;"欲罷不能",是悦此理;"既竭吾才,如有所立卓爾",是目中了了見此理;"雖欲從之,

① "嬖",沈刻本作"寵"。

② "小國",原無此二字,據沈刻本補。按,《老子》:"小國以下大國,則取大國。"

③ "此類",沈刻本、四庫本作"類此"。

末由也已”，是不可熟此理。理者何？即天命之性具於聖人之心，率性之道由於聖人之身者也。

大本者，太極之全體；達道者，太極之流行。

太極之理，《中庸》言之詳矣。

太極者，理之别名，非有二也。

太極即是理。就太極上愈生議論，去道愈遠。

統體各具之太極，非有二也。

大德敦化，萬物統體一太極也；小德川流，物物各具一太極也。合仁義禮智言之，是統體一太極；分仁義禮智言之，是各具一太極。

後學不知太極即是性，因見其名異，駭而不敢求其説，大道隱矣。

《四書》通，則太極之理不待講説而明矣。

孔子言太極是指理言，周子言無極是指此理無形而言。

丙吉深厚不伐，張安世謹慎周密，皆可爲人臣之法。丙吉爲相，上寬大，好禮讓，不親小事，時人以爲知大體。

清而有容，乃不自見其清；清而不能容，是自有其清，而心反爲其所累矣。

以己之廉，病人之貪，取怨之道也。

廉而自忘其廉，則人高其形而服其德。

心者，氣之靈而理之樞也。

道理浩浩無窮，惟心足以管之。

萬化常然者，理自如此。

蟲不得不鳴者，理也。

吾思人有貴而自滿者，所謂位不期驕也。此不可不戒。

聖賢之文，乃道之精華。

聖賢之文，自道中流出，如江河之有源，而條理貫通。後人不知道而有意爲文，猶斷港絶潢之無本，雖強加疏鑿，終亦不能貫通爲一，真無用之贅言也。

陰陽變易而理常存，所謂恒也。

所以陰陽變易者，固理之所爲，而理則一定而不易，所謂恒也。

人之所從不可不慎。觀諸卦爻，或吉或凶，多係於所從。

知賢而不知用，[①]知惡而不知退，[②]不若不知之爲愈。何也？不知賢，則人猶冀其能知而有進用之時；不知惡，則人猶冀其能知而有退遠之望。若知賢而不知用，[③]則人知其必不能用矣；知其惡而不知去，[④]則人知其必不能去矣；是使賢者終無以行其志，惡者愈得以肆其惡也。

漢元帝因京房之言，知石顯之奸，而卒不能遠，所謂惡惡而不能去也。

聖賢學性理，學其本；衆人學詞章，學其末。

所以爲學者，只爲人固有之善或蔽於氣質物欲，有時而失，故須學以復之。及其既復，則本分之外不加毫末。後人不知學其所固有，而學文辭字畫之類，求工求奇，徒弊精神於無用，其失遠矣！

三代之學，皆所以明人倫也，外此便是世俗之學。

孔子稱"直哉史魚"、"君子哉蘧伯玉"二者，君子必慎所取焉。

---

① "用"上"知"字，沈刻本、乾隆本作"能"。
② "退"上"知"字，沈刻本、乾隆本作"能"。
③ "用"上"知"字，沈刻本、乾隆本作"能"。
④ "惡"上，沈刻本無"其"字。"不"下"知"字，沈刻本、乾隆本作"能"。

君子如玉，反復觀之，温潤瑩徹無瑕。①

史稱韓信知高帝“畏惡其能”，乃知高帝欲去信之心久矣。雖無陳豨之事，殆必不免。

吕后殺韓信事，竊意高祖必有言。史稱帝“畏惡其能”，以“畏惡”之語觀之，則知其欲去信之心必露於左右。其討陳豨也，空國遠征，信留京師，帝豈無防信之密謀乎？但他人不知，而吕后自知之，故告變一上，②即用蕭何之計，詐而斬之。不然，信以蓋世之功，爲國功臣，后安得因一時之飛語，不待奏報，而遽殺之乎？以是觀之，則欲去信之心久而有密計也審矣。

凡有條理明白者皆謂之文，非特語言詞章之謂也。如天高地下，其分截然而不易；山峙川流，其理秩然而不紊；此天地之文也。日月星辰之照耀，太虚雲物之斑布，草木之花葉紋縷，鳥獸之羽毛彩色，金玉珠璣之精粹，此又萬物之文也。以至三綱五常之道，古今昭然而不昧，三千三百之禮，小大粲然而有章，此又人倫日用之文也。至於衣服器用之有等級次第，果蔬魚肉之有頓放行列，此又萬事之文也。推之天地之間，凡有條理明粲者，無往而非文，又豈特見於文辭言語者，然後謂之文哉？

愛流而爲淫，溺仁之過也。

物物各具一太極，一而二也；萬物統體一太極，二而一也。

程子論“恭敬”曰：“聰明睿智，皆由此出。”蓋人能恭敬，

---

① “瑕”，原作“暇”，據沈刻本、乾隆本、四庫本改。

② “告變”，沈刻本作“變告”。

則心肅容莊，視明聽聰，乃可以窮衆理之妙。不敬，則志氣昏逸，四體放肆，雖粗淺之事尚茫然而不能察，況精微之事乎！① 以是知居敬、窮理二者不可偏廢，而居敬又窮理之本也。

《家人》卦初九曰："閑有家。悔亡。"九三曰："家人嗃嗃。悔厲吉。"上九曰："有孚威如。吉。"大率治家過嚴，雖非中而吉。

莊子曰："夫事其親者，不擇地而安之，孝之至也。夫事其君者，②不擇事而安之，忠之盛也。"此言甚正。

先儒謂曹操之死，於分香賣履細碎之事無不區處，獨不言禪代之事，乃其奸計，此固也。然觀孫權稱臣於操，稱説天命之時，操之群臣因是勸操即真，操曰："若天命在吾，吾爲周文王矣。"觀此一言，已以文王自處，是以武王待其子也。禪代之計蓋昭然已露，又豈臨死奸計所能揜哉？

聖賢之言如法律條貫，循之則安，悖之則危。其有不然者，幸不幸而已。

"天地睽而其事同也，男女睽而其志通也，萬物睽而其事類也。"是皆物形雖異而理則同。

衆人見物形之異，聖人明物理之同。

天下無二理，古今無二道，聖人無二心。③

道體本深遠難言，故《詩》曰："維天之命，於穆不已。"

唐、虞、三代之治，皆自聖人一心推之，無非順天理、因人心而立法也。

---

① "事"，沈刻本作"理"。
② "者"，原無此字，據沈刻本補。
③ "人"，沈刻本作"賢"。

莊子曰:“通于一而萬事畢。”形容道體之言也。

論萬事皆當以三綱五常爲本。

天地間至大者,莫過於三綱五常之道。帝王之爲治,聖賢之爲學,皆不外乎是。

觀史不可以成敗優劣人,只當論其是非。

學者之所講明踐履,仕者之所表倡推明,皆當以三綱五常之本,舍此則學非所學,仕非所仕也。

三綱五常之道,根於天命而具於人心,歷萬世如一日,循之則爲順天理而治,悖之則爲逆天理而亂。自堯、舜、三代,歷漢唐以至宋,上下數千年,蓋可考其迹而驗其實也。

温太真爲劉琨奉檄,將命江左,其母崔固止之,不能得至,絶裾而行。千載之下,他人念其母之情者猶不覺感愴於心,太真乃忍此而行,其本心可謂死矣。後雖有功,惜乎不能揜其失也。①

取人當觀大節,大節者何?三綱五常之道是也。

孟子論陳仲子之事,正謂大節既失,小者無足觀也。蓋人之大節,莫過于倫理,辟兄離母,大節失矣,區區小廉,何足道哉!

古之智士料事多中。如羊祜告晋武帝曰:“取吴不必臣行,但既平之後,當勞聖慮耳。”又曰:“若事了,當有所付授,願審其人。”正謂建儲一事也。郭欽以戎狄居内地非所宜,②不徒將有變故。後來惠帝昏愚,紀綱頹弛,戎狄亂華,③皆如二子所料,其可謂智士矣。

---

① “乎”下,沈刻本有“猶”字。
② “戎狄”,四庫本作“降户”。
③ “戎狄亂華”,四庫本作“天下大亂”。

言“敬”莫詳於《書》,但挈出其要以示學者,則自宋儒始。

性外無道,率性即道也。

學道固自聖賢之書而入,苟徒玩心章句之間,而不求實理之所在,則亦無以有諸己矣。

理真實無名。

既曰理,夫復何言?只是人物之所以然者,便是也。

三綱五常之道,日用而不可須臾舍,猶布帛菽粟不可一日而無也,舍此他求,則非所以爲道矣。

人之邪正必謹於所習,習與正人居則正,習與不正人居則不正。此前賢之至論,萬世之明戒。

便辟側媚小童,最能順人志意,使人不覺傾向,幾至心不能持,自非明理剛特有守之君子,①鮮不爲所移者。以是知古人“比頑童”之訓,其慮深矣。

意纔有向,便失其正,不可不察。

挺特剛介之志常存,②則有以起偷惰而勝人欲。一有頽靡不立之志,則甘爲小人,流於卑污之中而不能振拔矣!

自治之要,寧過于剛,不可過於柔。顔子克己之功,非至剛不能。

敬則立,怠則廢。

“莊敬日強,安肆日偷”之語,宜深體玩。蓋莊敬則志以帥氣,卓然有立,爲善亹亹不倦,而不知老之將至;安肆則志氣昏惰,柔懦無立,玩愒歲月,悠悠無成矣。

古人衣冠偉博,皆所以莊其外而肅其内。後人服一切簡

---

① “特”,原作“持”,據沈刻本、乾隆本、四庫本改。按,“剛特”謂剛正不俗,合乎此處文義。

② “特”,原作“持”,據乾隆本、四庫本改。

便短窄之衣，起居動静惟務安適，外無所嚴，内無所肅，鮮不習而爲輕佻浮薄者。

孟子曰："以力假仁者霸，以德行仁者王。"論王霸之分，莫切於此。

守約者，爲學之至要。

守約則無事矣。

守約者心自定。

知言者，書無不通，理無不明之謂。

所博者是，則自得其要；所博者非，則不能守約矣。

約者，要也。博而約，一以貫之。

守約則能泛應。

學至於約，則有得矣。

道是總體，義是支節，道如水之源，義則流而爲支派者也。分而言之則二，合而言之則一，所謂體用一源也。

人心寬平則光明，狹險則幽暗。光明者君子，幽暗者小人。

天道、人倫，渾合無間。

有我之私極難克，貴乎明與剛而已。

螻蟻之微，或悮戕之即瞿然心動，乃知惻隱之端非由外鑠也。

行有不得，皆當反之於己。

《中庸》"所求乎子，以事父未能"之類，大抵人之責人常重，自責常輕，故當以責人者責己。

待人當寬而有節。

處己接物，事上使下，皆當以敬爲主。

卦之六爻，皆陰陽自然之數。如一年有十二月，自十一月一陽生至四月六陽滿,五月一陰生至十月六陰滿;十一月又一陽生。如日有十二時,子時一陽生至巳時六陽滿,午時一陰生至亥時六陰滿,子時又陽生。① 大而一年,小而一日之運,六爻無不包括。故六爻添一爻亦不成造化,減一爻亦不成造化,是皆陰陽自然之數,聖人不過因而畫之耳。

卦六畫之上,固可倍之以至無窮。要不若六畫彌綸天地之化,約而盡。

聖人治天下,公而已。

公,王道;私,霸道。

王者所存所行,皆天理之公;伯者則假天理之名以濟己私耳。②

漢治分明是霸。如高帝爲義帝發喪,乃其一端。

漢初諸將,如英布、韓、彭猶悍馬虓虎,常有跋扈屈強之氣,③非高祖莫能御也。

漢祖御將之術,皆以詐而不以誠。

知一人之性,十人之性、百人之性、千萬億人之性,無不同也。知一物之性,十物之性、百物之性、千萬億物之性,無不同也。知人物古今之性無不同,則心之全體大用無不該貫,初無限量之可言矣。

漢初猶是戰國之餘習,觀其人才可見。周勃遣使迎文帝於代,或曰:"諸將皆習詐用兵。"此類可見。

在物曰性,在天曰天。天也,性也,一源也。故知性,則知天矣。

---

① "又"下,沈刻本有"一"字。
② "伯",沈刻本、四庫本作"霸"。
③ "屈",乾隆本作"倔"。

理無窮，故聖人立言亦無窮。①

孔子因道不行於當時，不得已而删述六經，垂法萬世。後之儒者，乃有意於續經著書，其立心固不同矣。夫子之心，萬世如見。

漢初之將桀驁，中興之將循謹。

夫子之道德，匪言語所能盡。

太極本只是天地萬物自然之理，不外乎人倫日用之間，學者因見其立名之高，欲以玄遠求之，誤矣。

接物大宜含弘，②如行曠野而有展步之地；不然，太狹而無以自容矣。

人只見已然而不見未然。已然者其形也，未然者其幾也。

欲有水意，故窒欲如止水。

"人實不易知，更須慎其儀。"杜詩之近理者也。

氣化真實是一往而遂盡，③其來者乃方生之氣。自十一月一陽生而爲《復》，至四月换盡六陰而爲純陽之《乾》，則已往之陰遂盡，而方來之陰已生。至五月成一陰而爲《姤》，至十月换盡六陽而爲純陰之《坤》，則已往之陽遂盡，而方來之陽已生。至十一月成一陽而又爲《復》。以是見天地之氣，往者遂消而向盡，來者方息而無窮，初非已往之氣又爲方來之氣也。程子以是辯釋氏之誕，信矣。

《鼎》九二："鼎有實。我仇有疾，不我能即。吉。"初六以非正求二，二以剛中自守不與之合，所以吉也。君子能剛正

---

① "人"，沈刻本作"賢"。

② "大"，原作"人"，據沈刻本、乾隆本、四庫本改。

③ "一"，乾隆本作"已"。

自守,不爲小人甘媚而遂與之合,亦猶是矣。

《太極圖説》不過反復推明陰陽五行之理,健順五常之性,蓋天人合一之道也。

《太極圖》動而生陽,是從動處説起,動却自靜中來,靜又自動中來,直是動靜無端,陰陽無始。

《孟子》之言,光明俊偉,如"答景春大丈夫"章,讀之再三,直使人有壁立萬仞氣象,如濯江漢而暴秋陽也。快哉,快哉!

作事只是求心安而已,然須理明,則知其可安者安之。理有未明,則以不當安者爲安矣。

陽居陽位,陰居陰位,爲正,二五爲中。程子曰:"諸卦二五雖不當位,多以中爲美。三四雖當位,或以不中爲過,中常重於正也。"

震來虩虩,笑言啞啞。以安肆失之者衆矣。①

"嚴恭寅畏,天命自度,不敢荒寧。"乃《無逸》一書之要。

萬起萬滅而本體湛然有常者,其心之謂歟!

沉靜詳密者能立事,浮躁忽略者反此。

《書》稱舜"濬哲文明"。蓋人深則明,淺則暗。

盛之極者衰之始,天遇風也;消之極者息之端,地逢雷也。一盛一衰,一消一息,氣化之自然也。

惟精所以知之,惟一所以行之。

精一是工夫,允執厥中是功效。②

六爻之吉凶,惟觀其所值之時位而已。

---

① "肆",原無此字,據沈刻本、乾隆本補。

② "功效",沈刻本作"效驗"。

孟子論王政，大要不出乎教養二端。

程子謂“善固性也，惡亦不可不謂之性也”，疑其自《太極圖説》中來。《圖説》曰：“五性感動而善惡分。”謂之分，則二者皆自性中來，但順則爲善，不順則爲惡耳。

《書》雖古，而道常新。

天下無獨必有對。《河圖》水與火對，金與木對，天與地對；《先天圖》皆奇與偶對。推之萬事萬物，吉凶、是非、君子小人、夷狄中國，無無對者，只是一陰一陽而已。

不可以方所求，不可以隱顯分。

忮心一生而天地否，良心一發而天地泰。

心本寬大無邊，一有己私，則不勝其小矣。

《秦誓》：“如有一個臣，[1]斷斷猗止實能容之。”[2]此非幾於無我者，不能也。

性理之書日益多，亦理之自然也。蓋理無窮盡，故聖賢之書亦無窮盡。雖先聖賢發揮此理極其詳盡，及後聖賢有作，亦必有繼往開來，垂世立教之書焉。是皆理之自然不能已也。

天地不以萬物已生而不生，聖賢不以往哲已言而不言。

聖賢之書所以然者，密也。

理無所不有。如天地之初都無一物，只有此理，而天地萬物自能生。假使後世天地萬物一時俱盡，而此理既常存，

① “個”，沈刻本作“介”。

② 按，此處所引《尚書》一段文字，底本以“斷斷猗止實能容之”作了省略的指示，沈刻本則將省略掉的文字盡行補出。兹照録於此，以供參考：“無他技，其心休休焉，其如有容焉；人之有技，若己有之；人之彥聖，其心好之，不啻若自其口出。”

又自能生萬物。可謂萬物必待有種而後能生乎？

天地之道，只是消息盈虚而已。

非明則動無所之，非動則明無所用。知行不可偏廢也。

人臣得行其志，全在有應。苟無應，雖聖賢亦末如之何也已。

程子《易傳》有無窮之義理，知者鮮矣。

“率性之謂道。”“所惡於知者，爲其鑿也。”

凡卦，上三爻應下三爻，下三爻應上三爻。

《巽》卦一陰伏於二陽之下，巽而能入也。人之思索義理，亦必柔巽其志乃能入；若性氣粗暴者，決不能有入矣。

《兑》九五：“孚於剥。有厲。”君子不可以小人假善悦己而信之；若信之，適墮其計中，乃危道也。

君子所貴乎知言。如《中庸》、《大學》，皆聖賢之微言大訓，雜於《禮記》中，經千百年，儒者不能識，由不知言故也。至程子乃始表章之，遂爲萬世道學之正傳，非知言者其能然乎？

夫子以孔文子“敏而好學，不恥下問”爲“文”，取其微善而不及其顯惡，聖人道大德宏，此亦可見。自後人言之，必以其人爲不足道，而并没其微善矣。

凡有形於天地之間者，皆謂之“文”。

古人“佩韋佩弦”，亦變化氣質之一法也。

如一字有一理，即是一太極。

喜、怒、哀、懼、愛、惡、欲七情，總之爲好惡二端而已。

喜、哀、愛、欲四者屬好，怒、懼屬惡。

聖人之忠厚不可勝言。如以微罪去魯，不顯其君之過，真天地之量也。此可以觀聖人之氣象矣。孟子去齊，終不言齊王之失，其亦學孔者歟！

聖人言人過處，皆優柔不迫，含蓄不露。此可以觀聖人之氣象。

或人譏夫子，言甚峻。夫子曰："是禮也。"言甚和。

子曰："事君盡禮，人以爲諂也。"只平説，不見有人我之間。若曰："我事君盡禮。"即彼此相形，而非無我之氣象矣。

孔子微罪去魯之心，非孟子莫能知。

餘事量力所及而已，非可必也。惟讀書一事，乃吾之本心所得，肆力其間，而莫余止者也。韓子"吾老著讀書，[1]餘事不挂眼"之句，實獲我心焉。

① "著"，四庫本作"嗜"。

讀書録卷七

《孟子》七篇，乃洙泗之正傳，經千餘載，世儒例以子書視之，而無知之者。獨唐之韓子謂："孟氏，醇乎醇者也。"又曰："軻之死，不得其傳焉。"又曰："求觀聖人之道，必自孟子始。"又曰："孟氏之功不在禹下。"是則千載之間，知孟子者，韓子一人而已。宋之大儒，有德業聞望重於一世者，猶儕孟子於《法言》之後，[①]尚何望於他人邪！惟河南程夫子倡明絶學，始表章其書，發揮其旨。而一時及門之士，遂相與翕然服膺其説，天下始曉然知其爲洙泗之正傳，而不敢妄議。至朱子又取程氏及群賢之説，會萃折衷，以釋其義，與《論語》、《大學》、《中庸》列爲四書，由是洙泗之正傳益以明備，千古入道之門，造道之閫，無越於此矣。有志者尚篤所力哉！[②]

六十四卦，三百八十四爻，一陰陽也；陰陽，一太極也；太極，本無極也。

《頤》外實中虚，頤頷之象。

人渾身統體一太極。耳、目、口、鼻、四肢、百骸、五臟、毛竅，各具一太極。

---

① "儕"，沈刻本作"擠"。
② "所"，乾隆本作"厥"。

《先天圖》左半屬陽，故《乾》健、《兑》説、《離》明、《震》動，四卦之德皆陽。右半屬陰，故《巽》入、《坎》險、《艮》止、《坤》順，[1]四卦之德皆陰。此雖先儒所未言，竊意其如此。

四百年之漢，文帝培其本；[2]三百年之唐，太宗養其根；三百餘年之宋，太祖、太宗、真宗、仁宗浚其源。秦、晋、隋皆不一再傳而遂亡者，由無恭儉之君培養浚導其源於前，即繼之以殘暴淫侈之主也。

漢高祖之後，非得文景之養民，即繼之以武帝之多欲，則漢之存亡未可知也。唐高祖之後，非得太宗之富民，即繼之以高宗之昏懦，則唐之存亡未可知也。大抵漢唐之所以延綿國祚者，率由此數君有以立其本耳。

程子曰："人能克己，則仰不愧，俯不怍，心廣體胖，其樂可知。"竊意顔子之樂亦如此。

《孟子》七篇，托始於仁義。誠能默識而旁通之，則全書之旨不外是矣。

釋氏逃世滅倫以爲潔，正猶陳仲子辟兄離母以爲廉也。是安可以其小者信其大者哉？

康節見盛衰之際甚明。

康節《首尾吟》，多盛極慮衰之意。

聖人當盛時即憂衰時。《既濟》曰："初吉終亂。"

纔有私便不能推，所以爲不仁。

仁、義、禮、智、信，有則一齊有，但各有所主耳。

如仁主於愛，愛莫大於愛親；然知所當愛者，知也；愛得

① "險"，沈刻本、乾隆本作"陷"。
② "帝"，沈刻本作"景"。

其宜者，義也；愛有節文者，禮也；愛出誠實者，信也。以至事君、從兄之類，無不皆然。

日用間身心切要道理，只是仁、義、禮、智之性，發而爲惻隱、羞惡、辭讓、是非之情，隨事隨處必體認得了了分明，方爲見道，而無形不著、習不察之患矣。

氣機無須臾之止息。如雲在空中飛揚，上下浮游往來，萬起萬滅，頃刻不暫停止，亦可見其一端。

動静兩端，雖相因無窮，竊謂動意常多。泛觀萬物，若草木山石之類，皆静植不動，而生意常流行其間，雖秋冬翕寂閉藏之餘，而生意未嘗毫髮間斷。故竊謂動多於静也。

觀《易横圖》，見生意之無窮。

一身、萬物，皆天地共公之器，[①]非己所能私也。

"勿恃其不攻，恃吾有所不可攻。"非特兵法爲然，蓋可以爲防小人之法。

原始反終，只是一理，故知生則知死矣。

原始而知其來者如此，則反終而知其往也亦如此。死生非有二致也。

原始而知其來也自無而有，則反終而知其自有而無也必矣。

人惟不知原始反終之理，故舉俗爲異端惑。

觀雲亦可以知生死之説。倏然雲聚而有形者，猶精氣爲物也；倏然雲散而無迹者，猶游魂爲變也。精氣爲物者，自無而有；游魂爲變者，自有而無。

原始而精氣成物，神之情狀，生之説也；反終而游魂爲

---

① "共公"，沈刻本、四庫本作"公共"。

變,鬼之情狀,死之説也。

《敕天之歌》"喜"、"起"、"熙"爲韻。① 《皋陶賡歌》"明"叶"良"、"康"爲韻,②"脞"、"惰"爲韻。③ 先儒謂此乃三百篇之權輿,良是。

古人論治,必本末兼舉。如皋陶陳謨,首曰"允迪厥德",本也;"謨明弼諧",末也。及帝問其詳,則曰云云。蓋"慎厥身,修思永,惇叙九族",皆"允迪厥德"之事;"庶明勵翼",皆"謨明弼諧"之事;"邇可遠在兹",則通言上文之效。

《皋陶謨》"典"、"禮"、"刑"、"賞"四者,萬世爲治之大經不出於此。

先儒謂知人安民,《皋陶》一篇之體要。竊謂"允迪厥德"又"知人安民"之本源也。蓋"允迪厥德"者,實踐此德於身也;至若"知人",知之事;"安民",仁之事;則皆此德之推行耳。苟非實踐此德於身,則私欲盛而天理微,知人之智何自而明,安民之仁何自而行哉?故曰"允迪厥德"又"知人安民"之本源也。

動多静少,故地對天不過。

地無根,附於天耳。

歐公《本論》,由韓公"明先王之道以道之"一語以立意也。

韓子《原道》篇中"欲治其心而外天下國家"之語,深中異端之病。老、釋二家皆務潔其身,清其心,棄絶倫理而不恤,

---

① "起",原作"氣",據沈刻本、乾隆本、四庫本改。按,此處所謂《敕天之歌》指的是《尚書・虞書》中"股肱喜哉,元首起哉,百工熙哉"這段歌詞。

② "明"下,乾隆本無"叶"字。

③ "惰"下,沈刻本有"墮"字。

正韓子所謂"欲治其心而外天下國家"者也。左右之言不可輕信,必審其實。

僮僕姑取其使令之役耳,切不可聽其言,恐大有害於事。

爲政通下情爲急。

集衆人之耳目,爲一己之耳目。

合仁、義、禮、智、信言之,統體一太極;分仁、義、禮、智、信言之,各具一太極也。

凡詩文出於真情則工,昔人所謂出於肺腑者是也。如《三百篇》、《楚詞》、武侯《出師表》、李令伯《陳情表》、陶靖節詩、韓文公《祭兄子老成文》、歐陽公《瀧岡阡表》,皆所謂出於肺腑者也,故皆不求工而自工。故凡作詩文,皆以真情爲主。

《小學》只一"性"字貫之。立教者,所以教此也;明倫者,所以明此也;敬身者,所以敬此也。

"以言乎遠則不禦",大而無外也;"以言乎近則静而正",①小而無内也。

《記》曰:"君父之仇,不共戴天。"只是天理人心自不能已,而死生存亡非所計也。如宋之高宗,父兄宗族皆爲金人所虜,甚至辱及陵寢;以大義言之,只當以不共戴天爲心而求所以必報其仇,至於死生存亡,非所當計也。若區區爲自全苟安之計,則必不能申大義於天下矣。

秦檜所以得售其講和奸謀者,正以高宗自全苟安之心有以來之也。嗚呼,可恨哉!

湛然純一之謂齋,肅然警惕之謂戒。

程子曰:"聖人以此洗心,退藏於密。""以此齋戒,以神明

① "近",乾隆本作"邇"。

其德夫！”

韓文公《元和聖德詩》，終篇頌美之中多繼以規戒之詞，深得古詩遺意。

愛民而民不親者，皆愛之不至也。《書》曰："如保赤子。"誠能以保赤子之心愛民，則民豈有不親者哉？

聖人爲治純用德，而刑以輔之；後人則純用法術而已。

不明理者，冥行而已。

一陰一陽之謂道，即張子所謂"陰陽兩端循環不已者，立天地之大義"。繼之者善也，成之者性也，即張子所謂"游氣紛擾，散而成質者，生人物之萬殊"。但《易》兼理氣言，張子以氣言。然器亦道也，亦器也，是則言雖殊而其致一也。

《參同契》全是《先天圖》卦氣方位流行，朱子所謂"大易圖像隱"者。隱於此類可見。①

萬物各具一理，物物各具一太極也；萬理同出於一原，萬物統體一太極也。

《敕天之歌》，正《大》、《小雅》之權輿也。《五子之歌》，變《風》、變《雅》之權輿也。讀《五子》、《湯誓》、《秦誓》諸篇，則知唐虞之盛爲不可及矣，風氣日降不可返矣。

今天地萬物，人皆知之，而所以爲天地萬物，則人莫得而知之也。如欲知之，是所謂誠歟？道歟？理歟？命歟？性歟？帝歟？神歟？鬼歟？太極歟？其極一而已矣。

無所爲而爲者，誠也；有所爲而爲者，僞也。誠者不息，僞者易輟。

克己之目，動兼視、聽、言三者。

---

① "於"上，沈刻本無"隱"字。

須看無物之先，其理如何。

先儒悔根指太極，姑舉一物而言耳。如一草、一木、一人、一事、一塵、一芥，①安往而不可指太極哉？

畫出天地萬物理、象、數以示人者，六十四卦也。

一生二，就數上説；太極生兩儀，就理上説。余在黔中，夢對衆儒士説書，余謂之曰："一字尚不能識。"既覺得此語，遂中夜燭下書之。

天地之化，無日不變。因在黔中觀柑實，初極青，日漸至於黄色。人之少而壯，壯而老，亦如此，但變之漸而不覺耳。

以誠感人者，人亦以誠應；以詐禦人者，人亦以詐應。

木、火、土、金、水之質，在我爲肝、心、脾、肺、腎；木、火、土、金、水之神，在我爲仁、義、禮、智、信之德。萬物備於我，舉此亦可見。

至而伸之，神；反而歸之，鬼。天人一也。

天道屈伸，兩端而已。

氣合精凝爲神，游魂降魄爲鬼。

鬼者，一往而不復。觀天地之化可見。

自頂以及踵皆天之所與，但當順天而已。

一本萬殊，萬殊一本之理，開眼便見。

一物各具一太極之中，又有統體、各具者存焉。如一人各具一太極也，一人之身心又統體之太極也，五臟百骸之理又各具之太極也；一草一木各具一太極也，一草一本之根幹又統體之太極也，②枝葉花果又各具之太極也。萬物莫不

---

① "芥"，四庫本作"介"。

② "統體"，原作"體統"，據沈刻本、乾隆本、四庫本改。按，"統體之太極"是此書一個習慣説法。

皆然。

天下無無理之物，無無物之理。

誠者，統體之太極也；元亨利貞，各具之太極也。

元、亨、利、貞，春、夏、秋、冬，木、火、土、金、水，仁、義、禮、智、信，君臣、父子、夫婦、長幼、朋友，青、黄、赤、白、黑，鹹、苦、酸、辛、甘，天命、人性、五常、四時、五行、五色，是皆一陰陽也。陰陽，一太極也。

於春曰"元"，於夏曰"亨"，於秋曰"利"，於冬曰"貞"，其命一也。在父子曰"仁"，在君臣曰"義"，在長幼曰"禮"，在夫婦曰"智"，在朋友曰"信"，其性一也。

程子曰："始比不以道，隙於終者多矣。"①故結交貴乎謹始。

宣德六年十月七日夜，余在辰夢從二程夫子游。小程夫子論朱文公，大程夫子贊曰："揚休山立之語，不若中和獨立。"因記於此。

物惡太過。自造化尚然，況人事乎！

人之饗用，當各量其分。薄功而厚饗，鮮不仆矣！

錦衣玉食，古人謂"惟辟"可以有此，以其功在天下而分所當然也。世有一介之士，得志一時，即侈用無節，甚至袒衣皆綾綺之類，宜其顛覆之無日。此余有目睹其事者，可爲貪侈之戒。②

不欺君，自不欺心始。

"日載月，魂載魄。""載"乃"加載"之"載"，朱子於《楚辭》

---

① "多"上，沈刻本有"天下"二字。
② "可"下，沈刻本有"以"字。

辨之詳矣。

吾心誠志於學,天其遂吾願乎?

正以處心,廉以律己,忠以事君,恭以事長,信以接物,寬以待下,敬以處事。居官之七要也。[①]

謙以自牧,安往而不善?

爲吏不可一事苟且,如文移之類,皆當明白。

凡所爲當下即求合理,勿曰今日姑如此,明日改之。一事苟,其餘無不苟矣。

未有逆理而能久者,間有之,所謂枉之生也幸而免。聖賢之言如蓍龜,言吉則吉,言凶則凶。或不然者,但有淹速耳。時下通塞不足爲欣戚,要久而後見。

人當自信。

定見明,自信篤,可以處大事。

衆曰然而有不然者,衆曰不然而有然者,惟理明者能知之。

婦人女子之言不可聽。余見仕宦之人多有以是取敗者,[②]不可不以爲戒。

忍所不能忍,容所不能容,惟識量過人者能之。

嘗過一獨木橋,一步不敢慢,惟恐蹉跌墜失。人之處世,每事能畏慎如此,安有失者?

善惡分明,有降祥降殃之報。間有不然者,非常理也。

河冰解者,非自上消也,由陽氣自下而上騰也。故時至三陽之月,則陽氣上達而河冰畢解矣。

---

① "居"上,乾隆本有"此"字。

② "以是",原作"是以",據沈刻本、乾隆本、四庫本改。

上交諂者，人多有此失。蓋事上以恭爲主，恭之過則不覺有取之之意，是即所謂諂也。

“舜好問而好察邇言”，人須體此。

舜清問於下民，忘其勢而通下情也。

遇横逆之來，當思古人所處有甚於此者，則知自寬矣。

行有不得於外，皆當反求諸己。求諸己者無不盡善而猶或有不得者，當安於命而已。

唐人詩曰：“足知造化力，不及使君需。”吾有取焉。

理自不可泯。所遇稍有識者皆能言天理，但真知而篤信者少矣。

《春秋》於災異不言事應，而事應具存，見天人合一之理。

天命甚微，聖人所罕言，《春秋》多言之，皆微其辭。

欲事之合理誠難，但細微處一一能謹，或少過舉矣。①

凡事既濟，則盛極而有悔。故《大象》曰：“思患而豫防之。”寒中有一半陽，暑中有一半陰，此造化相攙接處。故治不生於治而生於亂，亂不生於亂而生於治。

康節曰：“思慮未發，鬼神莫知，不由乎我，更由乎誰？”人能慎所發於將發，則無悔矣。

以其能治不能，以其賢治不賢，設官之本意不過如此。有假官威剥民以自奉者，果何心哉！

一不容二，邪正不兩立。

去弊當治其本。本未治而徒去其末，雖衆人之所暫快，而賢智之所深慮。

觀野馬而知化機之無息。

---

① “少”，沈刻本作“以”。

游氣紛擾，野馬是也。

禮人不答，只當反其敬。

爲人謀而不忠，非仁也。

不爲人之非笑而易其所守。

凡深藏者必重器，而顯露者必賤物。

萬物皆氣機之所爲。

人皆妄意於名位之顯榮，而固有之善則無一念之及，其不知類也甚矣！

“不怨天，不尤人。”此語當自勉。

人欲無涯，不以禮節之，莫知所極矣。

戲謔甚則氣蕩，而心亦爲所移；不戲謔，亦存心養氣之一端。

四月六陽全而陰已生，陰非至此始生也，蓋自三月五陽一陰之時，而《姤》之初爻已兆於《夬》之下矣。先儒謂陰亦然者，正謂此耳。

名利關誠實難過，上蔡所謂“能言如鸚鵡”者，真可畏也。

人能自信，則富貴、貧賤、窮通有不能累矣。

人開口皆能談禮義，論名節；及見利必趨，見勢必附，又不知禮義、名節爲何物也。

恭而和，處衆之道。

積誠而人不感者，未之有也。

機事不密則害成，《易》之大戒也。

即人言可以見所養之淺深。

知進退存亡而不失其正，[1]子房庶幾焉。

---

① “正”下，沈刻本有“者”字。

不爲衆譽而加喜，不爲衆毁而加戚，其過人遠矣。

紛華擾擾，浮雲之過目耳。

君子窮以義，達以義，窮達皆天理也。小人窮以利，達以利，窮達皆人欲也。

有鳳凰翔於千仞之氣象，則不爲區區聲利所動矣。

君子志於道，小人志於利，利與義之間，不能以髪。

聽言觀行，知人之良法。

君子浩然之氣不勝其大，小人自滿之氣不勝其小。

道大無對，故游於聖人之門者難爲言。

小知之人，得用即用，漫不知行其所無事。

以誠而感人者，人亦以誠而應；以術而馭人者，人亦以術而待。觀漢初君臣可見。①

禮樂至於棄本尚末，乃周衰之弊，況末猶不得其正乎！噫，弊也久矣。

聽言即可以知人之失，如好色者開口即論女色，好貨者開口即論貨財，他皆類此。至於匿情而言正者，又當徐察其行可也。世有聞人論道學，不非笑之以爲狂，則憎惡之以爲矯。噫！使學不學道，則所學者果何事耶？

人知天地萬物爲一體，則藹然慈良惻怛之心，有不覺而自發於中者。

静能制動，沉能制浮，寬能制褊，緩能制急。

"貧而無怨難，富而無驕易。"宜深體之。

富莫富於富有，大莫大於無方。拘於物者，不足以語此。

惡流之濫而決其防，未見其能止也。

---

① "觀"下，沈刻本有"三代"二字。

一念之欲不能制，而禍流於滔天。

友正直者日益，友邪柔者日損。

醉於欲者汲汲如狂，而心莫知所止矣。

爲善勿怠，去惡勿疑。

忠信積久而後效見。

私欲盡而惻隱之心見。

熟於小知自私者，不足以語大道。

滿腔子惻隱之心，即藹然天地生物之心。

傲則仰，慚則俯，邪則欹，正則平。

恭而不近於諛，和而不至於流，事上處衆之道。

被髪而祭於伊川，興辛有之嘆。非知幾之君子，孰能與於斯？

誠意孚於未言之前，則言出而人信之。

氣機之運必無差爽，但其理微，而人自不察耳。

君父，人之大倫，只當竭誠敬，盡所以事之之道，其合與否有所不恤也。苟慮其不合，枉道以求之，則所失者多矣。交朋友，事官長皆然。

蕭何廣市田宅以自污，猶王翦伐楚請美田宅甚衆之意。[①] 漢初君臣以術相持，此亦可見。

一縷之肉而萬蟻咂之，一勺之水而萬魚吸之，[②]欲滿其欲，可乎？

人有滿於得意而不覺形於色詞者，則其所養可知矣。

作事快心，必慎其悔。蓋消息循環，自然之理，持之有

---

① “翦”，原作“剪”，據四庫本改。

② “而”，原無此字，據沈刻本、乾隆本、四庫本補。

道,則雖亢而非滿矣。

心有毫髪所繫,即不得其平。

天道甚可畏,感於此則應於彼,但有淹速不同耳。

楊子曰:“後世有曰楊子雲者,[1]必好之矣。”某之自信亦然。

人之好諛,非特言語爲然也,而文辭尤甚也。素無實德實才而悦人作文辭以諛己,而作文辭者又極口稱譽之;彼以諛求,此以諛應;文詞之弊,孰有甚於此乎!

士無氣節,則國勢奄奄以就盡。西漢之季是也。

士之氣節,全在上之人奬激,則氣節盛。苟樂軟熟之士,而惡剛正之人,則人務容身而氣節消矣。

事貴審處。古人謂:“天下甚事,不因忙後錯了。”真名言也。

高深遠近皆是天。但以青而在上者爲天,衆人之見也。

患得患失之心推其極,不仁之甚者也。

廉而不公者,只是人欲之私。

世之廉者有三:有見理明而不妄取者,有尚名節而不苟取者,有畏法律、保禄位而不敢取者。見理明而不妄取,無所爲而然,上也。尚名節而不苟取,狷介之士,其次也。畏法律、保禄位而不敢取,則勉強而然,斯又爲次也。

操得其要,則不待深懲重賞而人自化於廉。孔子曰:“苟子之不欲,雖賞之不竊。”

《方圖》、《圓圖》、《横圖》,奇耦皆相對。

韓子曰:“澄其源而清其流,統於一而應於萬。”可以形容

---

① “有曰”,沈刻本作“苟有”,乾隆本、四庫本作“有如”。

道體。

人能弘道，見氣強而理弱。

贈言以名位期人，不若以德業勉人。

先儒謂天包地外。竊謂不但包乎地外，實行乎地中，是則上下内外皆天也。

吾意天地一終之時，昏暗之極，未必便得開明，如一日之暮可見。但動静之機未嘗息，久則漸次開明矣。一時之末，一日之暮，一月之晦，一歲之暮，一元之終，皆氣化之息也，但久速之不同耳。

《復》爲動之始，《乾》爲動之極；《姤》爲静之始，《坤》分爲静之極。静極復動，動極復静，循環無端，非知道者孰能識之？

《復》之初爻自《坤》之初爻來，《姤》之初爻自《乾》之初爻來，陰陽互根，此亦可見。

氣正則生人亦正，氣偏則生人亦偏，如中國、夷狄可見。①

左氏多有言過其實者，昌黎所謂浮誇是也。

春秋時尚辭命，而文過其實者多，然亦可以觀世變矣。

《左傳》所論是非，一一有吉凶、成敗驗於後，豈盡然乎？

天開於子，山水之源皆在西北，故《坎》、《艮》居之。

左氏極有膚淺者，只是理不明。

伯宗曰："怙其儁才而不以茂德，滋益罪也。"此可以爲後生輕俊者之戒。

君子語大，而天下莫能載；語小，而天下莫能破。須要真

---

① "中國夷狄"，四庫本作"古今世運"。

見得不能載、不能破處。

左氏論“敬”處多，亦是先王之教有未泯者。

《大學》之“至善”、《論語》之“一貫”、《孟子》之“性善”、《中庸》之“誠”、周子之“太極”，言雖殊而其義一也。

聖賢垂世立教之意，大要欲人復其性而已。而後之學者讀聖賢之書，但資以爲詞章之用、利禄之階，而不知一言之切於身心。聖賢垂世立教之意，果何在哉？

《楚辭》“載營魄”之“載”，與《漢史》“從與載”之“載”、揚子“載魄”之“載”、韓子《畫記》“以孺子載”之“載”，皆“加載”之意，朱子論之詳矣。

讀書之久，見得書上之理與自家身上之理一一契合，方始有得處。

《中庸》一書皆性情之德，而所謂“誠”者，即此德之實也。微而草木，大而陰陽，造化盛衰之理一也。

余所見誠有惻然不忍者，非强然，是所不能已也。

程子常書“視民如傷”四字於座側，曰：“某於此有愧。”大賢尚然，後之臨民者當何如哉？

人能心在腔子裹，則百事可精。

所處之地雖静，而心飛颺於外亦不得静也。惟身在是而心亦在是，則不擇地而静矣。

一切外事與己本無干涉，而與之擾擾俱馳，是所以爲心病也，惟知止則心自定矣。

《莊子·人間世》篇，揣摩之術也。

有所自樂，則不爲外物所移。

見理明，則遇事迎刃而解。

一毫省察之不至，則處事失宜而悔吝隨之，不可不慎。

處事當沉重、詳細、堅正,不可輕浮、忽略,故《易》多言“利艱貞”。蓋艱貞則不敢輕忽,而必以正,[①]所以吉也。

天道只是往復而已,觀《泰》、《剥》、《復》之類可見。[②]

感應之理,於《先天圖》見之。

陰陽迭勝,無須臾止息。

太極動而生陽,且從動處説起。其實動自静中來,觀右半陰中之陽可見;静又自動中來,觀左半陽中之陰可見。程子所謂“動静無端,陰陽無始”,張子所謂“陰陽之精,互藏其宅”者,於是可見。

《孟子》之書,齊梁諸國之君皆稱謚,則成於後來弟子無疑。

《易》之爲教,大概欲人敬慎,雖吉事亦不敢易而爲之。如《大壯》乃陽壯之事,占者吉亨,不言可知,而必曰“利貞”,是即敬慎之意。

晝夜昏明居半,天地開闢亦如之。以“元、會、運、世”觀之,天地開闢各有一半昏明,即如晝夜可見。

氣無涯而形有限,故天大地小。

地於天中,一毫毛耳。

“以言乎遠則不禦,以言乎邇則静而正,以言乎天地之間備矣”,即鳶飛魚躍之意。

“乾一而實,故以質言,而曰大;坤二而虚,故以量言,而曰廣。”[③]至哉言乎!

反身而誠,最爲難事。反身而誠,則實有諸己矣。

---

① “以”下,沈刻本有“其”字。

② “觀”下,沈刻本、乾隆本、四庫本有“否”字。

③ “廣”,沈刻本作“小”。

形而上者謂之道,“隱”也;形而下者謂之器,“費”也。

形而上、形而下,道器元不相離。舉目皆是。

曾子曰:“戰戰兢兢,如臨深淵,如履薄冰。”君子之守其身,可不謹乎!

必使一言不妄發,則庶乎寡過矣。

聖人言“學《易》,可以無大過”,此非設言也,蓋必有己所獨得而人不及知者焉。

聖賢工夫,步步着實。如莊老之學,儘説得,只是不著實。

小人不知義理,或名或利,凡可以苟得者無不求之。

“一故神,兩故化。”近觀之人身,遠觀之天地,無不盡然。

無行可悔,則德進矣。

天下大慮,惟下情不通爲可慮,昔人所謂“下有危亡之勢而上不知”是也。

聖賢以義制心。得志,與天下由之;不得志,獨行其道;出處進退,富貴貧賤,視之如一;初不少動其心。小人則不然,方血氣盛時,據位持勢,真若剛強不屈者;及血氣既衰,去位失勢,悲感流涕,卑屈苟賤之態靡所不至;由無義以制心也。

“珠藏澤自媚,玉藴山含輝。”此涵養之至要。

鄭游吉“九言”曰:“無始亂,無怙富,無恃寵,無違同,無傲禮,無驕能,無復怒,無謀非德,無犯非義。”竊謂“九言”之中,[①]“無犯非義”、“無傲禮”二言,足以盡蓋其餘。

---

① “竊”,原作“切”,據四庫本改。

范武子曰：[1]“喜怒以類者鮮，易者實多。”此名言也。

《左傳》曰：“思其終也，思其復也，思其反也。”蓋人能每事即始而慮終，則必無悔吝之及矣。

《詩》三百篇，天道、人事無不備。

人只爲耳、目、口、鼻、四肢、百骸做得不是，壞了仁、義、禮、智、信。若耳、目、口、鼻、四肢、百骸做得是，便是仁、義、禮、智、信之性。《詩》所謂“有物有則”、《孟子》所謂“踐形”者是也。

程子曰：“文明則能燭理，故能明大同之義；剛健則能克己，故能盡大同之道。”

晋伯宗每朝，其妻必戒曰：“盜憎主人，民惡其上；子好直言，必及於難。”伯宗不能用，後果爲三郤譖而殺之。

正《風》未幾而變《風》繼之，正《大》、《小雅》未幾，而變《大》、《小雅》繼之，否泰治亂之相尋，理之必然也，何足怪哉！

不忮不求，可以爲守身之法。

《國風》至於《邶》，《小雅》至於《鴻雁》，《大雅》至於《民勞》，皆泰極而否。陰陽相根之理微矣。

天地間無物無陰陽。偶讀韻書，其平聲者陽也，側聲者陰也。

《詩》全經，[2]“性情”二字括盡。

《關雎》之類言夫婦，《鹿鳴》之類言君臣，《棠棣》之類言兄弟，《蓼莪》之類言父子，《黄鳥》之類言朋友，此《詩》於人倫之道無不備也。

---

① “武”，原作“五”，據四庫本改。
② “全”，沈刻本、四庫本作“一”。

不欺君，不賣法，不害民。此作官持己之三要也。

讀正《風》正《雅》則心樂、讀變《風》變《雅》則心不樂者，好善惡惡之真情也。

爲政當有張弛。張而不弛則過於嚴，弛而不張則流於廢；一張一弛，爲政之中道也。

李景讓母鄭氏曰："士不勤而禄，猶災其身。"雖婦人之言，亦可以爲居官怠職者之戒。

"一，五行"之疇，[1]於"八疇"無不包。誠以"五行一陰陽也，陰陽一太極也，太極本無極也"，天下之理，豈有出於無極、太極之外者哉？其旨深矣。

勢屈於匹夫，義不勝也。

行有不得，反之於己。使行之是，則得不得有命，己何與焉？使行之非，即當改之，不可執其非以求勝於人也。

或曰："人有慢己者，何以處之？"曰："使己有可慢之事，則彼得矣；己無可慢之事，則彼失矣。失得在彼，己何與焉？"此先儒之論，重書以爲警。

好勝，人之大病。

富貴易至溺人，可不謹哉？

節儉樸素，人之美德；奢侈華麗，人之大惡。

人有不謹者，不可以己能病之。

人遇拂亂之事，愈當動心忍性，增益其所不能。所行有窒礙處，必思有以通之，則智益明。

統天地萬物爲一理，所謂理一也。在天有天之理，在地有地之理，在萬物有萬物之理，所謂分殊也。理一所以統乎

---

① "一"，沈刻本作"二"。

分殊，分殊所以行乎理一，非有二也。

如人一身之理，理一也；四肢百骸各具之理，分殊也。理一統乎分殊之中，分殊不在理一之外。

本然之性，理一也；氣質之性，分殊也。

纔自有其能，便爲心累。如顔子雖簞瓢陋巷，不改其樂，在顔子之心，則未嘗自以樂爲能也。

有此理則有此物。及有物，則理又在物中。

以不雜者言之，謂之本然之性；以不離者言之，謂之氣質之性；非有二也。

"人莫不飲食也，鮮能知味也。"人莫不有道也，鮮識其真也。

造化非陰即陽，人事非柔即剛。

動静雖屬陰陽，而所以能動静者，則太極之所爲也。如寂感雖屬人心，而所以能寂感者，則性之所爲也。

《太極圖解》下朱子《語録》論道器曰："如這人身是器，語言動作便是人之理。"竊謂此或記者之悮。蓋人身與語言動作，皆是器也；人身語言動作之則，乃理也。若指人之語言動作爲理，則是認氣爲道，昧於"形而上"、"形而下"之别矣。故疑此言或記者之誤也。

萬物各受此理，如衆水各受此日光。但物之清者，受此理則理亦明；物之昏者，受此理則理亦昏。昏非理昏也，由物之昏蔽之也。如水之清者，受此日光則光亦明；水之濁者，受此日光則光亦暗；暗非光暗也，水之濁以淆之也。以是觀之，則"性本善而無惡"可知，其惡者皆氣質之拘也。

人於動處難得恰好，纔動便有差，所以發而中節爲難也。

人皆有此理，聖人與塗人同。聖人有耳、目、口、鼻之理，塗人亦有耳、目、口、鼻之理。聖人有心、肝、脾、肺、腎之理，塗人亦有心、肝、脾、肺、腎之理。聖人有君臣、父子、夫婦、長幼、朋友之理，塗人亦有君臣、父子、夫婦、長幼、朋友之理。但聖人稟得氣質清粹，故能全盡此理；衆人稟得氣質昏駁，有不能全盡耳。

"將欲翕之，必固張之。將欲弱之，必固強之。將欲廢之，必固興之。將欲奪之，必固與之。"是皆竊春夏之闢而爲秋冬之闔，程子所謂"老子竊弄闢闔者"，以此。

"乾始能以美利利天下，不言所利，大矣哉！"如堯舜利世之功大矣，而其心則曷嘗自以爲大哉？使有一毫自大之心，則與"乾始利天下，不言所利"不同，而非所以爲堯舜矣。

人之一呼者，太極動而陽也；一吸者，太極靜而陰也。吸爲呼之根，呼爲吸之根，即陰陽之一動一靜而互爲其根也。以至一語一默無不皆然，則太極陰陽之妙，又豈外於人之一身哉？

近海斥鹵而地氣亦薄，[①]故生物不暢茂，觀山東海豐諸邑林木稍長即枯悴可見。

一理也，得之爲天，得之爲地，得之爲萬物。

道無聲之可聞，無形之可見，惟因夫形而下之器，默識夫形而上之理，則謂之見道，非若天地萬物真有形之可見也。

天不以隆冬大寒而息其生物之機緘，人不以熟寢大寐而息其虛靈之知覺。

人心至爲神明。如來日將早作，今夕雖熟寐之甚，及至其期而自覺。豈非心之神明乎？

---

① "斥"，沈刻本作"作"。

人惟一心，操之爲君子，放之爲小人。

自古興亡治亂之幾，皆由於心之存亡。

一念之差，貽患生靈有可不勝言者。如漢武只因欲得西域善馬，甘心喪師不悔。及貳師再舉西伐，僅得善馬數十匹而還。是以數十匹馬易萬人之命，[①]又且作歌，被之聲樂，誇耀祖宗，其爲不仁甚矣！原其本，只由一念之差耳。

如來旦將早作，而中夜屢寐屢寤；警惕不安者，心之神明使然也。

滿眼皆實理，而人不之信。釋氏持一偏空説，舉前古之人皆爲所惑，何哉？

身體髮膚受之父母，不敢毀傷，人之大孝也。夫婦配偶，所以承先世之重，延悠遠之緒，人之大倫也。釋氏乃使人髡其發，絶其配，不孝絶倫之罪大矣！[②]

莊子曰："泰宇定者，[③]發乎天光。"言心定則明也。

聖人順天理而盡人倫，釋氏逆天理而滅人倫。

雖上知不能無人心。聖人所謂無欲者，非若釋氏盡去根塵，但人心之得其正者即道心，以其不流于人欲之私，所謂無欲也。

造化只是陰陽五行，人道只是健順五常。

皆實理也，知者鮮矣。

聖人一片實心，種種道理皆從此出。

無有大於理氣者。

---

① "易"下，沈刻本、乾隆本有"數"字。

② "絶"，沈刻本作"滅"。

③ "者"，原無此字，據沈刻本、乾隆本補。

作聖作狂,此心一轉移耳。①

《中庸》引《詩》曰:"上天之載,無聲無臭。"即無極而太極也。

《莊子》曰:"《詩》以道志,《書》以道事,《易》以道陰陽,《春秋》以道名分。"先儒謂莊子是大秀才,觀此可見。

張子曰:"一,故神。"神即太極也。或者謂太極不會動静,則神爲無用之物矣。豈所以爲"造化之樞紐,品彙之根柢"哉?

只一個太極,行乎陰陽、五行、男女、萬物之間,無所不在。

盆成括小有才而不知君子之大道,適足以殺其身。蓋人知大道,則明於進退、存亡、吉凶、消長之理,必不至於輕率逞才妄爲以取禍也。

視其色在目,而知其色之理在心;聽其聲在耳,而知其聲之理在心;食其味在口,而知其味之理在心;聞其香在鼻,而知其香之理在心。此心所以爲一身之主宰也。

天人一理,故致乖致和無不感通。

耳、目、口、鼻各專一事,而心則無不通。

耳順,則聲入心通;目明,則物接理見。

莊子曰:"生物以息相吹。"息是人呼吸之息,九萬里之氣亦是此息相吹,則人之氣召和召災可知矣。

"七竅鑿而混沌死",七情熾而天理亡之譬也。

舉四海九州生民之氣無不和,則自足以感陰陽之和;舉四海九州生民之氣既乖,則亦足以感陰陽之異。此理之必

① "移"下,沈刻本有"間"字。

然也。

固不可假公法以報私仇，亦不可假公法以報私德。

物各具五行之色，如天地有五方，土石有五色，雲氣有五色之類。是則萬物豈出於五行之外哉？

下民之冤不伸者，[1]由長人者之非其人也。

爲官者切不可厭煩惡事，苟視民之冤抑一切不理，曰："我務省事。"則民不得其死者多矣。可不戒哉！

一命之士，苟存心於愛物，必有所濟。蓋天下事莫非分所當爲，凡事苟可用力者，無不盡心其間，則民之受惠者多矣。

昔人謂律是八分書。蓋律之條目，莫非防範人欲，扶翼天理，故謂之八分書。

慎言謹行，是修己第一事。

人之所爲，不犯條律即爲義，犯之即爲非義，則律爲八分書可見。

余一夕夢先人告余曰："慈、温、良。"得非有所警乎？

心口如一爲忠信，心口不一非忠信也。

只"四勿"，念之豈有差乎？

天下至貴者道，得之則生，失之則死，爲天下至貴不亦宜乎？

偶讀醫書，有曰："洗心。日齊防患。日戒。"吾有取焉。

乞墦之富貴，恬不知恥，可怪也夫！

責人當反求諸已。

釋氏本是自潔其身，紛紛之言，皆其徒附會之也。

道家者流，如老子《道德經》是也。如符籙、科儀、飛昇、

① "冤"下，沈刻本有"抑"字。

黄白之術，皆後人附會爲道家之事。《道德經》豈有是哉？

朱子於“吾無隱乎爾”章以“作、止、語、默，無非教也”釋之。蓋“作”與“語”屬動，[①]陽之發也。[②]“止”與“默”屬静，陰之爲也。動静陰陽，曷莫非是道之著？至於動而静，静而復動，循環無端，則又道之至妙至妙者也。其示人之意，豈不顯而可見哉？

曾點之“鼓瑟希，鏗爾，舍瑟而作。對曰：‘異乎三子者之撰。’”其動静從容者，此理也。“暮春者，春服既成。冠者五六人，童子六七人，浴乎沂，風乎舞雩，咏而歸”者，亦此理也。是則“人欲盡處，天理流行，隨處充滿，無少欠缺”，安往而不然哉？

聖人一身動静，無非仁義禮智之德，充乎中而發乎外，其示人可謂無隱矣。

“認得爲己，何所不至？”此言當深玩味體認。

不虐無告，不廢困窮，聖人之仁也。

勿以小事而忽之，大小必求合義。

法立而行，則人不玩。

事合義，雖大不懼；不合義，雖小當謹。

道有正有邪，德有凶有吉，此韓子所謂“道與德爲虚位”也。

氣質之蔽最深。民不可使知之，是皆蔽之深不能有以開其識也。如佛老之教，分明非正理，而舉世趨之，雖先儒開示精切而猶不能袪其惑，是皆氣質蔽之深也。

---

① “動”，原作“陽”，據乾隆本改。

② “陽”，原作“動”，據乾隆本改。按，下言“‘止’與‘默’屬静”，則上宜言“‘作’與‘語’屬動”；“動”是“陽之發”，“静”乃“陰之爲”；相對而成文。

偶一事發不中節,終夕不快。

命、性、道、教,只是一理。

臨屬官,公事外不可泛及他事。

“不仁者不可久處約,不可長處樂。”朱子釋之謂:“不仁之人,失其本心,久約必濫,久樂必淫。”“濫”即爲貧賤所移而更其節也,“淫”即爲富貴所淫而蕩其心也。若“貧賤不能移”,即仁者能久處約矣;“富貴不能淫”,即仁者能長處樂矣。孔孟之言,互相發明如此。

讀書録卷八

所謂知幾者,於事未形著而識其微也。非聖人其孰能之?

凡禍患伏乎無形之中,惟聖人則知幾而防之於未然,故能消其禍。衆人不知幾,而圖之於已著,則已無及矣。

迷於利欲者,如醉酒之人,人不堪其醜,而己不覺也。耳目之聰明爲魄,魄者,形之神也;口鼻之呼吸爲魂,魂者,氣之神也。人有許多聰明知識者,魄之爲也;有許多呼吸運動者,魂之爲也。

堯之"欽明"、①"俊德"以至"黎民於變時雍",舜之"慎徽五典"以至"烈風雷雨弗迷"與孔子之"立之斯立,道之斯行,綏之斯來,動之斯和",皆聖人作用神速功效。

史臣首叙堯、舜、禹之事,有乾坤之道焉。堯曰"欽明",舜曰"重華",禹曰"祗承",則堯舜爲乾,禹爲坤可見。帝降而王,殆以此歟!

後人不知人臣之道,但得高官厚禄,即有自滿之色。觀"臣克艱厥臣"及"爲臣不易"之語,禄位果可自滿乎?

動而不息者,陽魂也;静而有識者,陰魄也。

---

① "欽",沈刻本作"克"。

夜氣如泉源，淆之數亦不能清矣，君子所以貴乎存息也。

仁是嫩物。譬之草木，嫩則生，老則枯。

寂而感，虚而實。此吾儒與釋子不同處。①

變化無須臾之止息。

自不知其所以然而然者，造化也。

“天地之大德曰生。”無間斷，無空缺。

知而不仁，如老莊之流是也。

静中之識曰“魄”，動中之靈曰“魂”。

草木之敷榮暢茂者，神之迹；其凋落枯悴者，鬼之迹。知至至之，窮理也；知終終之，盡性以至於命也。

朱子曰：“誠之有物，不待形而有。”蓋雖沖漠無朕之中而萬象森然已具矣。

理義之心不可少有間斷，孟子所謂“勿忘”是也。②

心斯須不存，即與理義背馳，可不念哉！

《烝民》之詩，二五之疇，同一義也。

至誠無息者，大德之敦化；萬物各得其所者，小德之川流。

一本萬殊。殊與本不可分而爲二。

朱子曰：“聖人作《易》，因陰陽之實體，爲卦爻之法象。”此見作《易》之本義。

天地設位而易行乎其中，天之生生不已也；成性存存，道義之門，理之生生不已也。

知、禮皆性也。人能知崇如天，禮卑如地，便是成性存

① “子”，乾隆本作“老”。

② “勿”，沈刻本、四庫本作“無”。

存，而道義自此出也。人之知不能如天之高，禮不能如地之卑，是壞其性而不存，道義何自而出哉？反此，則成性存存，而道義出矣。①

只知崇禮卑，便是成性存存。

知崇禮卑、成性存存，應天地設位；道義之門，應易在其中矣。

博文，知崇也；約禮，禮卑也。

《中庸》之"道問學，致廣大，盡精微，極高明，温故知新"，皆《易》"知崇"之事；"尊德性，道中庸，敦厚崇禮"，皆《易》"禮卑"之事。

天者，陽氣之實體；地者，陰形之實體。

成性即天地，存存即設位，道義之門即易行乎其中。

夫子之德，"温良"屬仁，"儉"屬義，"恭讓"屬禮。

近世《易》、《詩》、《書》、《春秋》、《四書》傳注之外，世儒纂集諸家之説附釋其後，雖時有發明，其實太繁複汗漫，而學者終不能遍觀而盡讀，反於正經本旨日至蔽隔支離。先儒燭籠之譬正如此。

道之不明，科舉之學害之也。

《四書集注》、《章句》之外，倪氏《集釋》最爲精簡。其他割裂舊説，附會己意，但欲起學者之觀聽，圖己名之不朽，駁雜浩穰，害理尤甚。

自朱子没，而道之所寄不越乎言語文辭之間，能因文辭而得朱子之心學者，許魯齋一人而已。

雲而雨者，自無而有；雨而晴者，自有而無。雷霆風露之

---

① "則成性存存而道義出矣"十字，沈刻本無。

類亦然。

太極中無所不有，分而爲陰陽、五行、男女、萬物，無所不在。

"元、亨、利、貞"，文王之言也，[①]其理無窮。

聖賢之書，垂訓萬世，本欲開明天理，使人反求諸身心而得其實。自朱子没，士子誦習其説者，率多以爲出身干禄之階梯，而不知反己以求其實。聖賢垂訓之意果安在乎？

寒暑往來有一定之節，萬物生育有一定之形，人倫綱常有一定之理，是皆太極爲之主，窮天地亘古今而不易者也。

新竹有露者，津液上行結而爲露也，如人髮中有汗然。曹縣分司偶觀新竹記此。

因觀烏鳥哺其雛，仁心藹然可見。

天地分明一大父母，生出無限小父母來。

知道則自簡。[②]

漢高祖取天下，大抵能用群策。如下陳留用酈生之策；還軍霸上，[③]攻嶢關，用樊噲、張良之策；從漢中東兵，用韓信之策；守滎陽、成皋，又用酈生之策；捐金間楚，用陳平之策；封韓信齊王，追項羽垓下，以地封韓、彭、英布，使自爲戰，又用良、平之策；及天下已定，徙都關中，用劉敬之策。悉收群策而用其長，此所以破秦滅楚，不五載而成帝業。

枚乘曰："欲人無聞，莫若勿言；欲人無知，莫若勿爲。"又曰："積德累行，不知其善，有時而用；棄義背理，不知其惡，有時而亡。"此皆名言也。

---

① "也"下，沈刻本有"推廣之"三字。

② "則"下，沈刻本有"言"字。

③ "霸"，沈刻本作"灞"。

朱子曰:"其心明乎正理而無蔽,然後其言平正通達而無病。"此知言所以能知人也。

天地萬物皆一理也,天地萬物各有其一分,分殊也。

《通書》,一"誠"字括盡。

《通書》與《太極圖》表裏。

只一《復》卦,多少義理,天道人事無不備。

讀《易》在識時勢。

存心不失爲中,應事不差爲和。

中也者,至德也;和也者,要道也。

地泥、城隍牆,皆土也;孝慈、恤愛、惻怛,皆仁也。理一分殊,於此亦可見。

"親親而仁民,仁民而愛物。"其理一爲仁,分殊爲義。

陰陽合,則魄凝魂聚而有生;陰陽判,則魂升爲神,魄降爲鬼。《易大傳》所謂"精氣爲物,游魂爲變,故知鬼神之情狀"者,正以明此。《書》所謂"徂落"者,亦以升降爲言耳。此《中庸或問》朱子之言死生之説,不過如此。

昔人訓"皇"爲"太","極"爲"中",皆虚字也。朱子非之,謂"皇爲君極,猶屋極之極",則二字皆實矣。蓋謂極居此物之中則可,便謂極爲中則不可。近因道出武定州北隅,①觀郵亭撮頂一木居中,衆木四面輳之,此正所謂極也。因朱子之説而記余之所見如此。

《太極圖》,假象以顯義。

"無輕民事,惟艱;無安厥位,惟危。"豈惟爲人君當然哉?

① "隅",沈刻本作"偶"。按,若作"偶",則當屬下讀。

凡爲人臣者亦當守此，以爲愛民保己之法也。[1]

周公作《無逸》告成王，遠舉殷之三宗，皆繼體守成之君，欲成王有所法也；近舉太王、王季、文王，皆周先哲王，欲成王有所嚴憚以修其德也。其意切矣。

《無逸》書，後世爲人君者宜寫一通，置之座右。

"嚴恭寅畏，天命自度"，乃《無逸》一書之要。

天轉正如車輪之轉，蓋側轉也。如八月初昏，斗柄指西，至天將明時看之，則斗柄却指卯矣。以是知天一晝夜側轉一周，而斗柄亦隨天翻轉指卯也。

讀《吕刑》之書，穆王不訓德而訓刑，又可見當時世道之愈下矣。

《書》終於《秦誓》，聖人之微意歟？

"幾"字，古聖人已言之；至周子發明，尤親切耳。

《性理大全》書以周子《太極圖》冠於篇端，默識而旁通之，則一書之理不外是矣。非獨《性理大全》一書不外乎是，以至《五經》、《四書》與凡聖賢之言，又豈有出此圖之外者哉？嗚呼！其旨深矣。

康節曰："一動一静之間，乃天下之至妙。"至妙者，蓋指貞、元間太極也。周子曰："太極動而生陽，動極而静；静而生陰，静極復動。"蓋"静極復動"，即貞下起元，即康節所謂"貞、元間太極"也。

程子謂："《中庸》始言一理，中散爲萬事，末復合爲一理。"蓋"始言一理"，即天命之性也；"中散爲萬事"，即"達道"、"達德"、"九經"、"天道"、"人道"之屬，無非天命之性；

---

① "己"，沈刻本作"身"。

"末復合爲一理","上天之載,無聲無臭",又即天命之性矣。

不論人之賢否,但見勢利即傾慕,豈非失其本心乎？噫！弊也久矣。

高則明,博則厚。觀之天地可見。

凡物虛則有神。如鼓虛則響,鐘虛則鳴,心虛則靈。

日入而群動息,日出而群動作。一息一作者,其易之謂與!

"大聲不入於里耳,《折楊》、[1]《皇荂》,則嗑然而笑。高言不止於衆人之心。"[2]驗之世俗誠然。

朱子注《四書》,明聖賢之道,正欲學者務爲己之學。後世皆籍此以爲進身之階梯,[3]夫豈朱子注書之初意哉?

夏葛冬裘,飢食渴飲,朝作暮息之得其正者,皆"時中"也。

張之極者必翕,強之極者必弱,興之極者必廢,與之極者必奪,乃造化消息滿虛自然之理。《老子》:"意欲翕之,乃固張之;意欲弱之,乃固強之;意欲廢之;乃固興之;意欲奪之,乃固與之。"此程子所謂"竊弄闔闢而爲術也"。

《太極圖》只是陰陽兩端循環不已,而理爲之主。

《太極圖》,天地、古今、陰陽、寒暑、晝夜、死生、剛柔、動靜,無不括盡。

《太極圖》遠而萬古,近而一息,無能外者。

---

① "楊",原作"揚",據沈刻本、乾隆本改。按,《莊子·天地》:"《折楊》、《皇荂》,則嗑然而笑。"

② "止",原作"上",據沈刻本、四庫本改。按,《莊子·天地》:"是故高言不止於衆人之心。"

③ "籍",沈刻本、乾隆本、四庫本作"藉"。

《先天圖》十月純《坤》，初爻中已有十一月《復》卦初爻之根，即《太極圖》右半陰中陽也。《先天圖》四月純《乾》，初爻中已有五月《姤》卦初爻之根，即《太極圖》左半陽中陰也。①由是觀之，《先天》與《太極圖》亦未嘗不合。

静看《太極圖》，斯須離之不可得也。

謙者，聖人之誠心，非爲有所取於人而然也。《老子》乃曰聖人"欲上民，必以言下之；欲先民，必以身後之"，則是出於有意之私，而非聖人誠心之謙德矣。

《史記·日者》季主之言，深有中於墨者。

古人用字最密，如"冒色"之"冒"字是也。

火，木陽也，生於陰，陰中有陽也。水，金陰也，生於陽，陽中有陰也。

心所具之理爲太極，心之動静爲陰陽。

忠信，立身之本。

惟誠無間斷破缺。

周、程、張、朱，真儒也，四子辨佛老之非至矣。學者讀四子之書，而乃匍匐爲佛老之奴隸，②是豈真知四子而能讀其書者哉？

學者得如周、程、張、朱之爲人亦可矣。四子不好佛而學者乃好之，則是爲人不求如四子之賢，而好佛乃求過於四子也，惑之甚矣！

即無極而太極觀之，沖漠無朕之中，萬象森然已具，③所謂體用一源也。即陰陽、五行、男女、萬物觀之，而此理無所

① "圖"，原無此字，據乾隆本補。

② "爲"，原無此字，據沈刻本、乾隆本補。

③ "森"，原作"昭"，據沈刻本、乾隆本、四庫本改。

不在，所謂顯微無間也。

體用一源，不可分體、用爲二；顯微無間，不可分道、器爲二。以武王之聖，而不知夷、齊之賢，豈非命歟？

只是一個性，分而爲仁、義、禮、智、信，散而爲萬善。

義者，天命之性也，君子行義而盡其性，則天命在是矣。

所行者善則吉，所行者惡則凶，所謂"無卜筮而知吉凶"也。

中庸之理，不離乎動作、語默、人倫之間，知者鮮矣。

過一分爲太過，不及一分爲不及，此中庸所以爲難也。

程復心《四書章圖》破碎義理，愈使學者生疑。

程復心將《太極圖》中着一"氣"字，又從而釋之曰："太極未有象數，惟一氣耳。"乃漢儒"涵三爲一"、老莊指太極爲氣之説，其失周子、朱子之旨遠矣。

理氣密匝匝地，真無毫髪之縫隙。

無大，無小，無内，無外，一以貫之。

盡事親之道而得其仁，盡事君之道而得其義，盡夫婦之道而得其知，盡事兄之道而得其禮，盡朋友之交而得其信，皆所謂"下學人事，上達天理"也。以至盡耳、目、口、鼻、手、足之道，而得聰、明、正、[1]肅、恭、重之理，又皆所謂"下學人事，上達天理"也。

《西銘》明理一而分殊。《太極圖》自一理、二氣、五行、成男成女而化生萬物，亦無往而非理一分殊也。

父母生子，耳、目、口、鼻、四肢、百骸無不備，人子能體其全而歸之，斯謂之孝。天之生人，五常百行之理無不全；人能

① "正"，沈刻本、乾隆本作"止"。

以事親之心事天，於天所賦之理無一之或失，則亦天之孝子矣。

理爲萬物之一源，理一也；萬物各得一理，分殊也。

天道無言而四時行、萬物生，聖人不言而四德著、萬善全，其致一也。

大德敦化，理一也；小德川流，分殊也。

氣質極難變，十分用力猶有變不能盡者。然亦不可以爲難變而遂懈於用力也。

畫前之易，太極中森然已具者也。

太極雖沖漠無形，而兩儀、四象、八卦以至六十四卦、無窮之數已森然具於其中矣。

太極、兩儀、四象、八卦以至六十四卦，體用一源也；自六十四卦以至兩儀、太極，顯微無間也。

余往年讀《楚詞》喜其華，今讀《楚詞》喜其實。蓋其警戒之言亦皆切己之事也。

目之逐物最能喪德，故“四勿”以“視”居先。

私意最難去，故程子謂“克己最爲難事”。惟嘗用力者知其難。

男女之欲，天下之至情。聖人能通其情，故家道正而人倫明。

欲心一動，如火之熾，如水之溢，非用大壯之力莫能止其欲。

老子曰：“不見可欲，使心不亂。①”

伏羲則《河圖》以畫卦，大禹法《洛書》以叙疇，聖人之心

---

① “亂”下，沈刻本有“其言亦可取焉”六字。

與天地之心分明爲一。

未有天地萬物，而天地萬物之理已具於沖漠無朕之中；未有兩儀、四象、八卦，而兩儀、四象、八卦之理已具於太極之内；乃所謂體用一源也。

即樹根觀之，須思未有根之先，而沖漠無朕之中而樹根之理已具。逮夫氣機一動，資始資生而理亦隨之，[①]樹之根由是生焉。

《太極圖》理一而分殊。

觀春草從地迸出，無絲毫之空隙，則道莫能破可知。天地萬物，體皆虚而理則實。

四時温燠寒涼之氣，人體無不覺者，則人與天地同體可知。

程子曰："理無形也，故假象以顯義。"非特《易》爲然，《太極圖》亦是已。

無窮盡，無方體，太極是也。[②]

"理"本無名字，字之曰"太極"。

有高才、能文章，坐此而取敗者多矣。如禰衡、孔融之徒是也。非特古爲然，今亦有之，可不戒哉！

《太極圖》水、火、木、金、土五個小圈子，即五行各具一太極也。其下一小圈子，乃理氣妙合而無間也。又下一大圈子，乃氣化生出男女、牝牡、雌雄，而各具一太極也。又最下一圈子，乃男女已生之後，形交氣感，形化萬物，而各具一太極也。

---

① "始"，原作"死"，據沈刻本、乾隆本、四庫本改。按，下言"樹之根由是生焉"，則上宜言"資始資生"云云。

② "太極是也"，沈刻本作"其太極乎"。

大德敦化者，中也，性也，一也；小德川流者，和也，情也，貫也。

讀《太極圖説》，句句體貼向身上看，自有無窮之味。

以《太極圖》反求之身心動静之間，無一不合。

天地、陰陽、古今、萬物、始終、生死之理，《太極圖》盡之。

良心開而天理明，猶山徑之蹊間介然用之而成路；良心蔽而天理暗，猶爲間不用而茅塞之也。

自子至午，陽氣方息而伸者，神之迹；自午至亥，陰氣方消而屈者，鬼之迹也。

“中”是性情恰好的道理，以其平常而不可易，故又謂之“庸”。非“中”之外别有所謂“庸”也。

“中”之理所包甚大，存於心而不偏不倚，發於情而無過不及。以其可以常行不可易，故又謂之“庸”。

“子在川上曰：‘逝者如斯夫！不舍晝夜。’”即《中庸》之“至誠無息”也。

天下之獄，自古不得其平者多矣，掌刑者可不擇其人乎？

偶過長清，知已斷一獄事不得其平，重有感於心，而知天下之獄不得平者多矣。正統四年十一月十九日，荏平燈下書上兩節。①

人臣巧文以避罪，非忠也。

雨、露、雪、霜，只是天地之氣凝結而成者，如人之呵氣遇冷成冰結鬚，其理可見。

春秋之時，諸侯擅相征伐會盟，而不知有天子之命，非義甚矣！

---

① “平”下，沈刻本有“分司”二字。

禮樂征伐不出於天子,《春秋》所由作。

事物當然之理,如父子之仁之類是也。所以當然之故,乃仁義禮智所自來,在天爲元亨利貞是也。

《春秋》書“夫人姜氏會齊侯於禚”,“夫人姜氏享齊侯於祝丘”,“夫人姜氏如齊師”,“夫人姜氏會齊侯於穀”,所謂直書其事而其義自見也。

《春秋》書法,意在言外。

《春秋》辭雖謹嚴,而意實忠厚。

《春秋》直書其事,使人思而得之。

諸儒解經多入外意,惟朱子只主本義,而無泛論。

《春秋》大抵多微辭。

聖人作《春秋》,其微意真非數千載之下所能窺測,若欲句句字字盡釋其義,竊恐不能無穿鑿之弊。

讀《春秋》,大義可見者,尊君父、討亂賊、内中國、外夷狄、貴王、賤霸而已。

《莊子》曰:“道者,萬物之所由也。庶物失之者死,得之者生。爲事逆之則敗,順之則成。故道之所在,聖人尊之。”此言近正。

安其内不求於外,見其大而略於小。正統五年正月十八日分司夢得此語,因記之。①

小人不可與盡言。

道人以善,不可則止,其知幾乎?

待小人嚴而和。②

---

① “正統”至“記之”,沈刻本文字略有不同,録以備考:“正統五年正月十八日夜夢中得此兩句,因記之。時在山東。”

② “和”下,沈刻本有“所謂不惡而嚴也”七字。

分外之事，一毫不可與。

《易大象》皆以義理言。

“天何言哉”，“吾無隱乎爾”，與曾點言志之意，皆天理流行之妙。

言要緩，行要徐，手要恭，立要端，①以至作事有節，皆不暴其氣之事。

約其情使合於中，亦養氣之事也。

怒至於過，喜至於流，皆暴其氣也。

資始、資生固乾元之氣，而其理則太極也。

風霆雨露之氣所以成物者，皆太極之所爲也。

大氣發生一切有形之物，②而太極爲之主。

以鼻息觀之，呼感得吸來，吸感得呼來。

暑爲感，感得寒來則寒爲應；寒復爲感，感得暑來則暑爲應。應又爲感，感又爲應，於是見感應之無端。

感應之理，於《太極圖》陰陽互根見之。

大舜“聞一善言，見一善行，沛然莫之能禦”，即“感而遂通天下之故”也。

感自外來，應由中出。

天地寒暑，人生盛衰，其密移之機無毫髮之間斷。

謀利計功乃人欲之私，學者之通患也。

大而人倫，③小而言動，皆理之當然。纔有有爲之心，雖所行合理，亦是人欲。

---

① “端”，沈刻本作“得”，乾隆本作“德”。

② “氣”，原作“極”，據沈刻本、乾隆本、四庫本改。按，若言“大極發生一切有形之物，而太極爲之主”，則幾乎不可解。

③ “人倫”，沈刻本作“綱常”。

王伯之分,正在不謀利計功與謀利計功之分。

學者自幼便爲謀利計功而學,宜其不足以入堯舜之道。

絶謀利計功之念,其心超然無係。

萬化交則通,不交則隔礙,而不能成化功。

《太極圖》如水一源,流而爲千支萬派,却都只是源中水也。

六十四卦只是一奇一偶,但因所遇之時、所居之位不同,故有無窮之事變。如人只是一動一靜,但因時位不同,故有無窮之道理。此所以爲《易》也。

因小生對句,便知有陰陽。

太極只是性。

太極是性之表德。

宋文帝子邵巫蠱事覺,不能斷以大義誅之,卒有合殿之變。正所謂"爲人君父,不通《春秋》之義者,必蒙首惡之名"。

聖賢著書立言,句句明理,非欲言詞之富麗也。

《易橫圖》一而二、二而四、四而八、八而十六、十六而三十二、三十二而六十四;《太極圖》則一理、二氣、五行、男女,遂至於化生萬物。雖所推有詳略之不同,其爲理氣則一而已矣。①

《太極圖》上一圈純以理言,而其下餘圈則兼以氣言;然上一圈即在下餘圈之中,所謂精粗本末無彼此也。

人熟寐而有知覺,正如純《坤》卦下一爻中有陽動之幾也,其理妙矣。

如王莽之徒竊人之國,皆引先王之事以文其奸,即莊子

① "理"下,沈刻本無"氣"字。

所謂“儒以《詩》、《禮》發家”者歟！

鳶飛魚躍，即取之左右逢其原之意，言道無所不在也。

鳶而必戾於天，魚而必躍於淵。父必慈，子必孝，君必仁，臣必敬，兄必愛，[1]弟必恭，夫必義，婦必從，以至四體百骸之有其則，昆蟲草木之若其性，陰陽日月、風霆雨露之各以其時，皆鳶飛魚躍之意，所謂“活潑潑地”也。

物之觸目觸耳者，皆“活潑潑地”之理。

風動林木，即鳶飛魚躍之意。

屈以感伸，伸爲應；伸又感屈，屈爲應。屈又感伸，伸又感屈，屈伸感應，如循環之無端。

二程之名言，朱子采入《四書集注》、《或問》中者多矣。求二夫子之心者，當於此觀之。

身在堂上，方能辨堂下人曲直。故有知言之明，乃可以折衷群言，不然，去取必失其當。

讀書講明道義，求日用之實理也。若讀書而不講明道義，則溺心於文字之間，終不能知實理之所在。

“明德、新民、止於至善”，下文即繼之以“知止而後定、靜、安、慮、得”，以見“明德、新民”之“止於至善”，皆由“知止、定、靜、安、慮而後得”，“止於至善”也。

男女氣化之太極，與萬物形化之太極，一也。

氣化言男女而萬物在其中，形化言萬物而男女在其中，互文也。

但是血氣之物靈於他物。

飛潛動之物靈於植物，而人又動物中之尤靈者也。

---

① “愛”，乾隆本作“友”。

搖扇有風,見天地間無處無氣。

人雖各是一體,其實與天地萬物渾融相合,無一毫之間。

蕩滌胸中無一毫之私累,可以言大矣。

應事纔應即休,不可須臾留滯爲心累。

"和"從"中"上流出來,"中"是"和"之源頭,一而二,二而一者也。

"庸"即"中和"之理平常而不可易者,非"中和"之外别有所謂"庸"也。

涵養本源是"尊德性"之事,思索義理是"道問學"之事。中和不可須臾離。蓋静而不存則有不中,動而不察則有不和,此中和所以不可須臾離也。

人之學道,由經而入,窮經有得,則道不在經者可默識矣。

學須有覺,方得總會處。

朱子論造化之精約,莫過於《太極圖解》。

水能鑑物,故智屬之;金能斷物,[1]故義屬之;木有生意,故仁屬之;火則文明,故禮屬之;土則質實,故信屬之。

屋極、北極,爲有形之極,太極乃無形之極也。故曰:"太極本無極。"皇極之極,以物之在中而言,如屋極、北極之義,若即訓"極"爲"中",則非矣。

莊子曰:"至人之用心若鏡,不將不迎,應而不藏。"程子所謂"形容道體之言",此類是也。

人日用求太極,只中正仁義便是此理。然仁義中正是各具之太極,五性未發乃統體之太極也。

---

① "物",沈刻本作"决"。

《五經》、《四書》小注不勝其繁，讀者誠有文滅質、博溺心之患。

非有過人之識，而欲纂集群言以折衷聖賢之經旨，多見其不知量也。

鐵中生火，①陽生於陰也。

就天地萬物中各具一理者，各具之太極也；合天地萬物爲一理者，統體之太極也。

天地間理無空缺處，人終日在太極中而不知也。

忠信積久可孚於人。不然，則言出而人弗信矣。

輕言戲謔最害事。蓋言不妄發，則言出而人信之；苟輕言戲謔，後雖有誠實之言，人亦弗之信矣。

一失人則人皆莫之與，孤立而無助矣。

輕諾則寡信。

《易》曰："修辭立其誠。"故慎言乃進修之要。

---

① "鐵"下，沈刻本有"石"字。

讀書録卷九

舉天地萬物，皆物也；天地萬物之理，其則也。

“無物不有，無時不然。”此言宜時時深體之。

無極而太極，天地本然之性也。陰陽太極，氣質之性也。天地本然之性，就氣質中指出不雜者言之；氣質之性，即本然之性墮在氣質中者；初非二性也。

雷電風雨，參錯交動於下，而太虚之本體自若；萬事萬變，紛紜膠擾於外，而吾心之本體自如。

孟子曰：“君子深造之以道，[1]欲其自得之也。”道者，進爲之方，如學問、思辨、博文、約禮之類是也。循此而進，潛玩積久則有自得之妙；不循此而進，徒事於記誦辭章之末，欲求自得之妙，難矣！

《書》載堯舜之行事，皆先德行而後事功。事功之大者，莫大於用人一事，觀諸“二典”可見矣。

有物有則，於六十四卦、三百八十四爻見之。

陳仲子亡親戚、君臣、上下，其廉爲小節。釋氏滅天理人倫以潔其身，果何道哉？

《敬之》詩曰：“學有緝熙於光明。”則成王之學，日進於高

① “之”，原無此字，據乾隆本補。

明矣。

感而遂通天下之故者,元亨,誠之通;寂然不動者,利貞,誠之復。元亨利貞,亦於人心見之。

觀《敬之》詩,成王真得傳心之學者也。

《視箴》曰:"蔽交於前,其中則遷。"所謂蔽者,非止謂非禮之色,凡見一切可好之物目逐之而動者,皆是也。

讀《西銘》,始見天之大。①

爲學第一在變化氣質,不然只是講説耳。

《西銘》自"乾父坤母"至"兄弟顛連而無告者"一節,皆狀仁之體;自"于時保之"至"没,吾寧也",皆求仁之方。

余病頭風,久不敢讀書,因念"克、伐、怨、欲不行,可以爲難"之語,原憲之學尚未至於仁,況未至於憲之學者?可不勉乎!

聽人之言,便識其學之淺深。

聖人之博,博而約,以其有此理也。衆人之博,但務聞見之廣而不察其理之有無,此所以異於聖人之博也。

好爲怪異不經之談者,不明理也。

朱子《小學》一書,理與事而已。《内篇》之《立教》、《明倫》、《敬身》,通論,言其理也;《稽古》之《立教》、《明倫》、《敬身》,通論,實之以事也。《外篇·嘉言》之《廣立教》、《明倫》、《敬身》,又以理言也;《善行》、《實立教》、《明倫》、《敬身》,又實之以事也。然理,精也,本也;事,粗也,末也。本末精粗,一以貫之,其《小學》之書乎!

先儒月映萬川之喻,最好喻太極。蓋萬川總是一月光,

---

① "始",沈刻本、乾隆本、四庫本作"如"。

萬物統體一太極也；川川各具一月光，物物各具一太極也。其統體之太極，即各具之一本；其各具之太極，即全體之萬殊。非有二太極也。

推之於前不見其始，引之於後不見其終，此所謂動静無端，陰陽無始也。

仁、義、禮、智、信五字，括盡《小學》一書，亦括盡《五經》、《四書》。人纔動即有差，[1]故君子慎動。

見理明則處事熟，如庖丁解牛矣。

太極中涵陰陽、五行、男女、萬物之理，體用一原也；陰陽、五行、男女、萬物具太極之理，顯微無間也。

沖漠無朕之中而萬象森然已具，體用一原也；即事即物而理無不在，顯微無間也。

體用一原，顯微無間，見道器合一之妙。

周子《太極圖》，畫出理氣示人。

體用一原，顯微無間；動静無端，陰陽無始；其大無外，其小無内；非知道者，孰能知之？

周子《太極圖説》，字字貼在圖上，朱子《解》亦然。

聖人言性與天道，惟於贊《易》極言之耳，平日與門人言者極少。

道以渾淪言之，義以條理言之。

孔門弟子，知孔子者不過顔、曾二子。其次，惟子貢庶幾焉。

張子曰："富有者，大無外；日新者，久無窮。"其旨深矣。

自矜自伐者，皆不能克有己之私也。

---

① "即"，原無此字，據沈刻本、乾隆本、四庫本補。

大而無外，天道之於穆也；久而無窮，天道之不已也。動靜者，陰陽也；所以動靜者，太極也。蓋太極有動之理，故動而生陽；太極有靜之理，故靜而生陰。

天地公共之理，人得之爲性。人能盡其性，是亦公共之理耳，無可矜伐者，故程子曰："達理則樂天而不競，[①]内充故退讓而不矜。"

在在處處、時時刻刻、事事物物，皆道也。須要識得。

聖人之言如蓍龜，曰吉則吉，曰凶則凶。

禮樂只在進反之間。蓋進而盈溢，樂也，以反爲文；退而收斂，禮也，以進爲文。

惟正足以服人。

孔子微辭奥義多在《繫辭》，伊川微辭奥義多在《易傳》。

德是得於心，行是德之見於事者。如仁義禮智，德也。仁形於孝親，義形於事君，禮形於長幼，智形於夫婦之類，[②]皆行也。

治夷狄之法，只當謹守疆場，勿使侵軼而已。窮治不已，必爲中國患，如秦皇、漢武是也。

二十三四夜深時，月初出東方，其終魄於東之光比未望載魄之光尤光明者，蓋初升之日光尤甚西下之日色，故其光明如此。

舍《五經》、《四書》與周、程、張、朱之書不讀而讀他書者，是猶惡睹泰山而喜丘垤也。

聖人不怨天，不尤人，心地多少灑落自在！常人纔與人

① "競"，原作"兢"，據沈刻本、乾隆本、四庫本改。
② "形"，原作"行"，據沈刻本、乾隆本、四庫本改。

不合即尤人，纔不得於天即怨天，其心忿忮勞擾，無一時之寧泰，與聖人之心何啻霄壤！

必上達乃有天知之妙。

《中庸》言“知天地之化育”，是聖人之心與天爲一。《論語》言“知我者其天乎”，是天與聖人之心爲一。

“學者多以言語觀聖人，而不察其天理流行之實，有不待言而顯者。是以徒得其言，而不得其所以言。”蓋能得其所以言，則於聖人之言仁，便知聖人身上何者是仁；言義，便知聖人身上何者是義。以至聖人凡所言之理，皆於聖人身上求其實，則天理流行之實有不待言而著者，可默識矣。

宋儒亦有流於禪者，不可不察。

偶見一伶人於三層桌上頭頂一小童，可謂危矣。因笑自喻曰：此伶、此童此際俱無邪心。[①] 何也？以恐懼之心勝也。賤技且然，君子學道，必常存戒懼之心，如處至危之地，斯無邪心矣。苟安於怠惰放肆，則無限之邪心竊從而生矣。

處事識爲先，斷次之。

當大任有一毫私心，人必見之。

人不自知其過者，不明也。

作官常知不能盡其職，[②]則過人遠矣。

處大事不宜大厲聲色，付之當然可也。

以己之欲知人之欲亦猶是，以己之勞知人之勞亦猶是，當推以同之。

省察存養，不可毫髮間斷。

---

① “此童”，原無此二字，據沈刻本、乾隆本、四庫本補。按，下言“俱無邪心”，則主語應爲“此伶、此童”。

② “知”，乾隆本作“如”。

作官一事不可苟。

朱子曰:"觀其始合之不正,知其終之有敝。"蓋人之相交,始合不以正,欲其無隙於終者難矣。故交在謹始。人以説而動,未有不失其正者。

礎潤而天雨,霜降而鐘鳴,氣類相感也。

心無妄思,口無妄言,[①]身無妄動,安得有差?故有差者,皆妄也。無妄之義大矣!

道無待於言而著。

無非道也,識者鮮矣。

人譽之,使無可譽之實,不可爲之加喜;人毁之,使無可毁之實,不可爲之加戚。惟篤於自信而已。

人之自立,當斷於心。若實見得是,當決意爲之,不可因人言以前却而易其守。

纔呼即吸,纔吸即呼,無纖毫之間。陰陽消息亦然。天人之理,一也。

"察於安危,寧於禍福,謹於去就,莫之能害也。"莊生之言亦可取。

輕言則人厭,故謹言爲自修之要。

靜可以制動。

大者弗察,掇拾小者以爲之,不知類甚矣!

人真實有命,不可以僥倖易其守。

心有開時,有塞時。[②] 開時見是理無物不有,無時不然,塞時則不見矣。故爲學要時時提醒此心,勿令昏塞。

---

① "口",原作"言",據沈刻本改。
② "有塞時",原無此三字,據沈刻本補。

孔子曰:“死生有命,富貴在天。”是皆一定之理。君子知之,故行義以俟命;小人不知,故行險以僥倖。

爲治,[1]遠者大者不務而近小是急,衆人之見也。

爲政須通經有學術者。不學無術,雖有小能,不達大體,所爲不過胥吏法律之事爾。

識量大,則毁譽、欣戚不足以動其中。[2]

必能忍人不能忍之觸忤,斯能爲人不能爲之事功。

“人不知而不愠”,最爲難事。今人少被人侮慢,即有不平之意,是誠德之未至也。

一念之善,景星慶雲;一念之惡,烈風疾雨。

恒人不可與言上,正猶徐無鬼、武侯之對也。

許魯齋曰:“世間巧拙俱相伴,不許區區智力爭。”此言宜念。

劉靖修,高士也;百世之下,聞其風者莫不爲之興起,誠足以廉頑立懦。

側媚小人,惟得是務,不自知其可賤也。

劉靖修有鳳凰翔於千仞之氣象。

未同而與言,古人所深恥。

要當渾厚中有分辨者在,乃可。

真是天理、民彝,不可泯滅。

立得脚定,却須寬和以處之。

但當自求其所未至者,[3]知不知在人,我何與焉?

法者,輔治之具,當以教化爲先。

---

① “爲治”,沈刻本作“事之”。

② “不”上,沈刻本、乾隆本有“舉”字。

③ “其”,原無此字,據沈刻本、乾隆本補。

習於見聞之久，則事之雖非者亦莫覺其非矣。

所貴於智者，爲能別賢否、分是非也。是非、賢否不能辨，烏足以言智？

舉萬物莫能尚，其過人遠矣。

昔周子惟程珦知之，宜其生二程爲道學之宗也。

千萬人一人，宜其識非常人所及。

止末作，禁游民，所以敦財利之源；省妄費，去冗食，所以裕財利之用。

聖賢惡異端，爲其陷人心，耗財用，貽害之大。

財出於民。費用廣，則財不足；財不足，則賦斂重；賦斂重，則民窮；民窮，則力竭；力竭，則本摇矣。

伍舉曰："私欲弘侈，則德義鮮少；德義不行，則近者騷離，遠者違距。"亦名言也。

無深遠之慮，樂淺近之事者，恒人也。

"其何能淑？載胥及溺。"《詩》之意深遠矣，非孟子孰能知之？

無妄語，入誠之門。深宜體此。

與人言，宜和氣從容。氣忿則不平，色厲則取怨。

民至愚，而神不可欺也。惟至誠足以動之。

劉立之謂"從明道年久，未嘗見其有暴厲之容"。宜觀明道之氣象。

德冠古今，功滿天下，皆分内事，與人一毫殊不相干，何矜伐之有？

進將有爲，退必自修。君子出處，惟此二事。

記曾點之言志，獨詳其本末，亦見道之大意者與？

《宋鑑》取予、是非未當者多，讀者宜自謹擇。

顔子爲仁之效，天下歸仁；仲弓爲仁之效，邦家無怨。其大小可見。

漢初君臣大抵尚詐，如躡足封信，蕭何賤市民田，漢祖詐游雲夢之類，①此其爲雜霸之治。

人有以自樂，則窮通爲一。

太史公作《屈平傳》，有感而然也。

太史公作《賈誼傳》，不載《治安疏》，載《吊屈原》、《鵩鳥賦》，亦有感而然。

漢法去秦無幾，觀武帝時可見。

天地上下同流，是乾道變化；萬物各得其所，是各正性命。

爲學只要分"理"、"欲"二字。

程子言"惡亦不可不謂性也"，此指理在氣中。荀子言"性惡"，則專主氣言，②故有不同。

孔子因堯、舜、三代之遺典，故得以删述贊修；朱子因濂洛諸儒之遺論，故得以折衷去取。

堯舜之道，非孔子無以明；濂洛之道，非朱子無以發。周子、程子、張子之學，非得朱子爲之發明，後世紛紛莫知所定論矣。

理無形也，假象以顯義。《易》卦、《太極圖》皆然。

使堯、舜、禹、湯、文、武、周、孔、顔、曾、思、孟、周、程、張子之道昭然明於萬世，而異端邪説莫能雜者，朱子之功也。韓子謂"孟子之功不在禹下"，余亦謂朱子之功不在孟子下。

---

① "詐"，沈刻本作"僞"。
② "主"，沈刻本作"指"。

氣有消息，[1]理無窮盡。

理無方體，無窮盡。

朱子門人陳北溪論理切實。

程子曰："在物爲理，處物爲義。"陳北溪曰："理是在物當然之理，義所以處此理。"

行道而有得於心之謂德。不但動時如此，雖靜而有得於心，即所謂德。

默而存之，有得於心，非所謂德乎？

非禮勿視、聽、言、動，便是克己；視、聽、言、動之合禮處，便是復禮。

程子曰："不仁者無所知覺，指知覺爲仁則不可。"竊疑知覺之所以能知覺者，由生理之流行而無間也。生理是仁，知覺是智。如人一身，生理周流無間是仁，有是仁方能知覺痛癢；生理不周流則不仁，不仁則不知痛癢，所謂"手足痿痹不仁"也。

仁則"滿腔子是惻隱之心"，故有知覺；不仁，則此心頑然無知覺矣。

"知覺"不可訓"仁"，所以能知覺者，仁也。

體言理，用言象，體用一源，言理而象在其中；顯言象，微言理，顯微無間，以象言而理在其中。

天以一理賦與萬物，人得其全，物得其偏。於全之中又有氣質昏明、強弱之不齊。惟生知上聖，氣得其清，於全者無所蔽；中人以下，則氣質昏濁而全者不能無蔽，與物之偏者無

① "有"，原作"無"，據沈刻本、乾隆本、四庫本改。按，"氣有消息"，是薛瑄的一貫思想，本書屢言之。

異，此人有近於物者。物於偏之中又有得其一端之明者，如雎鳩有别，蜂蟻君臣之類，此物有近於人者。但物之氣質之偏終爲所拘，不能通乎理之全。惟人能變化氣質，則有可通之理。故張子曰："善變之，①則天地之性存焉。氣質之性，君子有弗性者焉。"

不知言則無以知人。蓋知言則理明，於人之賢否無遁情，如鑑之照物。

臨川吴氏曰："太極無動静，故朱子釋《太極圖》曰：'太極之有動静，是天命之流行也。'此是爲周子分解太極不當言動静，以天命有流行，故只得以動静言。"竊謂天命即天道也，天道非太極乎？天命既有流行，太極豈無動静乎？朱子曰："太極，本然之妙也；動静，所乘之機也。"是則動静雖屬陰陽，而所以能動静者，實太極爲之也。使太極無動静，則爲枯寂無用之物，又焉能爲造化之樞紐，品彙之根柢乎？以是而觀，則太極能爲動静也明矣。

宋高宗，中興之主，陳少陽、岳飛皆死於讒佞，信用汪、黄、秦檜之奸邪，其不亡者幸而已！

水、火、木、金、土五行雖各具一性，却總是一個太極之理。但五行之氣各有所偏，故所得不全耳。如普照萬物，總是一個日光，而得其光者有偏全，由物有大小不同，而日光則本無不全也。朱子所謂"五行各一其性，而太極渾然之全體無不各具於一物之中，而性無不在"者，此也。

宋徽宗崇道教，真宗啓之也，其效可見矣。

語大，天下莫能載，萬物統體一太極也。語小，天下莫能

---

① "變"，沈刻本作"反"。

破,萬物各具一太極也。

戰國之時舉世趨利,而孟子言仁義,是以所如不合。

性如水,水本清,被泥沙濁了,便濁了,也只得謂之水。性本善,被氣質夾雜惡了,便惡了,也只得謂之性。故程子曰"惡亦不可不謂之性"者,此也。

人心無一毫私意,便與天地萬物之理相合爲一。

聖人教人,只是文、行、忠、信,未嘗極論高遠。

教人言理太高,使人無可依據。

聖人未嘗輕以理之本原語人也。

讀書録卷十

在天爲命，在人爲性，一而二，二而一者也。

理無空缺，與人心之性渾合無間。

“敬以直内”之語，自夫子始發之，至程朱發明其義無餘藴矣。

陽動之時，太極在陽中；陰静之時，太極在陰中；以天地萬物無所不在。此理不雜乎氣，亦不離乎氣也。

《太極圖》上一圈之中，沖漠無朕而陰陽、五行、男女、萬物之象已具，所謂體用一源也；陰陽、五行、男女、萬物而太極之理隨在，所謂顯微無間也。

程子曰：“以小人貪求不已之心移於進德，則何善如之？”此即孟子所謂“求有益於得者，求在己”者也。

董卓郿塢之金亦愚矣哉！身行不義，自斃而已，其能有之乎？

治亂無不自微至大，[①]看《復》、《姤》初爻可見。

惡由微以至大，《坤》之初六可見。

尚義，則道日長；尚利，則道日消；天下治忽分焉。

朱子超然遠引，當時小人方欲以利禄輕重之，是何異鴟

---

① “大”，沈刻本作“著”。

鴞得腐鼠而嚇鵷鸞也。

滔滔趨利之勢不已，必至於亂，非聖賢孰能救之？此《孟子》之書首言仁義以拔本塞源也。

人己，一也。浚人之脂膏以自肥，何其不仁如是哉！

《姤》一陰生於下，群陽不能自立，君子謹之。

夏月陽氣充盛，萬物暢茂，嘉美之會也。

《春秋》最重民力，凡有興作，小大必書。聖人仁民之意深矣！

秦惡聞其過而亡，漢好謀能聽而興，豈非千古之永鑑！①

天理本順，而自逆之，是故惡夫鑿者。

鳥知擇巢，人不知擇所處，可以人而不如鳥乎？

南宋之君大抵無剛明者，雖朱子之賢不能用，群奸得志終至僨國，豈非後世之鑑！②

昭烈、孔明抑於史筆之不公，至朱子《綱目》，然後大義明於萬世。

朱子《楚辭集注》成於晚年，所感者深矣！

元，劉靖修不屑就，其意微矣。

司馬公勸仁宗建儲一事，可謂大忠。

忠臣事君，視天下猶一家，非爲身謀也。

聖賢之言，專務明理，不尚文彩，然理明字順，自無不文。常人之言，專尚文彩，理苟未明，文亦何用？

萬物美惡、精粗不齊者，皆氣之爲也。

耳、目、口、鼻，小體也，皆能知聲、色、臭、味；心，大體也，

---

① “鑑”下，沈刻本有“歟”字。
② “鑑”下，沈刻本有“乎”字。

反不能知義理、是非，惑莫大焉！

或問“太虚”。程子曰：“亦無虚。”遂指虚曰：“皆是理，安得謂之虚？天下無實於理者。”朱子曰：“天下之理，至虚之中有至實者存，至無之中有至有者存。夫理者，寓於至有之中，不可以目擊而指數也。”觀程朱之言，可以知道矣。

萬事差錯，只是是非顛倒。

人欲肆而羞惡之心亡矣。

人猶知論人之是非，而己之是非則不知也。

吮癰舐痔而得車多者，小人之無恥也。

朱子曰：“程子言仁，本末甚備，今撮其要，不過數言。蓋曰仁者，生之性也；而愛，其情也；孝弟，其用也；公者，所以體仁，猶‘克己復禮爲仁’也。學者於前之三言者，可以識仁之名義；於後一言，可以知用力之方矣。”

因默念：“一陰一陽之謂道，繼之者善也，成之者性也。”竊以“繼”、“成”皆以氣言，貼“陰”、“陽”字説；“善”、“性”皆以理言，貼“道”字説。及撿陳北溪《性理字義》，與鄙意合，因志之。

朱子曰：“一陰一陽之謂道，太極也。繼之者善，生生不已之意，屬陽；成之者性，各正性命之意，屬陰。”

陰陽之外無一物。

繼善成性，無須臾止息。

往年在湖南，嘗行沅州北澗谷中，霧雨蒸濕；及登高山絶頂，則日光晴霽。俯視沅州城郭及衆山之低小者，雲氣浮繞，往來其間，駛如奔馬，開闔萬變，是時必雨於其下矣。以是知雲氣最低，方雲合而雨之時，日在雲上，未嘗不光霽也。

天最高，日月星辰次之，雲氣最低。凡雲氣皆在日月星辰之下，以是知其最低也。

邵子曰:“《乾》四十八而四分之,一分爲所剋之陰也。”蓋自《乾》至《泰》,《乾》、《夬》、《大有》、《大壯》、《小畜》、《需》、《大畜》、《泰》,凡八卦,共四十八爻。分作四分,每分十二爻。其三分三十六陽爻,其一分十二陰爻也。又曰:“《坤》四十八而四分之,一分爲所剋之陽也。”蓋自《坤》至《否》,《坤》、《剥》、《比》、《觀》、《豫》、《晋》、《萃》、《否》,凡八卦,共四十八爻。分作四分,每分十二爻。其三分三十六陰爻,其一分十二陽爻也。

忠如水之源,恕如水之流,一個忠做出百千個恕來,一個源流出百千道水來,即“忠恕而一貫”之旨明矣。自然體立用行者,聖人之忠恕也。盡己推己者,學者之忠恕也。曾子言“夫子之道,忠恕而已矣”,非謂學者盡己爲忠,推己爲恕也,姑借“忠”以明“一”之體,借“恕”以明“貫”之用。故知盡己推己其施無窮,則知一貫之理不盡矣。①

《中庸》之“忠恕”,乃學者盡己推己之正名,即程子所謂“動以人”也;《論語》之“忠恕”,乃聖人自然之忠恕,即程子所謂“動以天”也。

《太極圖》見天人合一之妙。

太史公言漢武帝譴死鈎弋夫人與凡有子之嬪御,爲能杜絶後來之女亂。是則然矣,亦非仁者之心也。誠使家法嚴,倫理明,則後世之女亂非所憂也,如文王之修身齊家以及天下。欲使萬物皆得其所,何至不仁如是乎?

張子曰:“鬼神者,二氣之良能也。”“良能”是其自然能伸能屈之妙。朱子曰:“鬼者陰之靈,神者陽之靈。”“靈”即所謂

① “理”下,乾隆本有“無”字。

“良能”也。

天地之開闔，世運之興衰，日月之往來，晝夜之變化，寒暑之推遷，萬物之始終，皆陰陽之氣屈伸消息爲之主，此鬼神所以體物而不可遺也。

海水是衆水之聚，與山澤通氣有源之水不同。嘗問海上居人，海水味鹹，其海中山島井泉之水却甘。以是知海水與有源之水不同。

陰陽不在五行外，太極亦豈在陰陽外？所謂精粗本末無彼此也。

周子言男女而萬物在其中，言萬物而男女在其内。互文也。

“魏公子無忌從車騎，虚左，迎侯生，生直上載公子上坐。”此“載”字亦“加載”之意，與老子、屈子、楊子“載魄”之“載”字同義。

聖賢之言皆平易易知。後世儒者有作禪語以見於文辭者，雖曰明理，失平易之意矣。

陳平以金間楚，即戰國之術。

有以釋、老機巧之言解吾書者，幾何而不陷於異端乎？

文、武、成、康之治，一變而爲春秋，再變而爲戰國，極矣！

朱子曰：“乾一而實，故以質言，而曰大；地二而虚，故以量言，而曰廣。”

程子《易傳》質慤精深，廣大微妙，朱子《本義》亦有不能出其外者。

程子之《易》主孔子，但與《本義》不合。①

① “但”，乾隆本作“多”。

人之爲學，當於性情上用功尤切。

知而不去爲智，雖知不能固守而去之，焉得爲智？

四方上下，往來古今，實理實氣，無絲毫之空隙，無一息之間斷。

《西銘》只是欲人存天理。

人物皆得天地之氣以成形，所謂“天地之塞，吾其體”；皆得天地之理以成性，所謂“天地之帥，吾其性”。體、性，人與物皆同，所謂理一也。然人得其氣之正而理亦全，物得其氣之偏而理亦偏。聖人尤得其氣之最清最秀者，故性極其全，與天地合德。賢者稟氣次乎聖人，[1]故其德出乎凡民，皆分殊也。

致知力行，惟在於實，一有不實，則不能造其極矣。

夫子四教，忠、信爲文、行之本。

思量萬事萬理，不過一實。

爲學不實，無可據之地。

人之所爲，一有不實即爲妄矣。

人而不實，無一而可。

人於“實”之一字，當念念不忘。隨事隨處省察，於言動、居處、應事、接物之間，必使一念一事皆出於實，斯有進德之地。

千言萬語只在實。

因讀“天地之塞，吾其體”之“塞”字，益知上下四方氣之充塞，無絲毫之空隙。

“天地之塞，吾其體”，得天地之氣以成形也。“天地之

---

① “氣”，原作“其”，據沈刻本、乾隆本改。

帥,吾其性”,得天地之理以成性也。踐形則能全天賦我之體,盡性則能全天賦我之理。知化窮神者,樂天而能踐形盡性也;無愧無忝者,畏天而求踐形盡性也。

古語云:“天定能勝人,人定亦能勝天。”如古者無道之世,若秦,若隋,若武氏之流,方其勢盛之時,虐焰如烈火不可近,此“人定勝天”也。及其罪盈惡稔,人怨天怒,剿絶覆亡之無遺育,此“天定勝人”也。善惡之報,豈不明甚?信古語之不誣。

繼之者善,化育之始流行而未已,陽也;成之者性,人物禀受一定而不易,陰也。

繼之者善,就造化流行上説;成之者性,就人物禀受上説。①

萬物至大者皆有外,惟理之大無外;萬物至小者皆有内,惟理之小無内。

天地萬物皆虚,惟理最實。

陰陽、五行、男女、萬物,太極都在裏許。

朱子謂《河圖》之數,不過一陰一陽、一奇一偶,以兩其五行而已。蓋《河圖》一六水,二七火,三八木,四九金,五十土;皆兩其五行也。自其著者觀之,則動静不同時,陰陽不同位,而太極無不在焉,所謂顯微無間也。自其微者而觀之,則沖漠無朕之中,而動静陰陽之理已具於其中矣,所謂體用一源也。

理、氣、象、數,初不相離。如《乾》之健,理也;其象,大象

---

① “上”,原無此字,據乾隆本補。

也;[1]其所以爲象者,氣也;氣之有次第節限者,數也。

《豫》上六曰:[2]"冥豫,成有渝,無咎。"《復》六三:[3]"頻復,厲,無咎。"皆廣遷善之門也。

以五乘十二,六十也;以十二乘五,亦六十也,即"參伍"之義。

《易》曰:"憂悔吝者,存乎介。""介"即周子所謂"幾善惡"也。

朱子曰:"大概看《易》須謹守《彖》、《象》之言,聖人自解得極精密平易。"竊觀朱子解文王《彖辭》,惟主孔子。

能"艮其背",便"不獲其身,行其庭,不見其人"。

孔子"惡利口之覆邦家"者,千萬世國家亂亡皆由於此。

"大人虎變,未占有孚。"如成湯自其征伐之先,已有傒蘇之望,是"未占有孚"也。

朱子之《易》,惟主卜筮,與程子異,其論亦有不出程《傳》之外者。

聖賢千言萬語,只要人存天理,去人欲。

天之道,知也;地之道,仁也。聖人與天地相似者,知、仁而已。知周乎萬物者,知也;道濟乎天下者,仁也。樂天知命,故不憂,知也;安土敦仁,故能愛,仁也。天地之道,不外乎仁智。聖人之道,亦不外乎仁知。此聖人與天地合德也。

《易》曰:"一陰一陽之謂道,繼之者善也,成之者性也。""繼"、"成"以氣言,從"陰"、"陽"字來;"善"、"性"以理言,從

---

① "大",沈刻本、乾隆本、四庫本作"天"。

② "六",原作"九",據乾隆本改。按,此爲《豫》卦上六的卦辭。

③ "復",原作"謙",據沈刻本、乾隆本、四庫本改。按,所引"頻復"云云,出於《復》卦。

"道"字來。

程復心《大學章句圖》首畫《太極圖》,中間着一"氣"字,是以氣言太極。周子"無極而太極",專以理言也。程説曰:"太極未有象,惟一氣耳。"是即漢儒異端之説,又豈識所謂太極哉!

《河圖》之一奇一偶,造化之一動一静,人之一呼一吸,皆一陰陽也。

東漢之規模不如西漢者,政以光武好吏事,不如高祖得人君之體也。

光武以讖緯論學,何以爲出治之本?

陰陽無時不相勝,陰退則陽勝陰,陽退則陰勝陽,一陰一陽相勝而不已也。

《剥》盡爲《坤》,陽生爲《復》;《夬》盡爲《乾》,陰生爲《姤》。聖人於陽曰"復",於陰曰"姤",扶陽抑陰之意也。

東漢黨錮,諸君子正不知群陰並長之時,而欲力勝之,難矣!

聖人之進退存亡,與造化消息盈虚之理爲一,異乎漢末諸賢矣。

漢末諸賢,先儒謂"一變則至於道"。

後漢賢者,刻意尚行,若不可及。概以中庸之道,則有不合者矣。

太極,理也,生物之本;陰陽五行,氣也,生物之具。男女萬物皆自此出,而理氣則渾融無間也。

至大者道也,聖人之門而道存焉。游其門者難爲言,可知矣。

三代之後有漢,世道之大降也。

地處天中而有盡，天包地外而無窮。

三代聖人皆以道治天下。漢高不喜《詩》、《書》，至溺儒冠。豈非世道之大降與？

漢高有功於天下，固大矣。其修身無本，治家無法，以詐御臣下，視禹、湯、文、武爲何如哉？

上下四方，理氣充塞，無窮盡，無方體。

無一時一事而無理，故當無一時一事而不習，此"學而時習之"也。今人特以執卷誦習爲"習"，此特習所知之一端耳，又豈能盡"時習"之功哉？

時時皆道，處處皆道，事事皆道，道不可離如此。存養省察之功，不可須臾或間也。

陰陽變易，自人身以至天地萬物，無時不然。知此，則知《易》矣。

人動作皆以天，則無妄；不以天，則妄矣。

曾點見夫人欲盡處，天理流行，鳶飛魚躍之意。

蓍龜雖是卜筮之物，聖人却未必用，而神靈之理已具。如武雖是殺人事，聖人却存此神武而不殺。

不假卜筮而知吉凶，所以説神武而不殺。

神武得其理而不假其物，猶蓍龜得其神之理而不假卜筮也。

顔子問仁，"專言之仁"，朱子以"心之全德"釋之，則仁、義、禮、智之德無不包矣。

《論語》多"專言之仁"。

體用一源是隱而費，顯微無間是費而隱。

程子曰："予所傳者辭也，由辭以得其意，則在人焉爾。"讀書之法，皆當由辭以得意。徒得其辭而不得其意，章句文字之學也。

只是循天理便有序而和，[1]故仁者禮樂之本也。

實理皆在乎萬物萬事之間，聖賢之書不過模寫其理耳。讀書而不知實理之所在，徒滯於言辭之末，夫何益之有？

大德敦化，理一也；小德川流，分殊也。

"維天之命，於穆不已"者，理一也；"乾道變化，各正性命"者，分殊也。

讀《西銘》，理明而心廣。

統天地萬物言之，一理也；天地萬物各有一理，分殊也。就天言之，天，一理也；而天之風雲雷雨之屬各有一理，其分殊也。就地言之，地，一理也；而地之山川草木之類各有一理，其分殊也。就人一家言之，一理也；而人之父子、夫婦、長幼之類各有一理，分殊也。就人一身言之，一理也；而四肢百骸各有一理，分殊也。就一國、天下言之，莫不皆然。就一草一木言之，一理也；而枝幹花葉之不同，分殊也。理一行乎分殊之中，分殊不在理一之外，一本萬殊，萬殊一本也。

一以貫之，即大德敦化；小德川流，即一理而分殊也。

天地間游塵紛擾，無須臾止息，無毫髪間斷，是皆氣機使然，觀日射窗屋之間可見。因有詩曰："日射屋山内，煙華幾丈虹。游塵從此見，長滿太虚中。"

爲學第一功夫，立心爲本。心存則讀書窮理、躬行踐履皆自此進。孟子曰："學問之道無他，求其放心而已。"程子曰："聖賢千言萬語，只是欲人將已放之心，收之反入身來，自能尋向上去。"皆此意也。

---

① "是"，沈刻本作"定"。

天地有動静之復，無善惡之復。人有善惡之復，有動静之復。聖人無復者，以善惡而言也。聖人之心，渾然至善，未嘗間斷，故不見其復。若動静之復，則亦有之。

趙宋立國規模不如漢者，以封建之法不立，無藩屏根柢之固，故一遭變故，蕩然不可維持也。

趙普自謂"以半部《論語》佐趙祖定天下"，[①]蓋亦大言而已，其實未見行《論語》一言也。如伯夷、叔齊求仁而得仁，使趙普真知此理，其肯定陳橋之策乎？

趙普克、伐、怨、欲必行，其功雖大，而德或未也。

尹和靖謂動静一理。伊川曰："試喻之。"適聞鐘響，尹曰："譬如未撞時，聲固在也。"伊川喜曰："且更涵養。"竊謂鐘未撞時聲固在，即心未感時理已存，陰未動時陽已具，皆動静一理也。

① "祖"上，乾隆本、四庫本有"太"字。

讀書録卷十一

誠即五常之實理，非五常之外别有誠也。如實有是仁、實有是義、實有是禮、實有是智是也。

即理而物在其中，即物而理無不在。

如未有此宫室，已有此宫室之理。及有此宫室，而理即在宫室之中。如未有天地萬物，已有天地萬物之理。及有天地萬物，而理即在天地萬物之中。所謂體用一源，顯微無間也。

《名臣言行録》載伊川爲講官時，文士歸其門者甚衆，而伊川亦以天下自任，"論議褒貶，[①]無所顧避"。竊疑此八字或記言者之過。[②] 伊川知《易》者，豈容信口議論褒貶而無顧避乎？

朱子曰："無極而太極，所以明夫道之未始有物，而實爲萬物之根柢也。"

人多於快意之事忘却道。

人爲學至要，當於妄念起處即遏絶之。予每嘗用力於此，故書以自勵。

---

① "論議"，乾隆本作"議論"。

② "竊"，四庫本無此字。"疑"，原無此字，據沈刻本、乾隆本、四庫本補。"記"，原作"訃"，據沈刻本、四庫本改。

忘與助，學者之通患。

宋徽宗結金人攻遼之事，始於童貫挾馬植來。小人之肇亂也如此。

太極只在乎動靜而已。

朱子稱周子曰："先生之精，因《圖》以示。先生之藴，因《圖》以發。"其曰"精"者，即無極而太極，陰陽、五行、男女、萬物也；其曰"藴"者，即包涵無窮之理也。

太極者，合天地萬物之理而一名之耳。

《易》有太極。"易"即陰陽，"太極"即道也。

澤藏珠而川媚，石藴玉而山輝，有本之謂也。莊子曰："聖人貴精。"此之謂與。

《河圖》、《洛書》，萬數、萬象、萬理之源。

天以至理示人者，《河圖》、《洛書》是也。

《太極圖》用功之要，只在"君子修之吉，小人悖之凶"。修之者，修此仁義中正也；悖之者，悖此仁義中正也。故"敬則欲寡而理明，寡之又寡，以至於無"。則静虚者，正也，義也，太極之體以立；動直者，中也，仁也，太極之用以行；而聖可學矣。

劉靖修《叙學》有博文之功，無約禮之實。或非其所作，或其少作也。

《河圖》具五行之數，春夏秋冬、元亨利貞、仁義禮智無不在焉。

《河圖》一六水，二七火，三八木，四九金，奇數二十，偶數二十，中虚五以象太極。是即"五行一陰陽，陰陽一太極"也。

兩儀、四象、八卦以至六十四卦，象數之理即太極也。象數、理氣渾然無間，理雖不雜，亦不離也。

伊川爲講官，以三代之上望其君，從與否則在彼而已，其肯自貶其道以徇之哉！

伊川、晦庵爲講官，時姑取以備故事、資口耳而已。二子即以真知力行望其君，宜其不合也。

《咸》九五："咸其脢，無悔。"脢，背肉，感所不見之地，則無悔。"武王不忘遠"當之。

《太極解》："未至此而修之"，"不知此而悖之"。"此"皆指中正仁義而言。

孟子論仁義禮智，即太極也。

中正仁義，性也；性即太極也。夫豈性之外復有太極，太極之外又有所謂性哉！

太極之理，《中庸》備之。

《六經》、《四書》之理，不出太極。

先儒曰："欲心一萌，便思理義以勝之。"即窒欲之要也。

古人有曰："不見可欲，使心不亂。"故四勿，視爲先。

人只是有己，故不能與天地同其大。其要，惟在克己。

《河圖》一六、二七、三八、四九之數各相合，《洛書》一六、二七、三八、四九之數各相近。

發明《大易》象數之原，始於邵子；繼之者，朱子也。

作《易》本原，不過夫子"《易》有太極，是生兩儀。兩儀生四象，四象生八卦"數語，但諸儒不之察，獨邵子、朱子能發明之。

《河圖》虚其中者，太極也。奇數二十、偶數二十者，兩儀也。一六、二七、三八、四九者，四象也。四實、四空者，八卦也。夫子"《易》有太極，是生兩儀。兩儀生四象，四象生八卦"之言，蓋本於此。

朱子論《易》象數，皆本於《大傳》。

《啓蒙》見作《易》之原與卜筮之本義。

聖人方静之時，正也，義也，寂也，太極之體以立；方動之時，中也，仁也，感也，太極之用以行。此聖人之一動一静，無非妙道精義之發，有不待言而著者。

學《易》只在語、默、動、静之間，須時時學之。

聖人方静之時，百體收斂，一心湛然，而萬理咸具。及其動也，隨感而應，動容周旋中禮。耳目有聰明之理，手足有恭重之理，以至人倫之間各有仁義禮智信之理，夫豈待言而後著哉？

天雖不言，而元亨利貞循環無端，運而爲春夏秋冬之序，發而爲温熱涼寒之氣，萬物生長遂成，各正性命，夫豈待言而後顯哉？

聖人發無言之教以示學者，當求聖人之道於一身動静應事接物之間，不可專求聖人之道於言語文字之際也。①

學須切問近思，方可見道不遠人。

《易》不外動静。

人之一動一静，而太極無不在焉。太極者，本然之妙也；動静者，所乘之機也。陰陽動静亦如此。

朱子論"喜怒未發之中"，曰："蓋當至静之時，但有能知覺者，而未有所知覺也。故以爲静中有物則可，而便以爲纔思即是已發爲《比》則未可；以爲《坤》卦純陰而不能無陽則可，而便以《復》之一陽已動爲《比》，則未可也。"

朱子曰："程子言'纔思即是已發'，能發明子思言外之

---

① "際"，沈刻本作"餘"。

意。蓋言不待喜怒之發，但有所思即是已發。此意已極精微，説到未發界至十分盡頭，不可以有加矣。”

庖丁解牛，人處常變之道備焉。

《夬》之上六不言陰有復生之理，獨於《剥》之上九言陽有復生之理，聖人扶陽抑陰之意也。

庖丁解牛，順其自然之理而行之，如“技經肯綮之未嘗”，逆理則“大軱”矣。

庖丁解牛，只是順理。

謝氏曰：“明道先生善言《詩》，未嘗章解句釋，但優游玩味，吟哦上下，便使人有得處。”又曰：“明道先生談《詩》，並不曾下一字訓詁，只轉却一兩字，點綴念過，①便教人省悞。②”竊觀朱子《詩傳》，只轉一兩字，點綴念過，蓋得明道談《詩》意也。

孔子教人，不語以未至者。

朱子《文集》有未爲定説者，如“盡心知性”一段，與“孟子盡心知性”集注不同，當以《集注》爲定説。

道體至《中庸》，發明顯著矣。

《復》之卦辭言造化之復，爻辭言人心之復。

知時識勢，學《易》之大方也。

朱子《與皇甫文仲帖》曰：“《本義》義理不能出程《傳》，但節得差簡略耳。”

朱子曰：“感是事來感我，通是自家受他感處之義。”

外聖賢之學，便是異端機權世俗之學。

---

① “綴”，沈刻本、四庫本作“掇”。下一“綴”字同。

② “悞”，沈刻本作“悟”。

許魯齋曰:“吾道大公至正,以天下公道大義行之,故其法度森然,明以示人。”竊謂異端正與吾道相反。

朱子曰:“孔子只説‘義之和爲利’,不去利上求利,只義之和處便是利。”又曰:“義者得宜之謂。處物得其宜,不逆萬物,即所謂利。”

程子曰:“敬義夾持,直上達天德自此。”爲學之要也。

張旭見擔夫與公主爭道及公孫大娘舞劍,而草書進,乃心嘗思念至此而感發。程子曰:“須是思,方有感悟處;若不思,怎生得如此!然可惜張旭留心於書,若移此思道,①何所不至!”此即無忘之意。

《師》初六爻辭曰:“師出以律,不臧,凶。”《象》曰:“‘師出以律’,失律,凶也。”“失律”即“不臧”也。

君子行有不得,皆反諸己,而無責人之心。

鳶飛魚躍,是道理無一毫之空缺處;逝者如斯,不舍晝夜,是道理無一息間斷處。

張子曰:“無天下國家皆非之理,學至於不責人,其德進矣。”

春夏之陽,木火之氣也;秋冬之陰,金水之氣也。此五行陰陽無餘欠也。

陰陽不在五行外,太極不在陰陽外。

公孫支言“夷吾忌克”。忌,猜疑;克,好勝。二者,人之大病也,不可不去。

知至至之。上“至”字是至處,下“至’字是到那至處;“知終”是終處,“終之”是終而不去。

---

①“思”,沈刻本作“心學”。

《夬》“剛”、“立”之稱，[1]見《比》卦傳。

自古作史者，苟非大公至正之人，愛憎取舍之間失其實者多矣。孟子曰：“盡信書，不如無書。”莊周曰：“儒者僞辭。”劉靖修詩曰：“紀録紛紛已失真，語言輕重在詞臣。若將字字求心術，恐有無邊受屈人。”數子之言，曲盡作史之弊。

蠹生木中，枝葉從之顛仆。《詩》曰：“顛沛之揭，枝葉未有害，本實先撥。[2]”故王者以治内爲本，内不治而末雖安，不足恃也。漢元、成、哀、平之世可見矣。

《列子》曰：“運轉不已，天地密移，疇覺之哉！”是天地之化，無一息之間。如人之自少而老，物之自盛而衰，無須臾之不變，但人自不察耳。

“無卜筮而知吉凶。”最宜詳玩。人所爲順理，即所謂“惠迪，吉”，又何必卜筮而後知吉乎！[3] 人所爲悖理，即所謂“從逆，凶”，又何必卜筮而後知凶乎！

無行所悔，[4]最爲難事。

雷擊而爲雷斧，星隕而爲石，是皆氣結而成者。以是知土石之類，皆天地之初，氣凝結而成，但剛爲陽，柔爲陰耳。

五行固有陰陽，就水、木、火、金、土上又各有陰陽。如水，陰也，其質屬陰，其氣屬陽之類。

---

① “夬”，沈刻本、乾隆本、四庫本作“夫”。

② “本”，原作“木”，據沈刻本、乾隆本、四庫本改。按，《詩經・大雅・蕩》：“本實先撥。”

③ “後”，原無此字，據乾隆本補。

④ “所”，沈刻本作“可”。

讀書續録

讀書續録卷一

往年因讀張子"心中有所開,即便札記,不思則還塞之矣"之言,遂於讀書心中有所開時,隨即札記。有一條一二句者,有一條三五句者,有一條數十句者,積二十餘年乃成一集,名曰《讀書録》。蓋以備"不思還塞",如張子所云者。近年又於讀書時,日記所得者,積久復成一集,名曰《讀書續録》。但有得即録,①不覺重復者多,欲皆刪去,而意謂既亦以備"不思還塞",則辭雖重復,亦可爲屢省之助云。河東薛瑄謹識。

"乾知大始,坤作成物。"造化生物皆乾爲之主,而坤則無所爲,惟順承天施而已。

造化人事皆以靜爲主。造化非專一翕聚,則不能直遂發散;人心非寂然不動,則何以酬酢天下萬事哉?

天地常久之道,元亨利貞而已;天下常久之理,仁義禮知而已。

天地萬物皆自微以至著。張子曰:"其來也幾微易簡,其究也廣大堅固。"

---

① "有"下,四庫本無"得"字。

乾元是氣之統體，無所不包，故曰統天。

只於鼻息之間，可見屈伸相感之理。吸之極爲屈，感得呼來爲伸；呼之極爲伸，又感得吸來爲屈。吸又感呼，呼又感吸，呼吸屈伸相感無端，與晝夜寒暑相感屈伸同一理也。

朱子《太極圖解》曰："太極者，本然之妙也；動静者，所乘之機也。"此《易》之"變易流行"者也。又曰："太極，形而上之道也；陰陽，形而下之器也。"此《易》之"交易對待"也。朱子所謂"易有兩義"者如此。

凡人動爲"震"，静爲"艮"，健爲"乾"，順爲"坤"，與夫入爲"巽"，説爲"兑"之類，皆"易"之用。故"易"之於人也，周遍而無窮；民之於"易"也，隨取而各足。

"聖人作《易》，因陰陽之實體，爲卦爻之法象。"是則卦爻之法象，無非模寫天地陰陽之實體而已。

卦爻未畫時，至虚至静之中而卦爻之理已具。及卦爻既畫，而天地萬物之理皆具於卦爻之中。故曰："《易》與天地準，故能彌綸天地之道。"

卦爻分明是天生的，聖人不過因其自然者畫出。

太極，性也；陰陽，氣也。論太極而不言陰陽，則徒知太極爲至善之性，而不知氣有昏明清濁之殊。故曰："論性不論氣，不備。"論陰陽而不言太極，則徒知陰陽之氣有昏明清濁之異，而不知太極爲至善之性。故曰："論氣不論性，不明。"雖然，太極即在陰陽之中，陰陽不在太極之外，理氣渾然而無間。若截理氣爲二，則非矣。

静聞鳥鳴風韻以至萬響，皆至理寓焉。

泛觀天地萬物之有形者，何往而非是道之所寓？程子所謂"顯微無間"者，當默會之。

《禮》曰："君子不盡人之歡，不竭人之忠，所以全交也。"此言有《易》道存焉。

"子在川上曰：逝者如斯夫！不舍晝夜。"是就水言道之往者過，來者續，無一息之停也。所謂道體正在水上，水尤易見道體，故發以示人。

邵子詩"玄酒味方淡，太音聲正希"，乃形容陽稚之意。

"元者，善之長也。"即亨、利、貞無非善矣。

仁道至大，是萬物皆仁也。[①] 看來天地之道只一"元"字都括盡，人道只一"仁"字括盡。

朱子論"無極而太極，所以動而陽，靜而陰之本體也。"動靜無時不然，[②]而太極無時不在。

太極即是中、正、仁、義，非四者之外又有太極也。

太極之有動靜，即天命之流行也，天命即元亨利貞也。

《中庸章句序》："繼天立極。""繼"字是從《易》"繼之者善"字來。蓋天理流注到聖人身上，聖人以身立極於天下，故謂之"繼天立極"。

"艮其背，不獲其身。行其庭，不見其人。無咎。"竊意"艮其背"一句是統説"艮，止也"。惟止得其止，故靜則不有其身，動則行其庭，不見其人。故《彖傳》曰："艮其止，止其所也。上下敵應，不相與也。是以不獲其身，行其庭，不見其人，無咎也。"可見"艮其背"一句是綱，下面卻分作兩支説。"艮其背"是止之本，下面兩支是止之效。

朱子曰："忠者，誠有是心而不自欺也；恕者，推待己之心

---

① "物"，乾隆本作"善"。

② "時不然"，沈刻本作"極"。

以及人也。”推其誠心以及人，則其所以愛人之道不遠於我而得之矣，此“忠恕違道不遠”也。

“忠恕違道不遠”，“道，即其不遠人者”，率性而已。

孟子曰：“強恕而行，求仁莫近焉。”故“忠恕違道不遠”。

所爲悖理，悔吝之應如響，故曰：“從逆，凶。”

四陽在内，二陰在外，爲《大過》。四陰在外，二陽在内，爲《小過》。

得意忘言，乃知讀書不可滯於言辭之間，當會於言辭之表。

言所以述理，不述理之言，其可尚乎？

天地之德，只是元；聖人之德，只是仁。元於四德無不統，仁于萬物無不該。①

理學不明，無往而不陷溺於異學。

心術不正，即事事不正。

理明心正，即所見所行皆出於正。

聽人之言，即知其心之邪正，所謂知言知人也。

《春秋》書：“楚子入陳。納公孫寧、儀行父。”左氏曰：“書有禮也。”夫二人皆淫亂之賊，陷君於惡；楚不能討其罪而戮之，復納于陳；謂之“有禮”，可乎？左氏學識之淺深可見矣。

程子曰：“知義之爲用而不外焉，可與語道矣。”蓋道即仁，而義即仁之用得其宜處，非仁之外又有義也，故程子云然。

非知周萬物者，不能辨天下之惑。

---

① “物”，乾隆本作“善”。

《河圖》之數，[1]木火土金水，春夏秋冬，元亨利貞；在人，肝心脾肺腎，仁義禮知信，萬理咸備。

文王《後天圖》，"離"南、"坎"北、"震"東、"兑"西，正《河圖》火、水、木、金之位也。

《河圖》之數，一陰一陽，一奇一偶，以兩其五行。五行，木、火，陽；金、水，陰。就五行觀之，一行又各具一陰一陽。如天一生水，地六成之，一爲陽而六爲陰；地二生火，天七成之，二爲陰而七爲陽之類。又如木之甲乙，火之丙丁之類，皆一行各具一陰陽也。

"四夷來王"本於"無怠無荒"，乃知人君一心之敬雖微，而遠人歸往之效甚大。

"聖人篤恭而天下平。"二帝、三王之治皆原於此。

邵子所謂"畫前有易"者，即朱子所謂"已定之形，已成之勢，則固已具於渾然之中，而不容毫髮作爲於其間也"。

"畫前之易"，即"沖漠無朕之中，萬象森然已具"也。

"涵養吾一。""一"即"主敬"也。

致中、致和爲難，涵養不可不深，省察不可不密。

心無所主，即動静皆失其中。

體用一原，顯微無間，默而觀之。

凡事分所當爲，不可有一毫矜伐之意。

伊、傅、周、召，王佐事業大矣。自其心觀之，則若浮雲之漠然，無所動其心。

天之道，公而已。聖人法天爲治，一出於天道之公。此王道之所以爲大也。

---

① "數"下，乾隆本有"在天"二字。

程子曰:“謂之變,則堅者腐,存者亡。”輪迴之説何其誕邪!

必“首出庶物”,而後“萬國咸寧”也。

“四時行,百物生,莫非天理發見流行之實。”所謂“天理”,即元亨利貞是也。“聖人一動一静,莫非妙道精義之著。”所謂“妙道精義”,即仁義禮知是也。在天爲天理,在聖人爲妙道精義,其理一也。

天理發見流行於四時行、百物生,不待言而可見。妙道精義著見於聖人之一動一静,又豈待言而後顯哉?[①]

須要實見得天理發見流行與妙道精義之實處,一一體認得分明,乃可見道。

觀《太極圖》,皆天理流行發見之實。“聖人定之以中正仁義,而立人極”,以至與天地、日月、四時、鬼神合德、合明、合序、合吉凶,皆妙道精義之著。

《太極圖》包括天地,貫徹古今。

偶見日影之移,與川流之意同。

鑿,穿孔也。枘,刻木端所以入鑿也。不量其鑿而納枘,其能入乎?

“太極,形而上之道也;陰陽,形而下之器也。”即是充塞天地。“太極,本然之妙也;動静,所乘之機也。”即是貫徹古今。

太極即理也,性也;故朱子《太極圖解》節節指出性言之。

太極,性理之尊號。

在天爲元亨利貞,在人爲仁義禮知,太極不外乎此也。

---

① “待”,沈刻本作“大”。

《中庸》言"中也者,天下之大本也",即仁義禮知皆中也,此專言之"中"也。周子言"聖人定之以中正仁義而主靜",此"中"只是禮之一德,偏言之"中"也。專言之"中",是未發之"中";偏言之"中",是時中之"中"。

天人合一,流通往來之理無間。

好善優於天下。若自用己能惡問人善者,[1]何以成事功?有一毫之矜飾,[2]即心馳於外,而氣象卑陋矣。

不知仁義道德爲美,其所事者皆外物也。心役物,不可役於物。

只循理而餘悉聽之天。

象數未形而其理已具,即"畫前之易"也。

用人不可不慎,才不稱事,事何以立?

聖人謂:"舉爾所知,爾所不知,人其舍諸?"正欲人各舉其所知也。必欲舉人皆出於己,何以公天下取人之道乎?

"天下之生久矣,一治一亂。"知《易》者,莫若孟子。

率仁義禮知之性謂之道。聖門專論求仁爲本心之全德,求仁得仁,即仁義禮知在其中,而率性之道不外是矣。

只循理便是行道。

程明道曰:"中有主則實,則外患不能入。[3]"此"實"字,指"主敬"而言。主敬則天理存而心實,外患自不能入。伊川曰:"中有主則虚,虚謂外邪不能入。"此"中有主",即"主敬"之"主"。主敬則理雖實而心體常虚,虚謂外邪不能入。又曰:"中無主則實,實謂物來奪之。"此"實"字指外物言,"中無

① "善"下,沈刻本無"者"字。
② "有"上,乾隆本有"人"字。
③ "則"上,乾隆本有"實"字。

主"謂不主敬，即中無主而天理不存，外物皆得以入，故曰"實"。實即物來填塞於中。

敬而和，處衆之要。

處己、事上、接下，皆當以誠敬爲主。

有不合當知幾，而不可妄求。《易》曰："浚恒貞凶。"

霍光小心謹慎，沉静詳審，可以爲人臣之法。

《易》於十二月《臨》卦二陽方長之時，已爲八月《遁》卦二陰初長之戒，聖人之遠慮如此。

《春秋》不言事應而事應具存。天道真可畏，未有虚發於前不應於後者。視天爲茫茫，不足與言天道。

聖人凡事皆謹於微，《姤》初六、《坤》初六之類可見。

道者，率性而已，皆出於天之元亨利貞，故曰："道之大原出於天。"

本領之學，天命之性是也。

守約施博，體用之謂也。

守約，斂之，退藏於密；施博，放之，彌滿六合。

學到口不言而心自得者，乃可言自得也。

造化萬物皆從虚中來。故程子謂《老子》"玄牝"一章最善，亦謂虚中生萬化，所謂谷神也。

伊尹、周公但能輔其君爲太甲、成王而已，固不能輔之爲成湯、文、武也。

學《易》最要知時識勢。不然，茫然不知吉凶悔吝之機。

無極而太極，便是元亨利貞、天命之全體渾然而未分者。動而生陽，静而生陰，即天命之流行也。

"天何言哉！四時行焉，百物生焉，天何言哉！"聖人以道體告子貢，而子貢未喻也。

默識心通，活潑潑地，無物不有，無時不然，不爲物累，覺得身心甚輕。

自古以來，汲汲於外物之求者，併與外物漠然無存矣。外物果何益哉？

天地之塞，氣也，形而下者也；天地之帥，理也，形而上者也。氣也，理也，渾合而無間者也。

“定之以中正仁義而主靜。”蓋“義”與“正”爲靜，“中”與“仁”爲動。以“中”與“仁”爲動，是以“中”、“仁”之用言也。

只爲外物所累大重，便不能有爲。

清心省事，爲官切要，且有無限之樂。

靜坐中覺有雜念者，不誠之本也。惟聖人之心，自然真一虛靜，無一毫之雜念。

莊生“各有儀則謂之性”，朱子有取焉。

陰陽迭爲消長。《夬》之後，《姤》即繼之；《泰》之後，《否》即繼之；《剥》之後，《復》即繼之；此即吉凶貞勝之理。

嘗提省此心，勿令昏蔽妄馳，即處事少錯矣。

無忘無助，即天理存。

心切不可外馳。①

未應事時，常持守此心勿失。應事時，省察此心勿差。既應事了，還持守此心勿失。

常主敬，則心便存；心存，則應事不錯。

切不可聽人之言而隨和之。故聽不外馳，即無知誘物化之失。

視聽、言動，善惡、吉凶、悔吝之幾皆由於此。檢察身心，

---

① “心”上，乾隆本有“一”字。

只在視聽言動上用工夫。

聽人之言而隨和之，而不知其言之是非得失，此修己第一失也。

自秦漢以來，不知自何時《易》之圖象不傳於世。如王輔嗣作《易解》，只自"乾，元亨利貞"經文以下皆不論其圖象。至邵子得《先天圖》於希夷，而圖象始明。①

《易》圖象本原，至邵子復明。

因見園中花草茂盛，曰："此即顯諸仁也。"

窮通醜好之説，士大夫所當知。

在天成象，在地成形，萬狀彌滿於天地之間，皆顯諸仁也。而其所以然，②乃藏諸用也。

粲然者，顯諸仁；隱然者，藏諸用。

君子思不出其位，而天下定矣。

"四夷來王"本於"無怠無荒"。故知以威武服遠人者，末也。

三風十愆。遵其戒則治，違其戒則亂。

二五事之疇：貌、言、視、聽、思，恭、從、明、聰、睿，肅，又哲、謀、聖，乃踐形盡性之學。

朱子曰："道則天人性命之理。"天命，元亨利貞也；人性，仁義禮知也。理統性命而言，天人之學貫於一。

收斂檢束身心到至細、至密、至靜、至定之極，作事愈有力。

凝定、靜密，自不外馳。

---

① "而"下，沈刻本、乾隆本、四庫本有"後"字。
② "所以然"，原作"所然以"，據沈刻本、乾隆本、四庫本改。

不知操持此心,則馳騖出入,無一息之寧。靜虚,則萬理咸具於寂然之中;動直,則感而遂通天下之故。此聖所以可學也與!

欲寡而理明,則心虚而自無克伐怨欲之累。①

人之一動一靜,即陰陽之動靜也;一動一靜之理,即一陰一陽之道。人能順動靜自然之理,即與陰陽動靜之道相合矣。

朱子曰:"聖人,太極之全體,一動一靜無適而非中正仁義之極。"蓋太極動而爲中與仁,靜而爲正與義,即太極之全體也。

循理即率性也。自一身之耳目、口鼻、手足、百體各順其則,以至人倫庶事各得其宜,皆循理也。

"知化則善述其事。"化者,天地之化,一過而無迹,如陰陽之變化是也。知陰陽之變化,則凡率性而行、見諸事爲之間者,無非天地之事,猶孝子之善述其事也。"窮神則善繼其志。"神者,②妙而不測,如天命之神明是也。有以窮之,則吾性之全體無非天地之志,亦猶孝子之善繼其志也。化以氣言,故曰:"知化則善述其事。"志以理言,故曰:"窮神則善繼其志。"謂之知,猶知化育之知,默與之契,非但聞見之知也。③ 謂之窮,則洞見天地之心,猶《易》所謂"通神明之德",心與之相合,無一毫之間也。如天地陰陽五行變化之道,④體之吾身而有動靜五常之道,則所行者無非天地之事矣。通

① "虚",沈刻本無此字。
② "者"下,乾隆本有"天地之神"四字。
③ "非",沈刻本無此字。
④ "如",乾隆本、四庫本作"知"。

天地元亨利貞神明之德，體之吾心而有健順五常之性，則所存者無非天地之心矣。然神者，天地之本，化者，天地之用，必窮神而後知化也。知天地之變化而行事循乎天理，皆"知化而善述其事"也。知天道之本原而存心純乎天理，即"窮神而善繼其志"也。①

《剥》上九"碩果不食"，言陽有復生之理，《夬》上六不言陰有復生之理。十月純《坤》而初六之中陽已生，至十一月冬至成一陽爻爲《復》，聖人則言"復，亨"。四月純《乾》而初九之中陰已生，至夏至成一陰爻而爲《姤》，聖人則有"羸豕蹢躅"之戒。聖人扶陽抑陰而贊天地之化育者，可見矣。

"致中"是"窮神繼志"之意，"致和"是"知化述事"之意。

《剥》窮於上而陽生於下，②《夬》決於上而陰生於下。以此見陽固未嘗有息，③而陰亦未嘗可絶。陰陽消息相因之理微矣。

仁義禮知，道也。道出於天之元亨利貞，故曰："道之大原出於天。"

天人一理也。天有不能爲人所爲者，人有不能爲天所爲者，此其分殊也。

太極者，性理之尊號。道爲太極，理爲太極，性爲太極，心爲太極，其實一也。

不可於中正仁義之外求太極。

"上天之載，無聲無臭。至矣！"舉《中庸》之義而約言之。是無極太極之理，《中庸》言之備矣。道是自然之理，不待盡

---

① "而"，原無此字，據乾隆本補。

② "生"，沈刻本作"回"。

③ "固"，沈刻本無此字。

己推己而後然。未至於自然之理，誠能盡己之忠，推己之恕，則至自然之理爲不遠也。

天命之性，太極之理也。

天之晝夜陰陽，人之語默動静，皆與道爲體，運行而不息也。

仁即道也，能以愛己之心愛人，則盡仁道也。

明道作字甚敬，曰："非欲字好，只此是學。"推之，凡事皆然。

《河圖》木、火、土、金、水，即人心所具肝、心、脾、肺、腎之形，仁、義、禮、知、信之德，是人心上自有一《河圖》也。

《河圖》之數，五行一陰陽也，陰陽一太極也，太極本無極也。

萬化之本原，中也；[①]一心之妙用，和也。聖人之能事，致中和，天地位，萬物育也。學問之極功，言復聖之事也。

天下之本在國，國之本在家，家之本在身，身之本在心。心正、身修、家齊、國治、天下平，王道不過如此。

此理在天，未賦於人物謂之善，已賦予人物謂之性。故朱子《太極圖解》曰："其動也，誠之通也。繼之者善，萬物之所資以始也。其静也，誠之復也。成之者性，萬物各正其性命也。"《孟子》言"性善"，指理之在人心者而言；《易》言"繼之者善"，指理之在造化者而言。其實一也。

"時中"，即性之發而爲情，中乎節者便是。性，即未發之中也。

太極既無聲無臭，而又可圖之乎？當默識於《圖》之表。

---

① "中也"，原作"也中"，據沈刻本、乾隆本、四庫本改。

勿忘，最是學者日用切要工夫。人所以心與理背馳者，正緣忘於有所事耳。誠能時時刻刻不忘於操存、省察等事，即心常存而天理不忘矣。

萬物惟其同一氣，故皆同一理。

一氣一理，渾然無間。萬物各得一氣一理，分之則殊，合之則一。

"聖人定之以中正仁義而主靜。""主靜"，即《中庸》"立天下之大本"也。

三綱五常爲萬事之本，綱常立而萬事舉。唐、虞、三代治天下之道，不外乎此。

中是道理得其恰好處。

太極即《易》、《書》、《詩》、《春秋》、《禮記》、《四書》所言性、[①]天道之理，非性、天道之外别有太極也。

守約是守此心性之理，施博是推此心性之理。

誠者，自成也，天命之性也；而道，自道也，率性之道也。

"己欲立而立人，己欲達而達人"，仁者之事。小人反是。

誠是性之真實無妄，非性之外别有誠也。聰明、睿知、生知之資而具仁義禮知之德，即"性之"之聖人也。

萬物並育，道並行，大德敦化，太極之體也；不害不悖，小德川流，太極之用也。

天道流行而賦於萬物。其流行者，即"繼之者善"也；賦於萬物者，即"成之者性"也。

渾然性理，無方所，無内外。非知道者孰能識之？

性命合一，即學貫天人矣。

---

① "性"下，乾隆本有"與"字。

天人之理,同條而共貫者也。

格物致知到豁然貫通處,即所謂"天下無性外之物,而性無不在"也。

天地萬物,分雖殊而理則一,所以可格而致其知。

中者,天地萬物所全具之理;和者,天下古今所共由之道。只中、和二字,包括無窮之理,其要只在心。

大哉乾元!萬物資始。至哉坤元!萬物資生。始者,氣之始;生者,形之始。萬物資乾元爲氣之始,即資坤元爲形之始。是則坤元之氣即乾元之氣。坤無所作爲,惟順承天施而已。

朱子曰:"道者,天理之自然,[1]中而已矣。"是則"中"者,其道理之總名與。

朱子曰:"知其性分之所固有,職分之所當爲,而各俯焉,以盡其力。"千古聖賢之學,只是學於此而已,舍此皆是俗學。

讀《易》謹察象、占二字,斯得《易》之本義。

荀卿之托身黄歇,楊雄之失節莽賊。[2]

子曰:"邦有道,危言危行;邦無道,危行言孫。"其知幾乎!

一本萬殊。一本,[3]於《太極圖》見之。

一貫即中和之義。

程子言"忠恕",所以明聖道之體用。

一貫之妙,於《太極圖》見之。

---

① "自",乾隆本作"當"。

② "賊"下,乾隆本有"皆非知幾者"五字。

③ "一"上,沈刻本、乾隆本、四庫本有"萬殊"二字。

直書其事，其義自見。此實《春秋》之本義。[①]

顔子幾於無我，觀曾子之言可見。

即至著之象，顯至微之理，無物不然。

程子曰："《復》，其見天地之心。一言以蔽之，天地以生物爲心。"朱子論仁本於此。

"咸其輔頰舌"，"艮其輔，言有序，悔亡"。發言之失得可見。天地自然之"易"，所見皆是。

天地、陰陽、晝夜、四時、人物、男女，萬物、始終，皆真"易"充滿六合，[②]貫徹乎古今也。

象、數，自《河圖》始。滿天地間無非象、數也，而理在其中。

顔子"犯而不校"，[③]蓋不知物我之有間。

常人纔有觸，即有不平意，只是量小。

"犯而不校"，最省事。

只可潛修默進，不可求人知。

待人而人不信，只可自反其忠。

《禮運》曰："人者，其天地之德，陰陽之交，鬼神之會，五行之秀氣也與！"此言與《太極圖》頗相合。

律吕。律，法也，述也；吕，助也，助陽以宣氣也。統天地萬物，一氣之變化。

天下古今萬物萬事，皆陰陽之變化，而理爲之主。

天地間只一氣，因有動静，故有陰陽剛柔之分。先儒言

---

① "義"，沈刻本作"矣"。

② "滿"下，乾隆本有"乎"字。

③ "校"，原作"較"，據乾隆本、四庫本改。下"犯而不校"同。按，《論語·泰伯》："犯而不校。"

之詳矣。

舉目皆實理實氣,此外無一物。

程子言“天本廓然無窮”。知此,道大無窮可知矣。

只順理而行,都無一事之勞擾。

順理心安,身亦安矣。

易簡處事,自無勞擾。

事來只順應之,不可無故而先生事端。

進修皆分内事,與人何所干涉而求知乎?爲善求人知者,皆非爲己之學也。

韓子曰:“未聞響大而聲微者也。故君子務求響之大,而不可急於聲之大。”

《易》曰:“震無咎者存乎悔。”動其補過之心可以無咎,此日新之要。

又曰:“憂悔吝者存乎介。”“介”即周子所謂“幾”也。於此憂懼,豈復有悔吝乎?

凡事皆能謹於幾微,則不至於差之大矣。“四時行,百物生”,皆與道爲體,運乎晝夜,未嘗息也。

太極自能生兩儀、四象、八卦,加倍生生而不容已,所謂“生生之謂易”也。

卦爻皆陰陽奇偶之變易,皆氣也;而太極,理也。理不雜乎氣,故一卦一爻皆有太極焉。

卦爻,形而下之器也;太極,形而上之道也。

朱子解曾點言志處有三節。其曰:“曾點之學,蓋有以見夫人欲盡處,天理流行,隨處充滿,無少欠缺。故其動静之際,從容如此。”此一節言其應對之際也。其曰:“而其言志,又不過即其所居之位,樂其日用之常,初無舍己爲人之意。”

此一節言其言志也。其曰:“而其胸次悠然,直與天地萬物上下同流,各得其所之妙,隱然自見於言外。”此一節又是想象曾點言外之意與聖人之志同處,便是天地氣象也。

誠者,聖人之本。誠爲太極。太極之有動静,是天命之流行也。天命爲太極。天下無性外之物,而性無不在。性爲太極。一陰一陽之謂道。道爲太極。聖人定之以仁義中正而主静,立人極焉。仁義中正即太極。以主宰而言謂之帝。帝即太極。以妙用而言謂之神。神即太極。以理而言謂之天。天即太極。德無常師,主善爲師;善無常主,協於克一。一爲太極。喜怒哀樂未發謂之中。[1] 中爲太極。心統性情。心爲太極。“惟皇上帝,降衷於下民。”衷爲太極。繼之者善也。善爲太極。太極者,至大,至極,至精,至妙,無以加尚,萬理之總名也與!“上天之載,無聲無臭,至矣!”[2]

《易》言“繼之者善也”,此“善”字實指理言也;孟子言“性善”,此“善”字虚言性有善而無惡也。然孟子言“性善”,實自“繼之者善”來,因“繼之者善”,故性有善而無惡也。

無適而非道,但當隨時隨處識得分明,行得切實耳。

《大傳》曰:“初率其辭,而揆其方,既有典常,苟非其人,道不虚行。”朱子曰:“方,道也;始由辭以度其理,則見其有典常矣。然神而明之,則存乎其人也。”是則凡聖賢之書,無非度天下之理,必神而明之,則人與理爲一。不然,則書自書,人自人耳。“神而明之,存乎其人”,融會貫通之謂也。

“神而明之”,“亦足以發”之謂也。

---

① “未發”,原無此二字,據乾隆本補。按,《禮記・中庸》:“喜怒哀樂之未發,謂之中。”

② “矣”下,乾隆本有“同”字。

至“神而明之”，乃有得矣。

陰陽有實體，有實氣。天地者，陰陽之實體也；寒暑者，陰陽之實氣也。然實體、實氣非有二也。

知言則知人。纔聽人之言，便知其於是理有是非。

常存心於義理，久久漸明。存心於閑事，即於義理日昧矣。

無忘，無助長，最切於日用之功，而無忘尤急。

處事最要妥貼定善，①即無瑕隙之可議。

“中人以上，可以語上也；中人以下，不可以語上也。”須謹守此訓，斯無失言之過。

“夫子之言性與天道，不可得而聞也。”在子貢尚如此，況不及子貢者乎！

交馳於聲利之場，而此心存焉者，②寡矣！

一切外物放下，緊緊於身心上用力，斯得近裏之效矣。

放下一切外物，覺得心閑省事。

人心感而遂通天下之故者，元亨，誠之通。寂然不動者，利貞，誠之復。天人合一之理也。

理之散在天地萬物各殊者，小德之川流；理之本於一源深遠不已者，大德之敦化。小德者，即大德之分；大德者，即小德之具。體用一源，非有二也。

朱子曰：“鬼神，謂凡奇偶生成之屈伸往來者。”蓋生也，伸也，來也，皆神也；成也，屈也，往也，皆鬼也。

“嘉言罔攸伏，萬邦咸寧。”古之聖君賢臣，皆樂聞善言以

---

① “妥貼”，沈刻本作“安帖”。“定善”，乾隆本作“周詳”。

② “存焉”，原無此二字，據沈刻本、乾隆本、四庫本補。按，闕“存焉”二字，此條文意幾乎不可解。

成善治。若君臣皆惡聞正言，有可慮者矣。

窮理者，窮人物之理也。人之理則有降衷秉彝之性，物之理則有水火木金之性，①以至萬物萬事皆有當然之理，於衆理莫不窮究其極而無一毫之疑，所謂窮理也。窮得人之理，必須盡仁義禮知之性；窮得事物之理，必須使事物各得其宜；所謂盡性也。理也，性也，皆天命之元亨利貞也。窮理盡性與天命無一毫之間，所謂至命也。曰理，曰性，曰命，雖無彼此之殊，曰窮，曰盡，曰至，則略有先後之序矣。此先儒之成説，愚竊述之。

凡聖賢之書，神而明之則在乎人也。

内史過曰："敬，禮之輿也；不敬，則禮不行。"春秋之時議論如此，猶有先聖之遺訓焉。

百里奚曰："行道有福。"即"自天祐之，吉無不利"，即"永言配命，自求多福"之意。

充滿天地皆元氣流行，此仁道所以爲大也。

天乃陽氣之實體，地乃陰氣之實體。

元亨利貞、仁義禮知之道，流行古今，充塞宇宙，無物不有，無時不然。聖人性之而無不盡，賢者復之而求其至，凡民則日用而不知也。

中，只是性情未發已發，不偏不倚，無過不及便是，非性情之外别有中也。庸，只是此中平常之理便是，非中之外别有庸也。② 已發之中，無過不及者處便是和，非已發之中、中節之外别有和也。

---

① "金"下，乾隆本有"土"字。

② "庸"，沈刻本作"用"。

庖丁解牛，只是順理。人處事能順理，即如庖丁無全牛矣。

程子謂未出門時，“此儼若思也”。[①] 又曰：“未接物時，只主敬便是爲善。”皆發先聖所未發。古人云：“自勝者強。”抑暴猛之氣，克方縱之欲，皆自勝之強也。彼血氣之勇，烏足謂之強哉？

虚中無我，惟善是從。

偏執己私而不能從善者，由無克己之功也。

異端邪誕之説，欺惑萬世，貽害萬世。

舜處父子兄弟之變、湯武處群臣之變、周公處兄弟之變、聖人處人倫之變而不失其正者，亦惟盡乎天理之當然而已。

程子曰：“古之爲學，專養性情。”蓋性者，仁、義、禮、知，乃道之體；情者，惻隱、羞惡、辭讓、是非，乃道之用。故養性情即學道也。

太極涵萬物，萬物統體一太極也；萬物分太極，物物各具一太極也。

即天地萬物觀之，渾然一理，遠邇大小之間，萬物統體一太極也。即天地萬物分而言之，天有太極，地有太極，萬物有一太極，一物各具一太極也。

太極之理，其大無外，其小無内，上下四方無一毫空缺之處，而天地萬物自不能外。此太極常包涵乎天下萬物，如大海之水包涵夫水之百物，所謂萬物統體一太極也。就天地萬物觀之，各有一太極，如海中之百物各得海水之一，所謂萬物各具一太極也。

---

① “思”下，乾隆本有“時”字。

惟其萬物統體一太極，故萬物各具一太極。

一國一家，常使外有可虞，内有可懼，則警畏常存而國家安。

心無外者，可以當大任。

命有以理言者，天命之謂性是也；有以氣言者，死生有命是也。

數自《河圖》始，理在其中。

"維天之命，於穆不已！"於《太極圖》見之。

不度事勢之可否，故妄作。

六十四卦、三百八十四爻，皆陰陽之變，所謂《易》也。而一卦一爻之理，即太極也。

周子曰："太極動而生陽，静而生陰。"朱子解曰："太極，本然之妙也；動静，所乘之機也。"是太極即在陰陽之中。周子又曰："陽變陰合而生水火木金土。"①朱子解曰："五行各一其性，而渾然太極之全體無不各具於其中。"是太極即在五行之中也。以太極生兩儀言之，兩儀陰陽而太極無不在，即所謂"太極，本然之妙也；動静，所乘之機也"。以兩儀生四象言之，四象即水、火、木、金，而太極無不在，即所謂"五行各一其性，而太極渾然之全體無不各具於一物之中"也。由八卦至六十四卦，三百八十四爻，每卦每爻，無非奇偶陰陽；卦卦有太極，爻爻有太極，氣之所在，理隨在焉。夫豈有虧欠間隔哉？

太極自能生兩儀、四象、八卦，加倍生生而不已，所謂"生生之謂易"也。

---

① "木"，原無此字，據乾隆本、四庫本補。

聖人與曾點言志處全在言外。蓋曾點當春氣和煦之時，“浴乎沂，風乎舞雩”，見夫天地上下，同流不息；飛潛動植，萬物各得其所；此時曾點之心即“對時育物”之心，乃聖人“物各付物”之妙。故曰：“與聖人之志同，便是天地氣象。”此夫子所以與點也。

《無逸》一書只是敬與怠，故其效不同。殷之三宗與文王，無逸而敬也，故有永年之效。[1] 自時厥後立王，[2]生則逸，逸則不敬也，故享年不永。

天之道，只是陰陽之理；人之道，只是動静之理。

聖人只教人求仁。蓋人之性雖有四，而仁無不統。能求仁而克盡己私，復還天理，則四者之性無不全，而天下之萬善，豈復有加於此哉？

元亨利貞、仁義禮知之道，流行古今，充塞宇宙，無物不有，無時不然。性之者，聖人也；復之者，賢人也。百姓則日用而不知矣。

天理，元亨利貞也；民彝，仁義禮知信也。天理、民彝，一而二、二而一者也。

程子曰：“沖漠無朕，萬象森然已具。未應不是先，已應不是後。”蓋未應，有已發之理具，故不是先；已應，有未發之理在，故不是後。

元亨利貞，古無此名，至文王彖《易》，乃立此四言以釋《乾》卦。元，大也；亨，通也；利，宜也；貞，正也。文王意謂乾道大通而至正，筮得此卦六爻不變者，其占當得大通而必利

---

① “效”，沈刻本作“故”。
② “立”，沈刻本、四庫本作“帝”。

在於正固,乃可以保其終也。至孔子爲《傳》,遂分爲四德:元爲始,於時爲春;亨爲通,於時爲夏;利爲宜,於時爲秋;貞爲正固,於時爲冬。此即天理之流行而賦於物者,所謂"天所賦爲命"也。是命賦於人爲性,元爲仁,亨爲禮,利爲義,貞爲知,所謂"人所受爲性"也。率是性而行,所謂道也。

理既無聲無臭,陰陽亦變化不常,是豈得而圖之?周子作《太極圖》,不過假象以顯義耳,學者要當默識其理於圖像之表。苟只於圖中溺意以求之,又焉有超然自得之妙哉?

天命即天理也。《詩》曰:"永言配命,自求多福。"朱子解曰:"常自省察,使其行無不合於天理,則盛大之福自我致之,有不外求而得矣。"

太極只是性。朱子曰:"乾男坤女,以氣化者言也,各一其性而男女一太極也。萬物化生,以形化者言也,各一其性而萬物一太極也。"又曰:"天下無性外之物,而性無不在。此無極二五渾融而無間也。"則太極只是性可見。

朱子曰:"性爲之主,而陰陽五行爲之經緯錯綜,又各以類而凝聚、而成形焉。"即所謂"上天之載,無聲無臭,而實造化之樞紐,品彙之根柢"也。

朱子曰:"聖人,太極之全體,一動一靜,無適而非中正仁義之極。"是則太極即中正仁義也,四者之外別無太極。

太極合性命而統言之,其致一也。

先儒曰:"凡有形者皆爲氣,無形者皆爲密。"而密即理也。

凡涉於有爲者皆氣,其無爲者道體也。

體用一源,顯微無間。隨時隨處見之。

性理難強以語人,可語者必其人也。

韓子謂："世無孔子，不當在弟子之列。"其自任如此。

"夬履，貞厲。"非但居高自任剛決，雖正亦危。凡人居顯位，操勢柄，遇事果行不顧者，亦若此占也。

素履最吉，以其不爲物誘，而率其所履者也。

韓子曰："觀貌之是非，不若論其心與行事之是非可否爲不失。"足以破相術之謬。

周子《誠》上章，誠即太極也。"大哉乾元！萬物資始。誠之源也"，即陽動也。"乾道變化，各正性命。誠斯立焉"，即陰静也。"純粹至善者"，即太極之理有善而無惡也。"故曰：一陰一陽之謂道"，陰陽即動静也，道即太極也。"繼之者善"，即誠之源也。"成之者性"，即誠斯立焉。"元亨，誠之通"，即太極動而陽也。"利貞，誠之復"，即太極静而陰也。"大哉易也，其性命之源乎"，"易"即陰陽互根，[①]動静循環，而"性命之源"即陰陽動静之理，太極是也。《圖》與《書》相表裏如此。

心常存，即默識道理，無物不有，無時不然。心苟不存，[②]茫無所識，[③]其所識者，不過萬物形體而已。

理不外乎氣。惟心常存，則能因氣而識理。天理無聲無臭，[④]自非存心體認之久，不能默悟其妙。[⑤]

道之大原出於天。聖賢發明其理，言各不同，其明道一也[⑥]。

---

① "互"，原作"立"，據乾隆本、四庫本改。按，"陰陽互根"是此書的一貫説法。
② "苟"，沈刻本、四庫本無此字。
③ "茫"上，沈刻本、四庫本有"即"字。
④ "天"，沈刻本、四庫本作"性"。
⑤ "妙"下，沈刻本、乾隆本、四庫本有"也"字。
⑥ "其明道"，沈刻本、四庫本作"而理則"。

庖丁解牛而枝經肯綮之未嘗者，只是處事順應，①殊無齟齬也。②

朱子曰："中者，不偏不倚、無過不及之名；庸者，平常也。"蓋"不偏不倚"，解五性渾然未發之"中"；"無過不及"，解性發爲情各中其節之"和"。"庸"即性情未發、已發，皆平常之理。非性情之外，別有所謂庸也。

周子《通書·誠》上、《誠》下等章，皆與《中庸》相表裏。

性者萬善之一源，即無極而太極也。

天命、天道、天理、天性、天德，一也。

天地間可見者，皆造化之迹；其不可見者，密也。

《太極圖》五行各一圈，雖曰各一其性，各一太極，其實初無空缺處。但自統體者分之，各有一太極耳。男女萬物各有一太極，亦如此。

太極，其大無外，共小無内。分而言之，天、地、人雖各具一太極，合而言之，則統體一太極也。

道無所不在，故莊子有"道在稊稗、螻蟻、瓦礫之類"之言。程子言"莊生形容道體之言，亦有之"。此類是也。

"鬼神"字始見於《書》，而詳於《易大傳》。

陳北溪曰："如鼻中呼吸是氣，那靈處便屬魂；視聽是體，那聰明處便是魄。"

太極上一圈是天地之性，陰陽、五行、男女、萬物各一太極，是氣質之性。然氣質之性，即天地之性隨在氣質中，非有二也。

---

① "應"，沈刻本、乾隆本、四庫本作"理"。

② "殊"，沈刻本、乾隆本、四庫本作"自"。

程子曰:“在物爲理,處物爲義。”體用之謂也。如在父子有仁、在君臣有義之類,是在物之理也。處之各得其宜,所謂義也。

隋文聽獨孤言,以廣易勇;晋武聽楊后言,不易衷;後來皆致亂。婦言可畏如此。

義理精則能辨是非、定予奪,故《綱目》非朱子不能作。

知覺運動之蠢然,人與物同者,人皆知之;仁義禮知之粹然,人與物異者,知之者鮮矣。

《中庸》言“道”,皆“率性”之謂也。

中庸不可能者,以人不能得性情之正也。私欲盡則性情得其正,而中庸可能矣。故日用求中庸之道者,不外乎性情得其正也。

人纔動便有差,只是妄動;不妄動則不差矣。

行之而不著,習矣而不察,學者之通患也。程子曰:“古之學者,專務養性情。”蓋養性情即求中庸之道也。

朱子曰:“五性之殊,散爲萬事。”是萬事皆一性,性即太極也。太極動而生陽,神之伸也;静而生陰,鬼之屈也。屈伸相感,動静相因,循環無端,“易”之謂也。

《太極》、《通書》皆相表裏。

朱子曰:“聰明睿知,神武而不殺者,只是譬喻蓍龜雖未用而神靈之理具在,猶武是殺人底事,聖人却存此神武而不殺也。”又曰:“神武,得其理而不假其物之謂。”又曰:“神武不殺之言,只是譬喻,謂聖人已具此理,却不犯手。”

朱子曰:“明道愛舉‘聖人以此齋戒,以神明其德夫’,雖不是本文意思,要之意思自好。”養性情便是爲善,便是學道。

全體呈露,是仁、義、禮、知、信之性;妙用顯行,是惻隱、羞惡、辭讓、是非之情。

全體呈露，是大德之敦化；妙用顯行，是小德之川流。

全體呈露，是“維天之命，於穆不已”；妙用顯行，是“乾道變化，各正性命”。

交人而人不敬信者，只當反求諸己。

善莫大於取人之善。

凡事皆當推功讓能於人，不可有一毫自德自能之意。

性情之外無道。

性者道之體，情者道之用。體用一源，顯微無間。

朱子解剥《太極圖》，括盡周子《圖説》，至爲精密。

《易》只是陰陽、剛柔、仁義三極之道，一太極也。

仁之道大，仁即天地之元也。元於天之四德無不統，仁於人之四德無不貫，其大可知。

朱子曰：“道之顯者謂之文。”即所謂體用一源，顯微無間也。

人之寐，陰也，闔也；寤，陽也，闢也。一寐一寤，一陰一陽，一闔一闢，即所謂《易》有太極也。物有本末，不可分本末爲二物；道有體用，不可分體用爲二致。

渾然天理而與物無間，道器合一也。

《左氏》孟獻子曰：“禮，身之幹也；敬，身之基也。”此言猶有先王之遺教焉。

劉子曰：“民受天地之中以生，所謂命也。”中也，[①]命也，即天命之性也。

《召誥》敬德之言不一而足，則古大臣告君之本端在

① “中”，沈刻本作“忠”。

此矣。

萬物統體一太極，理一也；萬物各具一太極，分殊也。舉天下萬物總而言之，[①]只是一理，即理一也；就天地萬物分而言之，各有一理，即分殊也。理一貫乎分殊之中，分殊不在理一之外。

《詩》曰："永言配命，自求多福。"朱子曰："命，天命也，天命即元亨利貞也。永言配命，即己之仁義禮知之德合乎天命，則自然順理而多福矣。"

"君子行此四德，[②]故曰：'乾，元亨利貞。'"聖人與天地合德也。

晋伯宗每朝，其妻必戒之曰："盜憎主人，民惡其上。子好直言，必及於難。"後伯宗果爲三郤所害。伯宗之妻有先見之明如此。

仁爲天之尊爵，則禮、義、知、信皆仁所統也。"惟深也，故能通天下之志。"只是見理透徹。學不明，[③]所見皆淺末之事。

修道之教，正是聖人贊天地之化育。

只循理，凡事無不順序。

---

① "下"，乾隆本作"地"。
② "德"下，乾隆本有"者"字。
③ "明"下，乾隆本有"理"字。

讀書續録卷二

天下之大本，中也；所謂萬化之本原也。

《洛書》以沖子、孺子稱成王，皆不可曉。周公雖元聖，豈可以此稱其君？不可解。

《無逸》書曰："昔在殷王中宗，嚴恭寅畏，天命自度，治民祗懼，不敢荒寧。"此數言皆主敬而言，治天下之本不外乎此。

《太極圖》水、火、木、金、土五圈，雖曰各具一太極，其實初無間隔，渾然一理已具，而五行各得其一。天地萬物皆如此。

《無逸》書，有天下者不可不斯須熟念而力行之也。

"裕蠱，往見，吝。"從容治蠱，而蠱益深。

大臣行事，當遠慮後來之患，雖小事不可啓其端。

上卦苟止，下卦巽順而無爲，所以成《蠱》。①

爲學只是學天理、人倫，外此便非學。

亦有小廉曲謹而不能有爲於事，終無益。

大化滔滔，竟莫知所止。

即《太極圖》觀之，無極而太極者，體用一源也；陰陽、五

① "成"，原作"盛"，據乾隆本、四庫本改。按，此處講解《蠱》卦，作"成《蠱》"爲是。若言"盛蠱"，則不合句意。

行、男女、萬物者,顯微無間也。蓋無極而太極,沖漠無朕而萬象已具,故曰體用一源也。陰陽、五行、男女、萬物,各具太極之理,故曰顯微無間也。

即太極之理而言,已具有陰陽、五行、男女、萬物之象,故曰體用一源也;即陰陽、五行、男女、萬物之象而言,太極之理無所不在,故曰顯微無間也。

即太極而言,已具兩儀、四象、八卦以至六十四卦、三百八十四爻之象,故曰體用一源也。

即兩儀、四象、八卦、六十四卦、三百八十四爻而言,太極之理無往不在,故曰顯微無間。

自理而言,沖漠無朕而天地萬物之象已具,故曰體用一源;自象而言,即天地萬物之著而沖漠無朕之理各在,故曰顯微無間。

程子又曰:"沖漠無朕,萬象已具,未應不是先,已應不是後。"蓋未應,而已應之理具存,故不是先;已應,而未應之理常在,故不是後。

"萬物統體一太極",可見道之極大無外,[①]其小無内,渾然無間斷處。

沖漠無朕而萬象昭然已具。[②] 蓋纔有理即有象,初非懸空之理與象分而爲二也。

微者,理也;顯者,象也。理不離象,故曰一源;象不外理,故曰無間。

《易》有太極,是生兩儀,兩儀生四象,四象生八卦。謂之

---

① "極",乾隆本作"其"。
② "昭",沈刻本作"照"。

生，則一齊生就，非有片時之間斷也。無極而太極，太極動而生陽，靜而生陰，以至陽變陰合而生水火木金土，真精妙合，氣化生男女，形化生萬物。竊意其初理爲之主，而一齊造化生就。

"性即理也，千萬世論性之根基。"朱子所以明程子之言也。

太極，理也；陰陽，氣也。理只在氣中，非氣之外懸空有太極也。朱子曰："此無極而太極也，所以動而陽、靜而陰之本體也。然非有以離乎陰陽也，即陰陽而指其本體不雜乎陰陽而爲言耳。"

理與氣一時俱有，不可分先後。若無氣，理定無止泊處。

即行事之公私，而可知其人矣。

體用一源，理包乎象；顯微無間，象不外乎理。微陰眇重淵，至於六陰盛長。知幾者當謹乎此。

"不能三年，而緦小功之是察；放飯流歠，而問無齒决。"不能於大而謹於細也。

但明其理而不求諸事，則所明之理虚而無用；但求諸事而不明其理，則所求之事未必皆出於理之正。必明其理而求諸事，求諸事而明其理，俾理在於事皆有的實，事合乎理而不違戾，斯理明事當，而知行兩得矣。

明理所以處事，徒明其理而不能處事，則所明之理爲無用矣。

事事物物皆有理，就事物上明得理透徹，斯可處事物各得其當矣。

明理是格物致知事。理明而後，誠意、正心、修身、齊家、治國、平天下之事，可次第用力也。

天下無性外之物，萬物統體一太極也；而性無不在，一物各具一太極也。語大，天下莫能載，萬物統體一太極也；語小，天下莫能破，一物各具一太極也。

自太極之體，統貫乎陰陽、五行、男女之用，所謂體用一源也；即陰陽、五行、男女、萬物之用而各具夫太極之體，所謂顯微無間也。

言貴乎時。

雜念多，雜言多，能存乎道者鮮矣。惟一念、一言專在於道，則久久自然。①

雜言多最害正理，以其與道相忘也。

不雜亂多言而心自存，心存而於道其庶乎！

天命云者，實理之源。性，乃天命賦與人物之實體；道，即率性當然之實用；教，因性、道、體、用之實而品節之。蓋《中庸》一書不過一誠，而誠即性命之實理推之萬事者也。

體用、顯微不曾間斷相離爲二物。

沖漠無朕之理與昭然之萬象一時俱有，非先有理而後有象也。

非象則理無所寓。

兩儀、四象、八卦，以至六十四卦、三百八十四爻，天地間自有此象，所謂畫前之《易》也。性者，人所受之天理，仁義禮知之性是也。天道者，天理自然之本體，元亨利貞之常是也。性命，一理也。

勿忘最切於學者。與道相悖者只是忘之，而念不在是也。

---

① "然"下，乾隆本有"有得"二字。

論閒事，閒言語多；論義理，精切之言語少；欲其有得也，難矣！

學問實自靜中有得，不靜則心既雜亂，何由有得？

順理便是順天。天之外無理，理之外無天也。

誠即性命之實，非性命之外别有誠也。

晋悼公即位，任官各得其人，所以復伯。① 況王者能用天下之賢，使各舉其職，何患天下不治乎？

渾渾然理氣無窮盡、無方體，而天地萬物畢貫爲一。切問近思，最於身心有益。

是非之心，人皆有之。反之，有不可曉者。

篤志力行而不知道，終是淺。

只於文辭議論是非得失，而不本於道，終是淺。朱子論前輩有云。

事往之非者，②不可拈起説。

有從逆而饗福者，幸也。

譊譊所爭者，真細事耳，令人厭之。

群居不可泛言雜駁不近正理之事。謹之。

子曰："忠告而善道之，不可則止，無自辱焉。"此章有《易》道存焉，蓋能見幾知止也。

人臣當各立於其職，不可有出位之思。

應事最當知幾。

人不能受言者，不可妄與一言。

至言非常人所能知。

---

① "伯"，四庫本作"霸"。

② "者"，沈刻本無此字。

范氏曰："予於《采薇》，見先王以人道使人，後世則牛羊而已矣。"觀此，則先王之仁厚豈可及哉？

子路曰："未同而言，觀其色赧赧然，非由之所知也。"故與人未合者，切不可強與之言。① 曾子曰："脅肩諂笑，病于夏畦。"觀此，則君子之所養可見。

物外即身外之物也，②其實不足爲身之重輕。孔子以不義之富貴爲浮雲，信然。

舜禹之有天下而不與。蓋天下雖大，不能加性分之毫末。

試看千古以來溺於外物者，竟亦何益於己？但垂貪不知止之名而已。

未發之中，大德之敦化；已發之和，小德之川流。中者，大本也；和者，達道也。大本爲體，達道爲用。體用一源，顯微無間，於此可見。

大德敦化，是萬物之一源；小德川流，是萬物之殊體。一源流而殊體，殊體本乎一源，非有二也。

萬物並育而不相害，道並行而不相悖。並育，指飛潛動植而言；並行，指日月四時而言。並育、並行，皆大化之源，故曰大德敦化。不害、不悖，則自大化中流出，如飛潛動植各遂其生而不相害、日月四時代明錯行而不相悖，故曰小德川流。然大德敦化者，小德川流之本；小德川流者，大德敦化之分。大德敦化如泉源，小德川流如泉源散而爲千支萬派，③其實皆理氣之一源，達而爲理氣之萬殊。分而言之，各有體用之

---

① "之"，沈刻本作"人"。
② "物外"，乾隆本作"外物"。
③ "流"，原作"源"，據沈刻本、乾隆本、四庫本改。

别;合而言之,則體用一源也。

謹言最是難事。只與人相接,輕發一言而人不從,便是失言。不可不謹。

《易》曰:“庸言之信。”[①]庸常之言,人以爲不緊要,輕發而不慎。殊不知一言之妄即言之失。故庸言必信,德之盛也。

凡事必有徵驗之實乃可言,不然即妄言者多矣。

《小學》一書,不出乎父子、君臣、夫婦、長幼、朋友之五倫;五倫不出乎仁、義、禮、知、信之性。是則性也者,其《小學》之樞紐也歟。

太極、陰陽、五行、男女、萬物,理氣混合爲一,元無間隔。就中細分之,則陰陽、五行、萬物,各具一太極也。

理氣真實不可分先後。

動之前爲静,静中有太極;静之極爲動,動中有太極。程子所謂“動静無端,陰陽無始”也。

周子《通書》,《誠上》、《誠下》、《誠幾德》、《聖》、《慎動》、《道》六章,只是一個性字,分作許多名目。

洪纖高下,飛潛動植,各具此理。所謂“各正性命,誠斯立焉”也。

偶見柳花悠楊高下,因悟造化流行、雍容自然之妙。

《通書》一書,不外乎太極、陰陽、五行、男女、萬物、萬事之理,與《太極圖》一一相合無間,惟細玩之可默悟其妙。

《通書》一字一義,皆與《太極圖》相合。

---

① “之”,原作“必”,據四庫本改。按,“庸言必信”是荀子言,此處引《易》,應作“庸言之信”。

人動處有差，造化亦有差，如寒暑不時，福善禍淫之不當者。朱子云然。

《四書集注》下小注脚，程、朱外諸家固有發明《集注》者，而穿鑿者尤多。許魯齋所謂"彌近理而大亂真"者，不獨異端爲然。

大哉乾元，萬物資始；至哉坤元，萬物資生。纔資始即資生，無須臾之先後。

元亨，誠之通；利貞，誠之復。大體春夏爲誠之通，①秋冬爲誠之復。然物亦有生於秋而成於夏者，亦有生於春而成於夏者，②亦有生於春而成於秋者，亦有生於夏而成於秋者。凡一物始終，即一物之元亨誠之通、利貞誠之復也。

"中人以上，可以語上；中人以下，不可以語上。"教人者當謹守此言，與人談論亦當謹守此言。

聖賢真是人不能識。如程明道去聖人爲不遠，陳襄薦明道謂其可爲風憲之職，是豈足以知明道哉？

《通書·聖第四》朱子語録曰："須知此大哉乾元，萬物資始以上，更有寂然不動。"竊意大哉乾元，萬物資始，是太極動而生陽，乃太極之用流行者也。動前即陰静，而陰静之中乃太極之體立，豈非寂然不動者乎？

朱子曰："知者，心之神明，所以妙衆理而應萬事也。"故知不昧，斯能妙衆理而應萬事。日月之間，③知最爲切要，或茫不知理之所在而應事不差者，鮮矣。

---

① "體"，四庫本作"抵"。
② "成"，沈刻本作"誠"。
③ "月"，乾隆本、四庫本作"用"。

孔子得堯舜、三代之事實文章，[①]乃可以致删述；朱子得濂、洛、關中師弟子之議論著述，乃可以成傳注。故孔子集群聖之大成，朱子集群賢之大成，其揆一也。

許魯齋《答竇先生書》中間一節議論，深識命、時、勢三者，蓋深於《易》者也。

不知時識勢而妄爲，即孟子所謂“小有才，而不知君子之大道”也。[②]

如黄河滔滔之下流，而欲捧塊以塞之，愚之甚矣！

《莊子·人間世》篇揣摩人情世態，曲盡而無遺言。當察受否？識微者知之。

凡天地萬物有形而可見者，皆乾道變化，各正性命，誠斯立焉。

“色斯舉矣，翔而後集。”大而出處，小而交接，皆當見幾而作也。

履霜而知堅冰之必至，羸豕而知蹢躅之有孚。故凡事必謹於微，微不謹，必至於著矣。

《中庸》末章引《詩》曰：“衣錦尚絅。”如此方是爲己之學。有一毫求知之心，即非爲己之學矣。

曾點言志，便是道也者，不可離也，[③]可離非道也；無物不有，無時不然。

曾點言志，便是太極、陰陽、五行、萬物流行，各得其所之妙。

曾點言志，便是乾道變化，各正性命，誠斯立焉。

---

① “堯舜三代”，乾隆本作“三代堯舜”。

② “也”，原無此字，據乾隆本補。

③ “可”下，乾隆本有“須臾”二字。

朱子曰:“曾點之學,蓋有以見夫人欲盡處,天理流行,隨處充滿,無少欠缺。”即取之左右逢其原,“語大,天下莫能載;語小,天下莫能破”,“道也者,不可須臾離也”之意。

觀曾點之志,雖至小之事,不可妄爲。是何也?以道無不在也。

天理流行,即陰陽動静而太極無不在,理雖不雜乎陰陽,亦不離乎陰陽也。

元亨利貞之流行,即天理之流行,無一息之間斷,無一毫之欠缺。所謂天理流行,隨處充滿,可以心悟,不可以目睹也。

太極之有動静,是天命之流行也。天命之流行,即天理之流行也。

體即微,顯即用。體用一源,先言體而用在其中;顯微無間,先言用而體不能外。

《夬》之九三曰:“壯于頄,①有凶。君子夬夬,獨行遇雨若濡,有愠無咎。”故決小人之道,貴乎不係私愛,雖若與之合,而終能不露形迹以夬之也。②

程明道不用文字。蓋誠意既不能動人,文字何補?

古之聖人,不語人以未及。

言實未易聽,必允迪厥德,然後謀明弼諧。③

聖人雖教人不倦,亦未嘗輕以大本大原語人。觀《論語》問答處可見。

《姤》之時義,大矣哉!朱子曰:“幾微之際,聖人所謹。”

① “頄”,沈刻本作“趾”。
② “夬”,乾隆本作“決”。
③ “謀”,乾隆本、四庫本作“謨”。

待人當宏而有節。

天地不交，無以成化功；上下不交，無以成治功。

神無方而易無體，就《太極圖》亦可見。太極或在陰中又在陽中，或在陽中又在陰中，此神無方也；或在陰又爲陽，①或爲陽又爲陰，此易無體也。究而言之，陰陽之易無體，太極之神無方。氣與理，②蓋未嘗離也。

程子《萃・彖傳》曰："有無、動静、始終之理，聚散而已。"聚則爲有，爲動，爲始；散則爲無，爲静，爲終。萬物死生之理，如此而已矣。

張子曰"一故神"，即"神無方"；曰"兩故化"，即"易無體"。

大抵少能省己之失，惟欲尋人之失，是所謂"不攻己之惡，而攻人之惡"，大異乎聖人之教矣！

不能深識事幾，妄爲而中實，③亦可恥也。

聖人最惡訐人之陰私。

物我彼此，渾然一理，但所得之分各殊耳。

程子所謂"豁然有覺處"，覺者，悟此理精粗本末渾然一致也。

程子曰："雜信鬼怪異説者，④只是不先燭理。"

不相知者，雖終日同處亦不知也。

進退出處，只當居易俟命。

無妄主於人，庶幾不失所守。

---

① "在"，乾隆本、四庫本作"爲"。
② "氣"下，沈刻本有"也"字。
③ "實"，乾隆本作"窒"。
④ "鬼"下，乾隆本有"神"字。"異"下，乾隆本有"之"字。

游程、朱之門者，[1]得其傳者，有其人與？

爲學只是要知性、復性而已。朱子所謂“知其性之所有而全之也”。

體用一源，即體而用已具；顯微無間，即用而體不外。雷二月發聲、八月收聲者，氣之動静也。

人不謀諸己，而强爲之謀，彼即不從，是謂失言。日用間此等甚多。人以爲細事而不謹，殊不知失言之責，無小大也。謹之。

日用間纖毫事，皆當省察謹慎。

孔子五十而知天命。子貢以“夫子言性與天道，不可聞”。若開口即論天命、性與天道，聽者果能入乎？

《四書》滿天下，聖經賢傳妙旨無窮，讀者果能真知其理而實踐之乎？

學術不造乎高明正大，則所就之事業卑陋可知。

日用體認仁義禮知之性於所存所發之際，最是爲學之切要。

實氣、實理，充塞而無窮盡，流行而無止息。

大無外，小無内，一實理、實氣貫之。

春而元始，[2]夏而亨通，秋而利遂，冬而貞固，一實氣、實理貫通流行，如循環之無端。

天地人物之理渾合而無間，但其中自有條理，所謂理一而分殊也。

知道則言自簡，是何也？以非道不敢言也。

---

① “者”，乾隆本無此字。

② “元”，原作“大”，據乾隆本改。按，此處以春夏秋冬配合元亨利貞，“大”應作“元”。

句句着實不脱空，方是謹言。

温公謂“誠自不妄語始”。信哉，斯言也。

信口亂談者，無操存省察之功也。

謹言是爲學第一工夫。能謹言，則句句是實理；不能謹言，則句句是虚談。言是實理，則能實其行矣；言是虚談，則必不能踐其言矣。

信口亂談妄道，真猶病風狂而不自覺也。

元城劉忠定力行“不妄語”三字，至於七年而後成。力行之難如此，而亦不可不勉也。

行仁義謂之道，行道而有得於心謂之德。道、德、仁、義，名雖殊而理則一也。

道、德、仁、義、禮、知，一理也。老子乃謂“失道而後德，失德而後仁，失仁而後義，失義而後禮”。是分道、德、仁、義、禮爲五也。

老子言道德而外仁義，果可謂之道德乎？韓子謂其“去仁與義而言道德”，亦可謂深知老子之失矣。

人臣事君，當竭忠盡誠，雖細事不可欺，雖曲禮皆當謹。

不知道，即不知所行之是非。

三才雖各一太極，又總是一太極。如天有元亨利貞，地亦有元亨利貞，人亦有元亨利貞。分而言之，爲三才各一太極。合而言之，地與人之元亨利貞，即天之元亨利貞。是三才各一太極，又總是一太極也。

朱子曰：“天即理也，逆理則獲罪於天矣。”然則欲免獲罪於天，必須事事所爲合理，即順乎天而無事於禱矣。

逆理而獲罪於天，不特禱於奥灶而不能免，雖禱於天亦無益也。

朱子答學者之問,多告之以性與天道之妙,乃聖賢接引後學不得已之盛心也。必若待中人以上之資始告之以此,則可告者亦少矣。是則孔子所言者,教人之正也;朱子之接引後學者,權也。

讀正書,明正理,親正人,存正心,行正事,斯無不正矣。

斯須不可不近正人,斯須不可不行正道。

《五經》之後,《大學》、《論》、《孟》、《中庸》,程朱《易傳》、《義》、《詩傳》、《四書集注》,周子《太極圖説》、《通書》,張子《西銘》。

《中庸》二十二章言至誠,三十一章言至聖,三十二章又言至誠,三章之義,融而會之可合於一。二十二章言至誠盡己之性,即三十一章至聖盡仁義禮知之事。"溥博如天,淵泉如淵",即三十二章"立天下大本"之事。其曰"盡人之性"、"盡物之性",即三十一章"洋溢施及中國、蠻貊"之事,即三十二章"經綸大經"之事。其曰"贊化育與天地參",即三十一章"配天"之事、三十二章"知天地化育"之事。究而言之,一"誠"而已。

夏月暑氣鬱蒸,萬物發生暢茂。

邪説異端,斯須不可近,爲害至大。

堯、舜、禹、湯、文、武、周、孔、顔、曾、思、孟、周、程、張、朱,正學也。不學此者,即非正學也。

《四書》頃刻不可不讀。

大要當洗滌盡此心之欲,有一毫之欲未盡,即本體蔽昧,而用失其當矣。

心性爲天下之大本,必涵養純一寧静,則萬事由此而出者,皆天理之公矣。

心如水之源,源清則流清,心正則事正。

涵養省察,雖是動静交致其力,然必静中涵養之功多,則動時省察之功易也。

周子《通書·誠幾德》章,“幾”字兼“善幾”、“惡幾”而言。《聖》章“誠神幾”,此“幾”字專以“善幾”而言。

《中庸》只説“未發”、“已發”,周子又指“未發已發之間”説“幾”字,乃發前聖所未發也。

《易》曰:“憂悔吝者存乎介。”此“介”字似周子“幾”字。《中庸》示人静存動察,功已密矣。周子又發出動静之間“幾”字,教人於此用力,又功之至密至密者也。

静坐洗心,殊覺快愜。

《易》中“幾”字,乃周子“幾”字所自出。

一切外物皆不可思,思之又未必得,得之又無所益。不若專思義理,至於久而精明純熟,則可以馴達天道矣。

用力於曲學之差,[1]矻矻終身而無所得。

韓文所以高於諸子者,以約六經之旨而爲之也。先儒猶謂其“先學文,失進爲之序”,況爲文不本於六經義理,徒取文士之辭華,綴集而敷衍之者乎!

自勝者強。克己最爲難事,不可不勉。

周子曰:“果而確。”克己之功當如是。

宴安之私最難克。

宴安鴆毒。此言當深省。

體用一源者,即源而流在其中;顯微無間者,即流而源不外是。

---

① “用”,原作“周”,據四庫本改。

《書》曰:“顧諟天之明命。”即天之元亨利貞賦於人爲明德、仁義、禮知也。[①]《中庸》所謂“天命之謂性”是也。

至善即明德之極處,非明德之外别有一理爲至善也。

“惟天下至聖,爲能聰明睿知,足以有臨也。[②]”唐、虞、三代以下,漢、唐、宋之君有如是之德者乎?無如是之德,欲其行二帝三王之道,難矣。

朱子曰:“其體則謂之易。這只是陰陽、動静、剛柔、闔闢、消長,不着這七八個字説不了,若唤做易,只是一字便了。”然則易之爲義,於是可識矣。

莫不飲食,鮮能知味,日用而不知,凡民也。不獨凡民爲然,恐讀書而不明理者亦然。

佛老之教,初無齋醮之説,齋醮皆起於後世。梁武、道君之事可驗矣。

宋之時不惑於異端者無幾,雖名士公卿亦陷溺其中。道之難明也如此夫!

異端邪誕妖妄之説,惑世誣民,充塞仁義,爲害不可勝言,自古如此。

絜矩是恕心。

鬼神是二氣之靈。

陰陽合散無非實者。鬼神是二氣實然之理,鬼神合理氣爲一而言。

全體呈露是元亨利貞。妙用顯行是春夏秋冬。

全體呈露是仁、義、禮、知;妙用顯行是惻隱、羞惡、辭讓、

---

① “即”上,沈刻本、乾隆本、四庫本有“明命”二字。

② “有”,沈刻本無此字。

是非。

五氣布，四行時，即“元亨，誠之通”、“利貞，誠之復”、“鳶飛魚躍”之機。舉萬物皆然。

《思齊》一詩，修身、齊家、治國、平天下之道備焉，讀之有以遠想前王之盛。

身在堂上，方能辨堂下人是非；苟雜於堂下衆人之中，則亦不能辨矣。此先賢之成説，①有感而書於此。

人好静而擾之不已，恐非爲政之道。

《太極》十個圈，總是一個；而二氣、五行、男女、萬物之外，無太極也。

《太極圖》男女各一太極，萬物各一太極，又皆各有陰陽之氣涵太極，非有理而無氣也。

觀日影之漸移，即造化之密移可知矣。

謂之道，謂之器，謂之變，謂之通，謂之事業，名雖殊而其爲道則一也。

即太極無聲無臭，而陰陽、五行、男女、萬物之象已具於其中，所謂體用一源也。即陰陽、五行、男女、萬物之象，而太極之理無所不在，所謂顯微無間也。

顔子於聖人體段已具，即《孟子》中公孫丑所謂“顔子具體而微”也。體段是聖人所具之天理，顔子亦有；蓋以一身四肢之體段，喻一心四德之體段也。

張子曰：“性者，萬物之一源。②”即周子所謂“無極而太極”也。

① “成”，沈刻本作“誠”。
② “源”，沈刻本、四庫本作“原”。

“維天之命，於穆不已”，即乾之四德流行而不息也。

程子曰：“立人之道，曰仁與義。據今日人道廢，則是今尚不廢者，猶只是有那些秉彝卒殄滅不得。”觀程子之言，其所感者深矣。

《抑》之詩曰：“相在爾室，尚不愧於屋漏。無曰不顯，莫予云覯。神之格思，不可度思，矧可射思。”此即川流不息之意，其要在謹獨。予誦此詩，深有警於心。

乾有元亨利貞，坤亦有元亨利貞。“至哉坤元！萬物資生，乃順承天”，坤之元也。“坤厚載物，德合無疆，含弘光大，品物咸亨”，坤之亨也。“牝馬地類，行地無疆，柔順利貞，君子攸行”，坤之利貞也。人之仁義禮知，人之元亨利貞也。三極之道，本一極也。

伊、傅告君之辭，曰“德”，曰“仁”，曰“誠”，曰“敬”，曰“明命”，曰“一”，曰“道”，皆歸於人君之一心。大臣正君之職，於是可見。

帝王之治，皆本於道德，而禮樂、刑政乃爲治之具。

帝王爲治之本在德，其次莫先於用賢才，修治法。治法者，禮樂、刑政是也。

義即是天命。君子行義，所以立命也。

術數之學，專以窮通壽夭爲命。常人信其説，而不修在己之義，惑之甚矣！

太極之有動静，是天命之流行也。天命，元亨利貞也。動者，元亨，誠之通；静者，利貞，誠之復。天命之流行，是即太極之流行。太極，天命，其理則一也。

“維天之命，於穆不已”，天命即元亨利貞。天命深遠，流行不已，即程子所謂“動静無端，陰陽無始”；朱子所謂“太極之有動静，是天命之流行”也。

天道、天德、天命、天理，一也。

三代而下，文武長才有武侯，數學之精有康節，道學之純有程朱。

程朱在當時，知者甚少。

程朱立朝時，人多欲輩行之，[①]正如安童之論許魯齋。

程朱接孟氏之統，有功於萬世。

程朱之道，萬世之後必有追崇盛於前時者。

程朱從祀，不宜在漢唐諸儒之下。

程朱傳注，少有用心於其間者。

真知力行，元有許魯齋。

程朱之書，得其門者鮮矣。

舉天下之物不足以動其中，道學君子也。

濂洛關閩數君子，雖所學成就不同，要皆有大功於聖門者也。

尊程朱之學者，[②]許文正也。

“維天之命，於穆不已”，於《太極圖》見之。

治不生於治而生於亂，亂不生於亂而生於治，亦猶陰不生於陰而生於陽，陽不生於陽而生於陰。治亂相根之理微矣。

觀陰陽之互根，見治亂之相根。

一言之失喪邦，邦未必喪也，而喪邦之原基於此。一事之失而喪邦，邦未必遽喪也，而喪邦之幾兆於此。非識微之

---

① “輩”，四庫本作“背”。
② “之”，沈刻本作“子”。

君子,孰能知之?

天人禍福相應之幾,至微而不爽。

戲言無實最害道。《易》曰:“修辭以立其誠。”必須無一言妄發,斯可學道。苟信口亂談而資笑謔,其違道遠矣。

笑謔不惟亂氣,而且亂心,言謹則氣定心一。言要專一,心要專一。

或者謂以漢高祖之明達,誠得大儒佐之,可以成三代禮樂之治。竊謂漢高祖以馬上得天下,不事《詩》、《書》,果有祗德檢身,反身自治,純亦不已,如禹湯文武之德乎?不然,雖有大儒佐之,亦不能成禮樂之治也。

《中庸》篇末八引《詩》,功夫極其精密,義理極其深妙;非知道者,孰能識之?

孔子多教人學《詩》。觀《中庸》、《大學》引《詩》居多,則其有得於《詩》者深矣。

《太極圖》之理,自朝至暮説不盡,但少肯聽者耳。

無限量,無空缺,無間斷,無窮盡,大莫大於此者。故游於聖人之門者難爲言。

大以包小,小以分大,一以貫之。

有四大而道包之。

理直是難言,而言亦人未之信。

好仁者,無以尚之。純是天理。

克己爲仁,孔門有顔子。

汩溺於聲利之中而不覺,何道之敢言?言之適足以爲口耳之末耳。

程子所謂醉生夢死,真不爲虚語。

孟氏統絶。漢唐間言道者皆妄也,韓子亦止能言道之用耳。

道至濂洛關閩而明，今其書雖存，吾不知道之要何在。

《抑》之詩"相在爾室"至"不可度思"五句，苟能力行之，可以至天德。

無極、太極，理也；陰陽、五行，氣也。無極、太極非有離乎陰陽，即陰陽而指其本體，不雜乎陰陽而爲言，是理雖不雜乎氣，亦不離乎氣也。五行雖各具一太極，而五行各有其氣，是理雖不雜乎氣，亦不離乎氣也。"無極之真，二五之真，[1]妙合而凝"，是理氣相合而無間也。男女各具一太極，而男女各有陰陽，是理又未嘗離乎氣也。萬物各具一太極，而萬物皆有陰陽，是理又未嘗離乎氣也。是則萬物、男女、五行一陰陽，陰陽一太極，太極本無極，初無精粗本末之間。則理氣不相離者，可見矣。

理氣豈可圖？而周子圖之，非超然有得於《圖》之表者不能知。程子終身不以示人者，其意微矣。

蠢然動之氣，人皆知之；粹然動之理，則知者鮮矣。

一是寂然不動，貫是感而遂通天下之故。

一是天下之大本，貫是天下之達道。

一是一本，貫是萬殊。

在一心之理與在萬事之理，本無二致。惟聖人一心之理能通萬事之理者，以其純乎天理之公也。

道即理也。聖人一心之理通乎萬事之理，體用之謂也。

誠爲萬理之樞。故曰："誠者，聖人之本。"

易者，陰陽也，充滿天地，流行古今，無一物之不體，無瞬

---

① "真"，沈刻本、乾隆本、四庫本作"精"。

息之有間。

程子曰:“其體則謂之易。”陰陽之謂也。《大傳》曰:“易無體。”言或爲陰,或爲陽,無一定之體也。

性爲萬理之樞,故曰:“天下無性外之物,而性無不在。”

行有不得,反求諸已,乃接物之要。

心之理即仁也。“三月不違仁”者,心在内,即仁在内,爲主;“日月至焉”者,心在外,即仁在外,爲賓。

或以宅喻仁,謂:“心在仁之内,爲主;心在仁之外,爲賓。”嘗考程子有曰:“心如穀種,其生之性仁也。”以此觀之,則心與仁未嘗相離。若謂心在仁之内,心在仁之外,是分心與仁相離爲二矣。且曰心在仁之外,則其在内之仁又孰爲之主?是有無心之仁也,恐其説者未盡。① 竊意“三月不違仁”者,心在内,即仁在内,爲主;“日月至焉”者,或一日心與仁在内,或一月心與仁在内,是心與仁在外之時多爲賓。未知是否,姑書以俟來世。

無物不有,道之大充塞天地;無時不然,道之久貫徹古今。

《太極圖》明一理:陰陽五行化生萬物。《通書》明一理:陰陽五行散爲萬事。表裏相合者如此。

聽人之談,即知其是非邪正,所謂知言知人也。

讀《通書》筆録:《誠上》第一,“誠者,聖人之本”,即《圖》之太極、陰陽、五行之謂也。

《誠下》第二,②“誠”即《圖》之太極,五常即《圖》之五行

---

① “者”,乾隆本、四庫本作“有”。

② “第二”,原無此字,據乾隆本補。

之性，靜無動有，即《圖》之太極在陰陽也。

《誠幾德》第三，“誠”，即《圖》之太極；“幾”，即《圖》之陰陽動靜之間；“仁義禮知信之德”，即《圖》之五行之性也。

《聖》第四，“寂然不動之誠”，即《圖》之太極在靜中；“感而遂通之神”，即《圖》之太極在動中；“幾”，即《圖》之陰陽動靜之間也。

《慎動》第五，“曰道”、“曰德”，即《圖》之五行之性也。

《道》第六，“聖人之道，仁義中正”，即《圖》之中正仁義也。

《師》第七，“性者，剛柔善惡”，即太極、陰陽、五行之内，氣質之性也；“中”，則本然之性也。

《幸》第八，“有恥”，即《圖》之“義”也。

《思》第九，“無思”、“思通”、“幾動”，即誠、神、幾，即《圖》之太極在陰陽中與陰陽動靜之間也。

《志學》第十，伊尹、顔子“所志”、“所學”，即《圖》之太極也。

《順化》第十一，“陽生之仁，陰成之義”，即《圖》之陰陽、仁義也。

《治》第十二，“仁、義、禮、知”，“動、靜、言、貌、視、聽”，即《圖》之五性、陰陽、五行之事也。

《禮樂》第十三，“禮”、“樂”，即《圖》之陰陽也。

《務實》第十四，“實勝，善也”，“善”即《圖》之太極也。

《愛敬》第十五，其曰“善”，即《圖》之太極，純粹至善之理也。

《動靜》第十六，“動靜”，即《圖》之陰陽；“神”，即《圖》之太極也。

《樂上》、《中》、《下》第十七、十八、十九，其曰“樂”，即《圖》之動陽也。

《聖學》第二十，其曰“一”，即《圖》之太極；其曰“靜虚動直”，即《圖》之陰陽；其曰“明、通、公、溥”，即《圖》之五行也。

《公明》第二十一，其曰“公”，曰“明”，即《圖》之太極，誠而明也。

《理性命》第二十二，曰“彰”，曰“微”，即《圖》之陽明陰晦；“靈”，即《圖》之太極；“剛柔善惡”、“五二一本”，即《圖》之陰陽、五行、太極也。

《顔子》第二十三，“顔子之樂”，即全乎《圖》之太極也。

《師友下》第二十四、二十五，其曰“道”，曰“德”，曰“義”，皆《圖》之太極也。

《過》第二十六，“過”者，違乎《圖》之太極也。

《勢》第二十七，[①]“勢之輕重”，即《圖》之陰陽迭運相勝者也。

《文辭》第二十八，“載道之文”、“道”，即《圖》之太極，因辭以明理者也。

《聖蘊》第二十九，“予欲無言，[②]天何言哉！四時行焉，百物生焉”，即《圖》之太極，無聲無臭，而爲造化之樞紐、品匯之根柢也。“聖人之蘊”，即《圖》之太極也。

《精蘊》第三十，“精”，即《圖》之太極，至精之理；“蘊”，即《圖》之太極，至廣之業也。

《乾損益動》第三十一，[③]“乾乾不息之誠”，即《圖》之太

① “第”，原無此字，據乾隆本補。
② “予”，沈刻本作“子”。
③ “第”，原無此字，據乾隆本補。

極於穆不已之實理也。“損益”、“動”，所以求至此實理也。

《家人睽無妄》第三十二，曰“端本”，曰“誠心”，曰“善”，皆《圖》之太極也。“睽”，“天地睽而其事同”；“同”，即《圖》之太極也。“復則無妄”，即太極也。

《陋》第三十四，曰“道”，曰“德”，皆《圖》之太極也。“文辭之陋”，不本於太極者也。

《擬議》第三十五，“至誠”，“動”，“變”，“化”，即《圖》之太極、陰陽也。

《刑》第三十六，“春”，即《圖》之陽；“秋”，即《圖》之陰也。

《公》第三十七，“天地至公”，即《圖》之太極也。

《孔子上》第三十八，其曰“王道”，即《圖》之太極；其曰“王法”，即《圖》之太極見於修道之教也。

《孔子下》第三十九，“道德高厚，教化無窮，實與天地參而四時周，孔子”，即《圖》之太極、五行也。

《蒙艮》第四十，“時中”，即《圖》之中；“艮止”，即《圖》之主静也。竊嘗觀之，《太極圖》不過一理：[1]陰陽五行化生萬物；《通書》亦不過明一理：陰陽五行五性散爲萬事。故《通書》一字一義皆與《圖》意相合。愚雖融會旁通，不能詳舉其説，而大略則庶幾其萬一。姑筆録於卷，以俟後之君子。薛瑄謹識。

朱子曰：“聖人作止語默，無非教也。”蓋作與語是動，動即太極之用，所以行也；止與默是静，静即太極之體，所以立也。用之行，中與仁是也；體之立，正與義是也。作止語默，皆太極之道，所謂“無非教也”。

---

① “過”下，乾隆本有“明”字。

聖人體道無隱。其作與語是動處，即感而遂通天下之故，天下之達道也。其止與默是静處，即寂然不動，天下之大本也。

聖人無行而不示人以至理。理即作止語默之則也。人多以言語觀聖人，而不察其天理流行之實，故聖人無行而不示人者，皆天理流行之實也。天理只是仁義禮知信，散而爲萬善，當於聖人作止語默之間，一一默識其何事是仁，何事是義；何事是禮、知、信。無不了然於心而無疑，庶可以知聖人所以爲聖矣。

於人無憎惡之私，惟公好惡而行之。

費而隱，即顯微無間。

"民咸用之謂之神"，但人由之而不知也。

子曰："巍巍乎！舜禹之有天下也，而不與焉。"朱子曰："不與，猶不相關，言不以位爲樂也。"蓋舜禹德冠人群，雖處富貴之極，而漠然無所動其心，況肯窮侈極欲以位爲樂乎！宜乎夫子以巍巍稱之，其高也可見矣。

孔子曰："不仁者不可久處樂。"朱子曰："久樂必淫。"蓋不仁者失其本心，爲富貴所動，窮侈極欲，無所不至，正與"舜禹有天下而不與"相反。聖人則超出萬物之上，不仁者則陷於物欲之中。聖人則役物，不仁者則役於物。此正天理、人欲之所由分也，學者不可不察。

但爲外物所動者，便被他壓得低了。巍巍乎高出萬物之表者，其惟舜禹乎！

聖人不以天官私非其人，故曰："天命有德，五服五彰哉！"

聖人首出庶物，"巍巍乎！舜禹之有天下也，而不與焉"。

《河圖》天一生水，地二生火，故《太極圖》水根於陽，火根於陰。

聖人之治天下，仁心仁政，本末具舉。

聖人子民之心，無時而忘。

朱子曰："天地之間，只有動静兩端，循環不已，此之謂易。而其動其静，必有所以動静之理，乃所謂太極也。"愚竊謂人日用之間，亦只有動静兩端，循環不已，亦所謂易也。而其所以動静之合乎道者，亦所謂太極也。

惡非有意之私而合乎天理之公，即所謂"惟仁者能惡人"也。

名節至大，不可妄交非類以壞名節。

守官最宜簡外事，少接人，謹言語。

聖人之心，方其静時，至虚至明，所謂寂然不動者也；事至物來，應之各有條理，所謂感而遂通者也。是其未應之時，初無一毫妄念之起，所謂無意也；既應之後，隨事而休，所謂無必、無固、無我也。

止，非一定不移之謂，乃隨時而止也。如當動而動，止在動上；當静而静，止在静上；當止而止，止在止上；當行而行，止在行上；當語而語，止在語上；當默而默，止在默上；以至萬事萬物，各有當止之理。惟止得其時，乃止之義也。苟當動不動，非止也；當静不静，非止也；與夫行止語默，各失其當止之時，皆非止也。蓋止無定體，惟隨時而各止其當然之理，則止之爲義，得矣。止在人無須臾之可離，當識其時之所當止者止之。止之爲義，廣大無所不包。大而人倫綱常之道，細而語默動静之間，止得其止，則爲天理；止失其止，則爲人欲矣。

《易》言“艮止”,《書》言“安止”、“欽止”,《詩》言“敬止”,《大學》言“知止”。止之爲義最精,乃天理當然之極也。須臾失其止,即人欲之私矣。

止,當内外動静交致其力。静而心不止於天理,非止也;動而事不止於天理,非止也。天理者,仁義禮知信而已。

萬事所以不治者,失其所當止也;萬事各止其止,則天下治矣。

止則心定理明。

止則順理而無事。

止則静一而精明,不止則紛擾而雜暗。

非禮勿視,視必合禮,視得其止也。非禮勿聽,聽必合禮,聽得其止也。非禮勿言,言必合禮,言得其止也。非禮勿動,動必合禮,動得其止也。視、聽、言、動皆得其止,則人欲盡而天理全矣。

人心失其動静之時者,皆不得其止也。

止則物各付物,自無紛擾之患。

止則天地位、萬物育矣。

朱子所謂“動静各止其所,而皆主夫静”,即周子“定之以中正仁義而主静”之意。蓋中也,仁也,動也;正也,義也,静也。仁義中正,動静周旋而常主夫静,①則動静各止其所矣。

“艮其背,不獲其身。行其庭,不見其人。”只是動静各止於理,而不知有人也。

伊川《艮傳》曰:“外物不接,内欲不萌,如是而止,乃得止之道,於止爲無咎。”先儒言只説得静之止。

① “旋”,乾隆本作“流”。

非明則動無所之,非動則明無所用。知行貴乎兼盡也。

張子曰:“天體物而不遺,猶仁體事而無不在也。”語意與“鬼神體物而不遺”之體同。

“鬼神體物而不可遺”,物物一太極陰陽也。

“大哉乾元”,元即太極之動,亨、利、貞,皆太極之流行也。

“易”有變易、交易兩義。變易之“易”,陰陽、晝夜流行是也;交易之義,[1]天地、上下、四方對峙是也。語大,天下莫能載焉;語小,天下莫能破焉,即太極也。太極即性也,即天下無性外之物,而性無不在也。

誠、命、性、理、太極、道,名雖殊,實一理也。

天命、性、道、德,皆天理也。分而言之,自其出於天者謂之天命,元亨利貞是也。天命賦於人者謂之性,仁義禮知是也。率性而行,莫不各有仁、義、禮、知、父子、君臣、夫婦、長幼之道,所謂道也。行是道而得仁、義、禮、知之性於心,所謂德也。合而言之,莫非天理也。然所以具天命之性,行率性之道,得仁義禮知之德,全天理之體用者,皆本於心。故張子曰:“心統性情。”

---

① “義”,乾隆本作“易”。

讀書續録卷三

楊龜山曰："人性上不容添一物。"此言當深玩。

大莫大於道。觀於海者難爲水，游於聖人之門者難爲言。

物格，是知逐事逐物各爲一理。知至，是知萬物萬事通爲一理。

知至，乃知性、知天也。

心，靜不存則放逸；動不察則差錯。

應事差錯，由心不專一。

太極者，至極之理也，誠而已矣，性而已矣。

自有之私，皆足爲心累。如自有其善，便爲善所累；自有其能，便爲能所累；自有其貴，便爲貴所累；自有其富，便爲富所累。凡自有者，皆足以爲心累。惟聖人之心，廣大光明，無一毫之私累，真與太虚同體也。

凡有挾者必自小，如挾賢、挾能、挾富、挾貴是也。

因讀《論語》漆雕開"吾斯"之言，"斯"指此理，而理即性也。天下萬理不出於一性，知性則可以悟道。

太極是元亨利貞渾然未分之理。纔動而生陽，是元亨，誠之通；靜而生陰，是利貞，誠之復。一動一靜，天命流行；分陰分陽，兩儀立焉。陽變陰合而生水火木金土。元亨利貞分五性、五行，各一太極也。性氣妙合，生男生女，男女各具五性，男女各一太極也。形交氣感，化生萬物，萬物各具五性，萬物各一太極也。

性外無一理。

言忠信，是於此理所存所發無不實。行篤敬，是於此理厚而用力無敢輕。參前倚衡，是以忠信篤敬念之不忘。[①] 夫如是，則天理常存，無往而不可行矣。

鳶飛必戾天，魚躍必於淵，即率性之謂道也。

孟子言："志至焉，氣次焉，故曰：持其志，無暴其氣。"既欲内持其志，又欲外無暴其氣，内外、本末交相培養，此養氣之法。下文又言："我知言，我善養吾浩然之氣。"蓋知言者，盡心、知性、物格、知至之功，又在持志之先。理明則能持志、集義，而又無忘、無助長，則浩然之氣自生矣。曰"持其志，無暴其氣"，曰"知言"，曰"集義"，曰"無忘"，曰"無助長"，皆養氣之法。其序則先知言，而後能持志、集義，若勿暴其氣、勿忘、勿助長，皆養氣之節制。

"鳶飛戾天，魚躍於淵"，是鳶、魚率其性之道。父必慈，子必孝，君必仁，臣必敬，夫必義，婦必從，兄必友，弟必敬，[②] 以至語默動静，必合其則，萬事萬物之各循其理，是人物率其性之道。活潑潑地，於是可見。

鳶飛戾天，魚躍於淵，是隨處充滿、無少欠缺之意。

活潑潑地，是元亨利貞之流行。

活潑潑地，就天地萬物萬事上皆可見。

---

① "以"，沈刻本、乾隆本、四庫本作"於"。
② "敬"，乾隆本作"恭"。

陰陽、剛柔、仁義便是易，而三極之道同一太極也。

活潑潑地，皆天極之自然。

太極乃未分之五性，五性乃已分之太極。天下之萬善，皆自此出。

兩儀、四象、六十四卦之變易者，《易》也。其所以變易者，太極也。故曰："《易》有太極。"

伏羲畫奇偶以象陰陽，本於天地陰陽自然之數。周子《太極圖》圈子，只是以意取象而已。

語言動作皆氣也，有過處皆足以動志。

水動蕩不已則不清，心動蕩不已則不明。故當時時静定其心，不爲動蕩所昏，可也。

盡仁義禮知之道於心謂之忠，推是道於人謂之恕。聖人於是道，不待盡己推己，自然體無不立，用無不行。學者必盡己之忠而道之用斯立，①推己之恕而道之用斯行，故曰："忠恕違道不遠。"

三才各一太極，又總是一太極。如天有元亨利貞，地亦有元亨利貞。人亦有仁義禮知，即元亨利貞。分而言之，爲天、地、人之三極；合而言之，統一太極也。

陽卦多陰，如《震》、《坎》、《艮》皆陽卦，皆一陽而二陰；陰卦多陽，如《巽》、《離》、《兑》皆陰卦，皆二陽一陰。

《易》由一奇、一偶至於無窮，以此見造化只一陰、一陽而無所不包。

《孟子》之知言，即《大學》之物格、知至也。

《孟子》之知性，即《大學》之物格、盡心，即知至也。

---

① "用"，沈刻本、乾隆本、四庫本作"體"。

道義二字,道是統仁義禮知而言,義是道之一事,又爲仁義禮知行之合宜處。

至大,是氣之盛大而無外;至剛,是氣之流行而無間。

朱子曰:"義者,人心之裁制;道者,天理之自然。"既曰天理,則仁義禮知皆道也,義則人心裁制是道使合宜耳。

既言道義,下文又止言集義,蓋事事合宜,即道之合宜也。

五行之氣,只是陰陽二氣;而陰陽二氣,又只是一氣分動静耳。

太極動静循環無端,即"維天之命,於穆不已"。

朱子曰:"精粗本末無彼此也。"是理氣未嘗有間。天下無性外之物,而性無不在。[①] 此天體物而不遺也。

天體無外,心體無外,道體無外。

頑,不仁也,有以訂之則仁矣。[②]《西銘》一篇,皆勉人爲仁之意。

正、義是太極之體立,中、仁是太極之用行。太極者,合中正仁義而言,性之謂也。

元亨,誠之通,是太極之用行;利貞,誠之復,是太極之體立。誠即太極,天命即太極,性即太極。誠、命、性,一理也。

不根道理之書與文,皆無用之冗物。如梁元帝之徒,雖好文著書,動輒數千百卷,皆不根道理,何救於亂亡?

簡默凝重以持己。

自修篤敬,所以遠小人,不惡而嚴。

---

① "在",沈刻本無此字。
② "矣",沈刻本作"義"。

一言不可妄發，一事不可妄動。

日間時時刻刻，緊緊於自己身心上存察用力，不可一毫懈怠。

以象占觀《易》，得其本義矣。

八卦成列，象在其中。此指八卦形體之象，非指象《乾》象《坤》之象也。

讀聖賢之書，句句字字見有的實用處，[1]方爲實學。若徒取以爲口耳文詞之資，非實學也。

柳子《晋文公問守原議》，胡不讀？

陰陽交錯而實理流行，故曰："大哉《易》也，其性命之源乎！"

《易》者，陰陽之氣交錯往來是也，而性命之理實具於氣之中，故曰："《易》爲性命之源。"

道理不出性情二字。

以性情言之，則曰中和；以德行言之，則曰中庸。中庸實兼中和之義。是則中和者，理之體用也，即性情無時而不得其正，則中無不在矣。

萬物各具一理，物物一太極也；萬理同出一原，萬物統體一太極也。

格物致知。物物各有一性，窮物之性而極其知，則物格知至矣。

窮理即知性也。蓋性即理也，故窮理即知性也。楊龜山論"人性上不容添一物"，是天之下理莫過於性。

人一身皆動，惟背不動，故"止"取"背"意。

---

① "的"，沈刻本作"得"。

“艮其背，不獲其身。行其庭，不見其人。”朱子亦以“艮其背”一句是主，下三句是效驗。蓋謂止得其所止，則静而不獲其身，動而行其庭不見其人。以其所止者，皆天理之當然，故動静不知有人有己。

“不獲其身”，“不見其人”，所止者渾是天理，故能如此。

人之一身，四肢百體皆有當止之則，得其止則安，失其止則危。

人倫之當止者，如君止於仁，父止於慈，臣止於敬，子止於孝之類。推之萬事萬物皆有當止之則，必各得其所止，則天理得矣。

無極、太極、陰陽、五行、四時、男女、萬物，渾然一理而無間隔，一以貫之。

《太極圖》陰陽之能動能静者，即是鬼神。故張子曰：“二氣之良能也。”

鬼神是合太極、陰陽而言。

天地萬物，無一物無陰陽，故鬼神體物而不可遺。

程子曰：“以形體謂之天，以主宰謂之帝，以功用謂之鬼神，以妙用謂之神，以性情謂之乾。”皆就天上説。其名雖殊，其理則一。

大哉乾元，元即元亨誠之通，乃太極之動也；各正性命，即利貞誠之復，乃太極之静也。

鬼神即陰陽屈伸往來，充滿天地，貫徹古今，無物不有，無時不然，此所以體物而不可遺也。

君子得其理爲樂，小人得其欲爲樂。

渾然一致，流行不息，皆鬼神之理。

自人之一身吸呼動静，以至天地萬物之消息始終，①皆陰陽屈伸往來之所爲，此鬼神體物而不可遺之實也。

小人以隱惡爲可以欺人，殊不知有昭昭不可欺者，此心是也。

人心惟危。危是欲墮未墮之間，不知察其幾而以道心制之，則遂墮於人欲，流而入於禽獸矣。

舜、跖之分，造端於善利之間，充越於天壤之異。小人所知者，不過耳目百體嗜好之私，迷溺其中，終身不覺也。

鬼神屈伸往來之理，於《先天圖》見之。

天有元亨利貞。地順承天施，亦有元亨利貞。人稟受天賦，亦有仁義禮知。是天地人同一性命之理，三才各一太極，又同一太極也。太極者何？即性命之統名與！

不以利交，則無咎。

不惑，是於五常百行、萬物萬事之理了然於心，無一毫之疑惑也。知天命，是知天之元亨利貞流行，賦於人爲仁義禮知信，乃五性所出之原也。分而言之，則在天爲天命，在人爲五性。合而言之，則性命之理，一而已矣。

流行對峙之易，開眼即見於天地之間。

聖人之志，"立"、"不惑"、"知天命"、"耳順"、"不逾矩"，皆指此理而言，但所進有淺深之序耳。

性即理也，循天理即率性也。

萬事敬則吉，怠則凶。

先儒謂學《易》欲人恐懼修省。循之吉，違之凶。

治亂之原，皆原於敬怠。故唐虞君臣懇懇言敬而不已，

---

① "以"，沈刻本作"一"。

三代聖人亦然。

《書》曰："無教逸欲，有邦。"逸欲者，亂之源也。

《書》曰敬者最多，[1]敬乃治天下之本。孔子曰"修己以敬"，《中庸》曰"篤恭而天下平"，皆此意也。

《四書》與朱子《集注》，萬世聖賢之書無過於此。爲聖爲賢，正心、[2]修身、齊家、治國、平天下之道，無所不載，學貫天人而一之者也。

危懼則得安平，慢易則必傾覆。《易》之教也。

《易》以中正爲吉，故處事貴乎中正。

雖未發之不偏不倚，而實爲已發無過不及之本體，故曰："未發不是先。"雖已發無過不及，而實未發不偏不倚本體之所爲，故曰："已發不是後。"萬物各具一性，物物各具一太極也；萬物同出於一原，萬物統體一太極也。

未應物時，心體只是至虚至明，不可先有忿懥、恐懼、好樂、憂患在心。事至應之之際，當忿懥而忿懥，當恐懼、好樂、憂患而恐懼、好樂、憂患，使皆中節，無過不及之差。及應事之後，心體依舊至虚至明，不留前四者一事於心。故心體至虚至明，寂然不動，即喜怒哀樂未發之中，天下之大本也。心之應物，各得其當者，感而遂通，即喜怒哀樂發而中節之和，天下之達道也。心之寂，即利貞，誠之復。心之感，即元亨，誠之通。一感一寂，動静循環無端，心之體用，其妙如此。

人心只是當静時不存，當動時不察，所以静時放逸，動時差錯。

---

① "曰"，乾隆本、四庫本作"言"。

② "正"，原作"治"，據乾隆本改。

早間又多問人一事,爲失言。

聖賢循天理,而天理即仁、義、禮、知之性也。小人徇人欲,而人欲即耳目、口鼻、百體嗜好之私也。舉天下之物皆不及道之貴,是何也?以出於天而充塞宇宙,貫徹古今也。知道之大,[1]其尊無對,則知衆物之小矣。

元亨利貞、仁義禮知,只八個字,包括盡天地萬物之理,其旨深矣!

物格,是逐物逐事上窮至其理;知至,[2]是萬物萬事上心通其理。格物,猶是物各爲一理;知至,則知萬物爲一理。

暗於事幾而妄爲,取咎之道也。

識最先,作事次之。

歷事之久尚不知幾,焉得爲知?

一以貫之。一是性,貫之是一性貫乎萬事也。

五性未分,渾然一理,及泛應萬事,莫非此理之用。故曰:"吾道一以貫之。"

夫子之一理,渾然是性;泛應曲當,亦只是性。發而爲中節之情,體用之謂也。

萬事萬物之理,吾心之體用無不該。故曰:"吾道一以貫之。"

聖人之心,渾然一理,性之全體也。泛應曲當,用各不同,如父子之仁、君臣之義、夫婦之别、[3]長幼之序、[4]朋友之信之類是也。然用雖有千萬端之不同,皆原於一性。一性又

---

① "道",沈刻本無此字。
② "至",沈刻本作"之"。
③ "别",沈刻本、四庫本作"知",乾隆本作"智"。
④ "序",沈刻本、乾隆本、四庫本作"禮"。

散爲萬善，一本萬殊，萬殊一本，統一性之體用耳。天下豈有性外之物哉？

天以一理而貫萬物，聖人以一性而貫萬事。

時與勢，於卦爻見之。

主静以立其本，慎動以審其幾。

常主静，物來應之。

寂而感，感而寂，動静循環，人心之妙也。

寂感以心言，中和以性情言，心統性情者也。

和順於道德，是於天理默契，其體無所乖咈；[①]理於義，是於天理隨順之，[②]各有條理。

以性情言之，仁、義、禮、知，其體也；惻隱、羞惡、辭讓、是非，其用也。[③] 周子以義、知爲静，是以體言；以仁、禮爲動，是以用言。其説自元亨利貞來。元亨，誠之通，非仁、禮爲動、爲用乎？利貞，誠之復，非義、知爲静、爲體乎？

舉止不可不慎其幾，一毫之差，悔不可追。

仁義中正皆自元亨利貞而來，太極者其性命之謂與？

合萬理而名之曰太極，性命是也。

誠意之要，在乎謹之於幽獨隱微之處，以禁止其苟且自欺之意。而凡心之所發，如曰"好善"，則必由中及外，無一善所好之不實也；如曰"惡惡"，則必由中及外，無一惡所惡之不實也。

太極即性命，非性命之外别有太極也。

《太極圖》貫天人之理爲一。

---

① "咈"，四庫本作"拂"。
② "隨"下，乾隆本有"事"字。
③ "其"，原無此字，據乾隆本補。

學貫天人，於《太極圖》見之。

知至而意未誠，是明善未能誠身也。未能誠身，則所明者不能實有諸己矣。

學要識總會處，即性是也。天下萬理，一性字包括之。深矣哉！

用工夫未至純熟，此吾之日省之不及也。

今早讀書，得一性字。

卦變，只换一爻。

衆陰方長之時，未易勝也。深於《易》者知之。

雖細事，亦當以難處之不可忽，況大事乎！

於方快意之時尤當謹。蓋理勢盛衰相根，快意之時，乃盛之極而衰之漸也。

細思處事最難。

因讀《伊川事狀》，不覺懼生於心，因知天下之事最難處。

信而後諫，未信則以爲謗己也。君臣、朋友皆然，可不慎哉！

朱子曰："太極，本然之妙；動静，所乘之機也。"蓋太極即天命之元亨利貞也。元亨，誠之通，乘春夏動之機；利貞，誠之復，乘秋冬静之機。

朱子曰："太極，形而上之道也；陰陽，形而下之器也。"蓋陰陽成形之大者天地，即形而下之器也；天地之理，即形而上之道也。

幾善惡。幾之善者，即德。愛曰仁，宜曰義，理曰禮，通曰知，守曰信也。

誠無爲，是仁義禮知信之全體未發者；仁義禮知信是誠分爲五性也。是則誠即五性之實，非五性之外别有誠也。

幾之善是道心，幾之惡是人心流而爲人欲。

幾之善是天理，幾之惡是人欲。

周子説幾善惡，始於毫釐之間，充越天壤之異。爲堯舜，皆原於幾之善；爲桀紂，皆原於幾之惡。

"誠者，聖人之本"，專指陰陽中太極而言。"太哉乾元，萬物資始，誠之源也"，指太極動而生陽也。"乾道變化，各正性命，誠斯立焉"，指太極静而生陰也。"純粹至善"，又專指太極而言。"故曰：一陰一陽之謂道"，陰陽即陽動陰静，道指太極也。"繼之者善"，又指陽之動，誠之源也；"成之者性"，又指陰之静，誠斯立焉。"元亨，誠之通"，乃太極之動也；"利貞，誠之復"，乃太極之静也。"大哉《易》也，性命之源乎"，《易》即陰陽動静也，性命即陰陽中太極之理也。陰陽動静，而太極雖不雜乎陰陽，亦不離乎陰陽，故曰："大哉《易》也，其性命之原乎！"《通書》與《太極圖》相合者如此。

《誠上》章以造化言，《誠下》章以人道言。

五行之外無陰陽，陰陽之外無太極，太極之外無性與天道。性、天道、太極、陰陽、五行，渾然理氣無間也。

大道之要，不過元亨利貞之命，仁義禮知之性而已。

看了一部《中庸》，得一性字可貫之。

《中庸》兼中、和之義取以名篇，則《中庸》一書，性、情二字貫之。

《中庸》："惟天下至誠，能盡其性"；"惟天下至誠，爲能聰明睿知，足以有臨"；"惟天下至誠，爲能經綸天下之大經"。三章皆是仁義禮知之性。非止三章，一書一性字貫之。

不可有一毫責人之心。張子曰："無天下國家皆非之理。"此言當深體。

治居室當有序而知足，不可以欲速盡美累其心。

朱子《本義》，發明伏羲、文王、周公之《易》。

燈下因觀《八卦》、《太極圖》，曰："此浩然之氣也。"

凡聖賢論内外存養之功，皆養浩然之氣也。

動静語默皆有節，不使有太過者，皆養浩然之氣也。

《易》有陰陽，即浩然之氣也。

處鄉人，皆當敬而愛之；雖三尺童子，亦當以誠心愛之，不可侮慢也。

開物成務，言以卜筮開人，使之知吉凶而成事業也。

道無往而不在，故仕止、久速，當無往而不謹。

處鄉黨尤宜謹其所爲，道無不在故也。

接人皆當以誠意。

於人之微賤，皆當以誠敬待之，不可忽慢。

稱意之事不可加喜，喜則爲外物動矣。

史至朱子《綱目》而名分明。

理於義，即庖丁解牛，順其理也。

天地萬物精粗無間，皆道也。

動以天爲無妄，動以人則妄。則人之動，皆當循天理也。

"敬"字自《書》中説起，孔子解《坤》六二，説"敬"與"義"尤詳切。爲學之要，無越於此。

敬以直内，涵養未發之中；義以方外，省察中節之和。

莊子論斫輪之意，信知聖賢之書，神而明之，在乎人也。

敬以直内，戒慎恐懼之事；義以方外，知言集義之事。内外夾持，用力之要莫切於此。

《西銘》大旨，即《孟子》"存心養性，所以事天"之意。

太極，即《孟子》所謂"性"與"天"也。

《太極圖説》"君子修之吉"，即《孟子》"存心養性"之謂也。

程子曰："視聽、思慮、動作，皆天也，人但於其中要識其真與妄耳。"竊謂學者日用工夫，無有切於此者，宜深體力行之。

聞外議，只當自修自省。

凡言天理者，皆性命之謂也。

體用一源，以至微之理言之，如人心未發之時，雖沖漠無朕而萬事萬物之用已具，故曰體用一源。顯微無間，以至著之象言之，如人之一身，以至君臣、父子、萬物、萬事而理無不在，故曰顯微無間。

人之念慮不正者有二：有妄念，有惡念。如思慮不可必得之事，妄念也；思慮悖理違道之事，惡念也。凡此二者，心纔知覺即遏絶之，必使念念皆出乎仁、義、禮、知、惻隱、羞惡、辭讓、是非性情之正，則不正之念自消，而思慮皆天理矣。此實日用省察之切要，不可毫髮間斷也。

行有不得者，皆當反求之己，不可有怨天尤人之意。

道無處不在，故當無處不謹。

其曰體用一原者，無聲無臭者，體也，而天地萬物之理無不具，故曰"一原"。其曰顯微無間者，天地萬物，顯也，而無聲無臭之理無不具，故曰"無間"。蓋"體"與"微"皆以理言，"用"與"顯"皆以象言，理中有象，象中有理，初無毫髮之間也。

自天地萬物有形之象觀之，而無聲無臭之理皆寓其中，故曰"顯微無間"也。自無聲無臭之理觀之，天地萬物之象悉具於中，故曰"體用一原"也。

如太極無聲無臭，而兩儀、四象、八卦，以至六十四卦、三百八十四爻之象昭然已具，所謂“體用一原”也。自兩儀、四象、八卦，以至六十四卦、三百八十四爻之象，莫不有太極之理，所謂“顯微無間”也。

如人之一身，四肢、百骸，“顯”也。而莫不各有自然之則，所謂“微”也。即顯而微不能外，故曰“無間”。

體用一原，顯微無間，舉目而在。

顯者，器也；微者，道也。器不離道，道不離器，故曰“無間”。

無極而太極，而陰陽、五行、男女、萬物之象無不具於其中，所謂“體用一原”也。陰陽、五行、男女、萬物莫不各有無極太極之理，所謂“顯微無間”也。

帝王之治天下，德爲本，政爲具，刑以輔之。《書》、《詩》稱堯曰“克明俊德”，舜曰“玄德”，禹曰“袛德”，湯曰“懋德”、“一德”，文王“純亦不已”，武王“惟皇之極”，此皆以德言也。德者，天所賦、人所受之正理；帝王推此理以化天下，又建制立政以匡正之，如此不從者，乃有刑以治之。爲治本末先後，具舉有序，此所以天下無不化之民。後世本有未盡，而專恃政、刑之末，所以治不古若也與！

所謂王道者，真實愛民如子，《孟子》所謂“老吾老以及人之老，幼吾幼以及人之幼”。上以是施之，則民愛之如父母者，有必然矣。

《孟子》一書，皆從仁義禮知中流出，所以爲聖賢之言，所以爲王者之道。

漢高祖定天下，文景尚節儉，安民養民之功固大，必欲如王者之無私，治之教之，使既庶且富，而興於禮義，則有間矣。

朱子與陳同甫論漢唐不如三代之純，猶碱砆、美玉之易別，但後人溺於功利之卑而不之察耳。

爲治，舍王道即是伯道之卑陋，聖賢寧終身不遇。孔孟不自貶以徇時者，爲是故也。

有實理則有物，無實理則無物。

滿天地間皆一實理，萬古常然不易。

顯微無間，即事即物而理存。

純則誠，雜則僞。天地聖人之道，誠而已。

誠，譬之精金，無銅鐵之雜。金有一分銅鐵之雜則不精，德有一毫人僞之雜則不純矣。

一念之妄非誠也，一語之妄非誠也，一動之妄非誠也，必念慮、語言、動作皆出於無妄，斯爲誠矣。

王道君臣以至誠相與，如虞舜、皋、夔、稷、契、湯武、伊、傅、周、召是也。自漢初君臣皆以詐而不以誠，王道降矣。

釋子塵芥六合。然六合無窮，安得塵芥之？夢幻人世。然人世皆實理，安得夢幻之？

大而不可窮者，天也；知天大，則知道大矣。

《孟子》曰"知性，知天"，學至於知性、知天，則物格、知至矣。

宋季以道學爲僞。元初得諸儒性理之書，建太極書院以尊崇濂洛諸君子。是中夏不如夷狄，[1]而治忽之效，亦可驗矣。

道之行否，關乎氣運之盛衰，孔孟皆歸之天而不以尤人。理當如此。

---

① "中夏不如夷狄"，乾隆本、四庫本作"宋季不如元初"。

春秋之時有孔子，斯道大明；戰國之時有孟子，斯道有寄。自秦漢以降，世儒以知謀功利相高，不知道爲何物。故韓子曰："軻之死，不得其傳。"程子曰："退之必有所見，不知所傳者爲何事。"竊謂天命之性，道也，聖賢明此道，行此道，是以道得其傳。不明、不行，則天命之性雖未嘗不具於人心，然人既不明、不行，則道失其傳矣。

三綱五常，立國之本，循之則治，違之則忽。

聖賢萬世所傳之道，只是天命之性。自伏羲、神農、黄帝、堯、舜、禹、湯、文、武、周、孔、顔、曾、思、孟以至周、程、張、朱，雖垂世立教之言有不同，而其理則豈有異哉？

"人莫不飲食也，鮮能知味也。""中庸其至矣乎！民鮮久矣！"

"索隱行怪"，古有此言，亦必有此行。況後世乎！

程子言"所接不雜者三人"。蓋所學純乎仁義禮知之道，則不雜。或出入乎異端、術數、世俗之學，則雜矣。

天下之理，有正有邪。正者，仁義禮知，聖賢之學也；邪者，異端、權謀、術數，非聖賢之學也。謹守正理，不爲邪學所惑，則近道矣。

程子曰："純則不貳、不雜、不已，則無間斷先後。"此言天德也。不貳不雜，則無一毫人欲之私。無間斷先後，則無一息人欲之間。如顔子"三月不違仁"，則三月之後猶未免有間斷先後。此"純亦不已"，爲文王至德也與！

嘗自念已學安敢望聖賢之萬一？但頗識趨向之正，不爲異學所惑耳。

知上達天理由下學人事，則凡事不敢不謹。

造化萬變，皆是陰陽做出。人事萬變，皆是動静做出。

《河圖》、《洛書》出，而天地之數著，而理亦寓於數中矣。

羲皇雖未畫卦，而天地自然之易已著，邵子所謂“畫前之易”也。

無極二字雖出於《太極圖説》，然邵子曰：“無極之前，陰含陽也。”

邵子有功於《易》之象數，伊川有功於《易》之義理，朱子明《易》之象數兼程子之義理。三夫子有功於《易》，自孔子以來未之有也。

朱子《本義》，是伏羲、文王、周公之《易》。

游民事末作及隱於異端者多，則力本者少矣。爲政清其源而流自潔。

當悔者既不可追，但不可再萌可悔之事耳。

聞政之善則喜，如《復》卦之亨也。

程子曰：“省躬責己不可無，亦不可常留在心作悔。”蓋常留在心作悔，則心體爲所累而不能舒泰也。

有悔，思有以補其過，則無悔矣。

《先天四圖》，邵子傳自希夷，而《易》之象數復明。

聖人仕止久速皆循乎理之自然，觀孔子可見矣。

《易大傳·説卦》曰：“河出圖，洛出書，聖人則之。”乃伏羲則其陰陽之數以畫奇偶也。又曰：“易有太極，是生兩儀，兩儀生四象，四象生八卦。”乃伏羲因其自然之理，一分爲二，二分爲四，四分爲八也。又曰：“知來者逆。”自《乾》至《坤》，皆得未生之卦也。又曰：“因而重之。”則於八卦之上，加倍爲六十四也。又曰：“天地定位，山澤通氣，雷風相薄，水火不相射，八卦相錯。數往者順，知來者逆。”乃伏羲規《横圖》爲《圓圖》。自《震》至《乾》爲數往之順，自《姤》至《坤》爲知來之逆也。此皆孔子發明伏羲作《易》之本原與卦象次序方位。但《先天圖》隱而不傳之時，雖有《大傳·説卦》之言，讀者莫知其説。及邵子得《先天圖》，[①]然後以《大傳·説卦》之言證之，一一相合，於是象數始大明。《河圖》、《洛書》，五行一陰陽也，陰陽一太極也，太極本無極也，與周子《太極圖》相合如此。

《先天圖》出於希夷，不知希夷又自何而傳？

朱子始謂周子"不繇師傳，默契道妙"。及覆定周子《事狀》，則引張忠定言"公事有陰陽"之説。疑其所傳之有端緒，與初説不同。

晝夜之一闔一闢者，易也。人之一寤一寐、一動一靜亦然。

所謂易者，無須臾之間。

陰陽、太極，渾然無間。

《春秋》"西狩獲麟"，先儒以"感麟而作《經》"者爲是。蓋麟乃王者之瑞也。出得其時，斯爲祥；出非其時，反是。當魯哀公之世，果何時邪？而麟乃出，其非祥明矣！聖人以是知世道之降而不可復，於是有感而作《經》，至獲麟而止。自是之後，則一事不可復書矣。若以文成致瑞，引前聖之事證之，恐有未合。況《孔子世家》書獲麟於先，作《春秋》於後，此又一證也。姑書所見，以俟來哲。

孔子周流四方，欲行其道於天下，豈不如長沮、桀溺之徒知道之終不能行？但聖人仁民之心，即天地生物之心。天地不以窮冬大寒而已其生物之心，聖人亦豈以時世衰亂而已其

---

① "及"，原作"乃"，據沈刻本、乾隆本、四庫本改。

行道之心乎?

造化人事,皆自眇綿之端以至於充盛而不可遏,如《坤》之初六,一陰始生於下,必至於堅冰。當曹魏之時,索頭、鮮卑來貢質,亦猶一陰之微也,直至元魏跨有中原之盛。是以聖人修德爲治,必謹乎微也。

"否極則泰,塞久必通",造化人事必然之理也。

《易九圖》、《河圖》、《洛書》,天地自然之"易"也。《先天四圖》,伏羲之《易》也。《後天二圖》,文王之《易》也。《卦變圖》,孔子之《易》也。

一時之強弱,決不能奪萬世之是非。名義真有可畏。觀朱子《綱目》書法可見。①

"樂天知命,故不憂;安土敦乎仁,故能愛。"聖人之事也。聖人"遁世不見知而不悔"。既自得其固有之理,與人何與?

---

① "綱",原作"剛",據沈刻本、乾隆本、四庫本改。

讀書續録卷四

太極涵萬象，體用一源也；萬象具太極，顯微無間也。

漢初文章，猶是論事，所以近古。至司馬相如輩，詞賦專尚華藻，文體變矣。

漢文帝天資恭儉，非由學力。

《中庸》“戒慎”、“恐懼”、“慎獨”，靜存動察，爲仁之功也。

正理所見既明，則邪説不能惑。

陽一以施，陰兩而承。此理萬古不易。

天所賦爲命，元亨利貞也；人所受爲性，仁義禮智也。天下古今，萬理不出性命。

程子曰：“理，無形也，故假像以顯義。”《乾》六爻皆然，其餘卦爻皆然。

奇陽之數，健陽之性。有數即有理，元不相離。偶陰亦然。

動心忍性，則日新矣。

隨處有天理，順天理皆可樂也。

大本大原無所見，淺矣！

大本大原，直是不可得而形容。上天之載，無聲無臭，至矣！

天何言哉？其理則至顯。

卦畫即是陰陽，[1]而其理無窮。

陰陽中有理，理不外乎陰陽，精粗本末無二致。觀《太極圖》可見矣。

理氣，物物皆然。

理氣之外無一物。

惠迪吉，理也。

希夷陳氏曰："羲皇始畫八卦，重爲六十四，不立文字，使天下之人觀其象而已。能如象焉，則吉凶應；違其象，則吉凶反。後世卦畫不明，《易》道不傳，聖人於是不得已而有辭。學者謂《易》止於是，而不知有畫矣。"觀希夷之言如此，則卦象者，其《易》之本與？

易是氣，道是理，隨時變易以從道。氣在是，而理亦在是也。如人之一動一靜，易也。動靜合理，即從道也。修辭以立誠，一言必須實。

多記駁雜之事，妨正理。

惻隱、羞惡、辭讓、是非，皆善幾之發見也。

天下古今，只有一善而已。人不爲善，何以爲人？

妄念邪念息，則意自誠矣。

繼之者善也，成之者性也。善性一理也。

在造化爲善，在人物爲性。繼之者善，誠之源也；成之者性，誠斯立焉。

消息盈虚。大而天地之闔闢，小而日時之始終，皆一理也。

自太極生一奇一偶，加倍至六十四卦，便是《易》。伏羲

---

① "即"，沈刻本、乾隆本、四庫本作"只"。

元無文字，至文王繫彖，周公繫爻，文王、周公之《易》也。孔子《十翼》，孔子之《易》也。皆發明六十四卦、三百八十四爻之理而已。

天地間陰陽是自然之易。卦畫奇偶，不過模寫陰陽之象而已，故亦謂之《易》。卦之奇偶，法陰陽之奇偶而畫。天地之易，《易》書之易，同一陰陽而已。

自一奇一偶，漸次生滿六畫，是聖人作《易》之本原。後聖卦下繫之辭，亦謂之《易》。伏羲《先天圖》卦畫次序方位是《易》，文王、周公、孔子之書，乃《易》之辭也。

陰陽滚滚不已，造化人事皆由此出。造化日新，人事亦日新。

《周禮》："《三易》經卦皆八，其别六十有四。"即《易》也。伏羲之卦，因文王、周公繫之辭，故曰《周易》。《後天圖》乃文王之圖。彖爻之辭，文王、周公所繫，故謂之《周易》。

遲速不尤人，只歸之天。

如《先天圖》陽交於陰，陰交於陽，天地定位，山澤通氣，雷風相薄，水火不相射，八卦相錯，是交易之易。朱子所謂"交易爲體"也。自《坤》而《復》以至於《乾》，自《乾》而《巽》以至於《坤》，一動一静，互爲其根，寒往暑來，循環不已，是變易之易。朱子所謂"變易爲用"也。易有交易、變易之義，如此。

"交易爲體"，以定位而言。"變易爲用"，以流行而言。天地、上下、四方，定位也。晝夜、寒暑、往來，流行也。

"交易爲體"，以定位而言，天地、上下、四方是也。"變易爲用"，以流行而言，晝夜、寒暑、往來是也。陰陽奇偶，天地之易；卦畫奇偶，《易》書之易。天地之易，《易》書之易，同一陰陽而已。

“交易爲體”，以定位而言，天地、上下、四方是也。在《圓圖》上即乾、坤、坎、離之定位。“變易爲用”，以流行而言，晝夜、寒暑、往來是也。在《圓圖》上即卯、酉、子、午之流行。

《圓圖》定位、流行之《易》，模寫天地間定位、流行之易。

於穆不已，於《先天圖》見之。

精是卦畫之理，蘊是卦畫之辭，就卦畫推出偏傍之理也。如乾健是卦德，象天是卦象，内外卦爻位是卦體，爻自外來是卦變。

《先天圖》：《離》卯爲春，《乾》午爲夏，《坎》酉爲秋，《復》子爲冬。《坤》爲晦，《復》爲朔。自《坤》之《震》，月之始生，初三日也。至《兑》，月之上弦，初八日也。至《乾》，月滿爲望，十五日也。至《巽》，則月之始虧，十八日也。至《艮》，則月之下弦，二十三日也。至《坤》，三十日，又爲晦矣。卯《離》，晝而旦；酉《坎》，夜而昏。春、夏、秋、冬，晦、朔、弦、望，晝、夜、昏、旦，莫不見於此圖。

自《復》之息，至《乾》而盈。自《巽》之消，至《坤》而虚。《復》又息而至於《乾》而盈。《巽》又消而至於《坤》而虚。消息盈虚，皆氣之流行，而理爲之主也。

消生於極盈之時，息生於極虚之際。以是見亂生於治，治生於亂。其幾微矣。

如《乾》卦，六陽爻而已。就《乾》上有天之理，四德之義，六爻有六龍潛、見、惕、躍、飛、亢之義。凡《彖》、《爻》、《文言》之辭，皆發明卦爻之理而已。餘卦皆然。故朱子曰《先天圖》“所該甚廣，《易》中一字一義，無不自其中流出”者是也。

《易》之辭，皆自《易》之卦畫中出。

學者舊習、語言出於鄙俚者，皆當絶去。必使一言無不正，所謂修辭立誠也。

陽息而盈，則陰消而虚。陰息而盈，則陽消而虚。[1]

天之外無人、物，人、物之外無天。

天、地、人、物，渾合無間，一本故也。

息而盈，自無而有。消而虚，自有而無。

《易》言“修辭立誠”，乃爲學第一功夫。

潛修不求人知。理當如此。

善即性也，爲善即所以盡性也，爲不善則失其性矣。性之一字，無所不包，當時時體認而力行之。孟子所謂“左右逢其源”者，即此性也。

性雖無物不有，無時不然，然或心有不存，則不能體是性而與之相違矣。故道雖不可離，而存養省察之功不可間也。

《孟子》言仁、義、禮、智之性，惻隱、羞惡、辭讓、是非之情，道之體用全具，古今天下之理，不外乎此。

與人居官者言，當使有益於其身，有惠及於人。

所謂“欲寡其過而未能”者，吾老猶體之。

《西銘》曰：“乾稱父，坤稱母，予兹藐焉，乃混然中處。天地之塞，吾其體；天地之帥，吾其性。”天地萬物，分明爲一體。

五行有質，有氣，有性，有事，有味，有色，有聲。天下萬物之理，皆不出五行。五行之氣，循環無端，動静無始。

知言則能知人，如持權衡以較輕重，錙銖不差。

莫大於理。天下之言，合乎理者爲是，不合乎理者爲非，惟知言者能辨之。

舜執其兩端，用其中於民。知言之至也。

---

① “消”，沈刻本作“息”。

濂洛關閩諸儒之書，皆根據至理，而切於人生日用之實。文章止論古今得失、事體利害，而不根於天命人心之正，朱子所謂“以文自立”者也。

五行之質、之氣、之理，渾合無間。

文中子心在天下爲甚公，但“明德”之功未至，遽欲“新民”，失本末先後之序。如朱子所論是也。

董子曰：“尊孔氏者黜百家。”若尊孔氏，又信百家，必不能真尊孔氏矣。

君子有所爲，有所不爲，如爲聖人之學，則不爲異端之學。苟無所不爲，則其學雜矣。

漢四百年，識正學者，董子。唐三百年，識正學者，韓子。爲學當謹守聖人之道，雖未至是，亦聖人之徒也。

孔子安仁，即天地之心也。

天下古今學術之邪正，義利之分而已。

王者之心，無私如天地，人得而知之。

待人極當忠而不可欺。人我一致，欺人乃所以自欺也。

孔子去魯，不欲顯其君相之失，真天地之量也。

不能動人，惟責己之誠有未至。

朱子曰：“氣至而生，即乾元也。”是知坤元之氣，即乾元之氣，坤但順以承乾而已。

乾，元亨利貞，而坤順承之。天地一理也。

乾元，資始，氣之始也。坤元，資生，形之始也。形雖賦於地，而氣實禀於天也。

朱子釋《坤》之初六，[1]扶陽抑陰之旨微矣。

---

[1] “六”，沈刻本無此字。

《坤》之初六："履霜堅冰至。"不但小人、女人、夷狄，從微以至著，如人一念之惡，循習不已，必至於大惡。故大而治天下國家，近而治一心一身，皆當謹之於微也。

周子論"幾"字，如《復》之初九，"善幾"也；《姤》之初六，"惡幾"也。善幾不可不充，惡幾不可不絶。朱子所謂"近則公私邪正，遠則廢興存亡，只於此處看破便斡轉了"，此實治己治人之至要也。《易》爲性命之源，理在氣中。

天理民彝，雖大無道之世，不能殄滅。如秦至無道，猶有"父子不得内息"之禁，此天理民彝不能殄滅也。

自孟子之後，有大功於道學者，程子、朱子，雖已從祀孔子廟廡，謂宜更立廟於其鄉，世官其宗子以主祀事，略如孔子闕里之儀。斯得崇德報功之意矣。

《師》上六："開國承家，小人勿用。"此實萬世之大戒。自三代以至後世，守其戒則治，違其戒則亂。見於載籍者可考也。

五岳、四瀆、五鎮、四海神號之正，本於宋儒之議論。

立言當百世以俟聖人而不惑。①

朱子論祀典之説，今用之過前代遠矣。

聖人爲後世慮，無所不至，但人自不察耳。

見而知之者、聞而知之者，自堯舜至孟子其人可考。周、程、朱子，蓋亦神會心得，聞而知之者。

萬物皆氣之凝聚，而理亦賦焉。

静坐默存，未發之中，萬化皆從此出。

自有静時，自有動時，若當静時心亦馳於外，是不能立天

① "立"上，沈刻本有"其"字。

下之大本矣。

立身常在禮義中,斯不爲清議所少。

細思禮義出於天,[1]至貴至重;外物世之所有,至賤至微。當常依其至重至貴,[2]而不爲賤而輕者所移,庶幾近道矣。

《履》之上九:"其旋元吉。"人之所履,必周充而無欠缺,[3]斯應"元吉"之占。故人之履行,不可不慎。或謂《乾》九三言"誠",《坤》六二言"敬",先儒誠敬之學起於此。《乾》九二言"仁",《坤》六二言"義",仁義者陰陽之變也,先儒論仁義之用起於此。然誠、敬、仁、義之名,《書》已言之矣,謂皆起於《易》,恐未然也。

朱子曰:"天地之間,萬物粲然而畢陳者,皆陰麗於陽,其美外見者也。"如《坤》之六三、六五,皆陰麗於陽也。

如花木之類,其中流行者,氣之陽也;其支幹花葉美而外見者,陰也。此所謂陰麗於陽也與!

陰麗於陽,乃形麗於氣也。

治大衆,必有容乃可。《易》曰:"包蒙吉。"

《中庸序》:"以天下之理,豈有加於此哉?""此"即"精一執中"也,"中"即"天命之性"也。天下之理,豈有出於天命之性哉?

萬物不出中者,以性上不可加一物,如龜山所云也。

論老莊之失,程朱之言曲盡矣。

以世儒之論,折衷於程朱之言,其是非一見而判然矣。

---

① "禮",沈刻本、四庫本作"理"。

② "依",沈刻本、乾隆本、四庫本作"保"。

③ "充",乾隆本作"完"。

觀人之文章，即知其學術之邪正，《孟子》所謂知言也。不知言而讀天下之書，何以知其是非邪正哉？

物格知至，是明得天理盡也。

觀人與讀書，惟知言可以知其賢否、是非。

孟子“不尤臧倉”，與孔子“不尤公伯寮”之意同。知言，物格知至也。如此而觀天下之事，是非得失了然矣。

惟不知言，爲異端惑，爲小人罔，爲俗學眩。知言皆無此失矣。

孔子述而不作。學聖賢之道，不述聖賢之言，而自立新奇之説，去道遠矣！

《老子》、《莊子》不述前聖之言，自爲新奇之説，所以爲異端也。

濂洛關閩之書，一日不可不讀。周程張朱之道，一日不可不尊。舍此而他學，則非矣。

在人始有心之名，在天則渾然是理。理具於人心，乃可言心統性情。

天理在造化，繼之者善也。至成之者性，則天理在人物矣。

心統性情，張子就人心説。心體無窮，故於性情無不統。

天道流行，命也；命賦於人，性也。性與心俱生者也。性體無爲，人心有覺，故心統性情。

孔子登泰山而小天下。聖人所處愈高，則所見愈下矣。

立言不在乎艱深奇古，貴乎明理而已。如程朱之言，平易簡質，而理自明矣。

朱子曰：“周子《通書》，近世道學之源。”其言簡質如此。則務爲閎衍華藻者，去道遠矣。

布帛菽粟之文，民生日用之常，一日不可缺。金膏水碧空青丹砂之文，雖曰奇寶，飢不可食，寒不可衣，亦何益於生人哉？

慮事周密，處心泰然。

孔子自得之樂深，故視不義之富貴輕也。

聖人之心，千變萬化，一以貫之。

孔顔之樂，其全盡天理者與？

堯、舜、禹、湯、文、武治天下，皆不出性分之外。

漢光武規模不及高祖者，以好吏事，如馬援所論也。

妄念生，不誠之源也。

左右逢其源，隨處皆此理，無窮盡，無方體。

山川、草木、霜雪、雨露之類，皆造化之糟粕。張子言之詳矣。

太極者，本然之妙也；動静者，所乘之機也。理與氣無間亦無息也。

天下之理，具於吾心性，無不同也。

雜博之學，不可以入堯舜之道。

理學淵源無窮。

道學以《五經》、《四書》爲本，專用心於史學者，無自而入道。

聞一君子進則喜，好善之心自不能已也。

宋景濂《諸子辨》，列周程於其後，非尊道學者也，失倫次甚矣。周程聖賢，豈諸子之敢望乎？或者謂立言當求先儒所未言者。夫以孔子之大聖，猶述而不作，况後學不述古聖賢之言，而欲創立己説乎？

專心致志於仁義禮智之道，則不雜。離此即雜矣。

程子曰:“始比不以道,隙於終者,多矣。”如不擇賢否,非類相比,得不隙於終乎? 蓋世有其人,讀《易》至此,有合識之。

師以文章爲教,弟子以文章爲學,何以入聖人之道?

《近思録》宜熟讀。程子論“未發之中”處,當參看朱子《中庸或問》。其餘間有不同者,亦當參考。

道教盛於宋。道君林靈素後世踵其妄誕,求福不已。使果有可求之福,道君得之矣!

明道曰:“邪誕妖妄之説競起,塗生民之耳目,溺天下於污濁。”然則邪誕妖妄之説彌漫充塞,自古如此矣。

渾然一理至大,而粲然條理至密。

窮理盡性至命,學貫天人也。

在天成象,在地成形,皆一氣也。

上下四方曰宇,往古來今曰宙。氣無窮,理亦無窮。

歧伯論地曰:“大氣舉之。”則地有涯,氣無涯矣。雨水自天而降,人不異者,見之熟也。況地下之天,獨不能爲水而行於地中乎?

源泉混混,不舍晝夜,生生之氣無窮。

肉膻而蟻聚。至微之物,亦有知覺。性無不在可見矣。

雲氣合而成雨,故雲散則雨止;地氣合而成水,地常凝聚,故水無窮。

孟子守得大綱定,遇事只以此應之。大綱者何? 仁義禮智是也。

聖人之心,寂然不動,隨感而應,所謂神也。

見理熟則處事易。

行或使之,止或尼之。行止,非人之所爲也,天也。順乎天則心自泰然矣。

性命之理具於心，施於四體。四體不言而喻者，熟也。

“順理則裕”四字，用之不盡。

程子論漢唐雜伯雜夷，斷盡其失。

事親奉祭未盡孝，爲臣奉職未盡敬，宗族疏戚未盡仁，交友接人未盡忠，讀書行己未盡誠，此吾自少至老恒念有未盡也。

汲汲自修不及，何暇責人？不自修而責人，舍其田而耘人之田也。

程子論《蠱》之上九“高尚其事”有不同者，以人品而言也。

《易》言“貞吉”。守正，未有不吉者。

“正其誼不謀其利，明其道不計其功。”仁者之事，即王者之事。

道學、治道，不可岐而爲二。① 道學，正所以推而爲治道。

孟子之後，知王伯之分者，董子。

漢宣帝亦自言“漢家本雜王伯爲治”。

春秋時有五伯之名，有楊朱異端之名，皆衰世之事也。

“尊德性而道問學，致廣大而盡精微，極高明而道中庸。温故而知新，敦厚以崇禮。”朱子曰：“德性者，吾所受於天之正理。”竊謂尊德性，所以尊此理也。道問學，所以窮此理也。致廣大，所以極此理之大也。盡精微，所以盡此理之細也。極高明，所以極此理之明無不照。道中庸，所以行此無過不

---

① “岐”，四庫本作“歧”。

及。平常之理,温故而知新者,因温尋此理而有知新之益。[①]敦厚以崇禮者,敦篤乎此理而日謹其節文之詳。故此五句"尊"、"問",[②]"致"、"盡","極"、"道",[③]"温故知新",[④]"敦"、"崇",皆指"吾所受於天之正理"而言也。

人之動静、語默、寤寐,皆《易》也。

人與天地之理氣混然無間,故天地爲人之父母,而人當心父母之心,行父母之事也。

天地爲人之父母,故人知天地變化之道,則所行者能述父母之事矣。通天地神明之德,則所存者能繼父毋之志矣。

人心所具之性,即天地之理;人身所稟之氣,即天地之氣。故能致其性之中,則天地位;致其氣之和,則萬物育。

早作夜息,無非順陰陽自然之理,即所謂"易"也。

自思誠不如古人。古人處大震懼,不少動其心。自思誠不如古人遠矣。

勇者不懼,誠亦難能。

交易、變易,雖有體用之分,其實,體即所以爲用,而用不離體也。

周子曰:"不善之動,妄也。妄復,則無妄矣。無妄,則誠矣。"程子曰:"無妄之謂誠。"周、程相傳之學可見。

道之大原出於天,故聖人繼天立極。

太極渾然,其大無外,其小無内,無物不有,無時不然,實未嘗分也。但就萬物各有一太極而言,則似乎有分;然渾然

---

① "尋",乾隆本作"燖"。
② "問",乾隆本作"道"。
③ "極",沈刻本作"其"。
④ "故"下,沈刻本有"而"字。

者,則未嘗不統也。

太極不可分者,以理無不在也。

周子曰:"聖可學乎?曰:可。曰:有要乎?曰:有。請問焉。曰:一爲要。一者,無欲也。無欲則靜虛動直。靜虛則明,明則通;動直則公,公則溥。明、通、公、溥,其庶矣乎!"蓋"一"即無極之真。"靜虛"陰,"動直"陽,即兩儀。"明木、通火、公金、溥水",即四象。朱子謂:"學者能深玩而力行之,則有以知無極之真,兩儀、四象之本,皆不外乎此心,而日用間自別無用力處矣。"

"無極之真"是性之全體。"靜虛"爲陰,"無極之真"在陰中。"動直"爲陽,"無極之真"在陽中。"明木、通火、公金、溥水","無極之真"在五行中,即《圖》之太極、陰陽、五行也。"靜虛",陰也,而曰"明通木火",根於陰也。"動直",陽也,而曰"公溥金水",根於陽也。即《圖》之木火根於陰,水金根於陽之理。人之息,呼根於吸,吸根於呼,亦陰陽相根之理。

《孟子》曰:"天下之生久矣,一治一亂。"即《易》之陰陽盛衰之理也。

周子曰:"有至貴至富,可愛可求。"朱子言:"即周子之教程子,每令尋仲尼、顏子樂處。所樂何事?學者當熟思而實體之,不可但以言語解會而已。"愚按:朱子之言,引而不發。竊意天地間至貴至富可愛可求者,莫過於天命之性。能深知其理而實體之於身,則日用動靜之間莫非天理之流行,而無一毫私欲之雜撓,"仰不愧,俯不怍,心廣體胖,樂可知矣"。妄意如此,書之以俟來哲。

周子《顏子章》不言富貴爲何事。其下《師友章》言:"天地間,至尊者道,至貴者德。"道德即天命之性也,恐孔顏之樂亦不過全天命之性而已。

不責人，即心無凝冰焦火之累。

孟子論孔子之仕止久速，皆踐履《易》之道也。卦畫陽奇而陰偶。天地鬼神之理，豈有出於陰陽之外哉？

浩然之氣，即乾元、坤元之氣，人資以爲始、爲生者也。朱子曰："浩然之氣乃天地之正氣，人得以生者。"其斯之謂與？

孔子微服過宋，其自處雖裕，慮事則密。

蕩滌私邪，存心養性，[①]端謹容節。

五行之生，各一其性。則渾然太極無不各具於一物之中，而性之無所不在又可見矣。然太極既無不在，果不可分也。

聖人定之以仁義中正，而主靜，立人極焉。中正仁義，性也，性即人極也。[②] 萬物之生，同一太極，此不可分也。因物物各具一太極，若有分耳；雖若有分，而統體之太極，實未嘗分也。

聖賢之忠厚不可當。如明道之去，分明不容於時，猶謂"己學未至，當時誠意不能動人"。其忠厚如此。

人自得者深，則不慕乎外矣。

朱子論宗廟之制，宜爲法。

《太極圖説》在當時惟朱子盡得其妙，其次張南軒而已。

專用心於内則有進，或出或入，則有間矣。

《旅獒》之書，萬世當法。

---

① "存心養性"，沈刻本、乾隆本、四庫本作"存養心性"。

② "人"，乾隆本作"太"。

有本則應之無窮。

老子“執左契，而不責於人”，因應之謂也。

聖人天理爛熟，自無不樂。

朱子曰：“惟人也得其秀而最靈。”純粹至善之性，是所謂太極也，是則太極即性明矣。

太極在陰中，其體立；太極在陽中，其用行。太極隨陰陽而無不在，果不分也。[①]

天地間理無縫隙，實不可分。

天之生物，一本。故理無不同。

就萬物萬事上求實理，格物致知之要也。

天地生物之心，元也。人得之，爲仁。

程子曰：“由辭以得其意，則在乎人焉。”不但讀《易》，實讀書之要法也。

神妙萬物之體，神妙萬物之用，[②]即太極也。

統一氣而有動靜，故曰陰陽。

輕清之陽雖升而爲天，重濁之陰雖降而爲地，統一氣之升降耳。

上下四方曰宇，以充塞無窮而言；往古來今曰宙，以流行不息而言。

天地間只一動一靜，而理爲之主。萬化皆由是出，萬物皆由是生。

乾元、坤元，萬化之源也。

堯之“克明俊德”，實萬世君天下之本。

---

① “分”上，乾隆本有“可”字。

② “妙”，原無此字，據沈刻本、乾隆本、四庫本補。

天地之塞、天地之帥,人物得之以爲形性者也。

萬物一本,舉目可見。

安於義命,即泰然矣。

一性散爲萬善,萬善原於一性。一本萬殊,萬殊一本也。

人有萬善,纖毫動作不可輕也。

克勤小物者,以善無不在。

程子取柳宗元《封建論》,其必有説矣。

賈誼疏中教太子法,宜爲後世法。

柳子《守原議》,有關於世道。

伊川《經筵疏》皆格心之論。三代以下,爲人臣者但論政事人才而已,未有直從本原如程子之論也。

朱子《章疏》,有本有末,有綱有目,當時不能行其一二。信乎,用言之難也。

王安石作新法,以功利蠱君心,害天下,斫喪有宋之元氣。奸邪迭踵其迹,持紹述之説以媒進,至於板蕩而後已。此天下後世之所共知。劉將孫猶謂"朱子未必主元祐,右君實",予不知其爲何説也。

王道備於《大學》之書。

孔子曰:"居上不寬。"大抵居上以寬爲本,太狹則難爲其下矣。

《詩》云:"天生烝民,有物有則。人之秉彝,好是懿德。"孔子曰:"爲此《詩》者,其知道乎!"以有一物必有一理而言,謂之則;以禀執此常理而言,謂之秉彝;以是理之美得於心而言,謂之懿德。則也,彝也,德也,皆理也,理即道也。故曰:"爲此《詩》者,其知道乎!"

周子言"勢之輕重",朱子以秦漢之事明之,其意深矣!

萬物皆自天地之塞、之帥來，所謂一理也。至散而爲萬物，則殊分矣。①

事以義爲者，則事無不正。以利爲者，事雖正，猶未免出於利心。

孟子“老吾老以及人之老，幼吾幼以及人之幼”，王道、仁政皆自此出。有一夫之不獲其所，聖人之心爲之戚然不寧。

聖人惟言求仁。仁則萬事出於正，不仁則萬事出於不正。

司馬遷論“儒博而寡要”，第彼自不識其要耳。要者何？天命之性是也。

歷代史學議論之卑，不知王道爲何物。至宋道學君子，王道始明。

朱子《綱目》，是非定，天理明。

孟子言“人無四端，非人也”。人無四端，則靡所不爲，而入於禽獸矣。

“四端”雖並説，然必有惻隱之心，斯有羞惡、辭讓、是非之心。此仁所以統四德也。

前代史載異端駁雜怪誕之説，不足以立教，適足以惑人。

讀書吾得其要，天命之性是也。

① “殊分”，乾隆本作“分殊”。

讀書續録卷五

周子挺生南服，建《圖》立《説》，以明造化之源，性命之微。傳之二程，以當時無受之者，遂不以語人。至朱子，既即其《圖》以剖析其旨，又即其《説》以盡發其奥，由是周子建《圖》立《説》之意大明。學者誠欲求其意，當即朱子之《解》以求周子之《説》，熟讀精思，潛玩默體，期以數十年之功，俟其融會貫通，超然有得於圖像之表。庶幾造化之源，性命之微，天人之理，畢貫於一，而其實不外乎吾心矣。

朱子曰："《易》者交錯代换之名，卦爻之立由是而已。"此《易》之在卦畫者。又曰："天地之間，陰陽交錯，而實理流行，一賦一受於其中。"此《易》之在造化者。然《易》之在卦畫者，實由《易》之在造化者出也。

《易》雖有"交易"之體，"變易"之用，然用不在體之外。

人君之德，惟明爲先。《書》稱堯曰"欽明"、舜曰"文明"、禹曰"明明"、湯曰"克明"、文王曰"若日月之照臨"，皆言明也。明則在己之理欲判然，在人之邪正别白，處己處人，萬事皆得其當矣。

張子曰："學至於不責人，其學進矣。"此言當深體而力行之。愚屢言及此而不厭其煩者，亦欲深省而實踐之也。

《書》雖不及史之詳，然帝王治天下之大經大法已具，後世人主能力求其要而法其治，何三代之不可復？《書》之"精一執中"，治天下之要；用賢才，修政事之類，皆其法也。

經書中有字同而義異者。如《易·泰卦》，"泰"乃亨泰之義；《論語》"君子泰而不驕"，"泰"乃舒泰之義；《大學》"驕泰以失之"，"泰"，侈肆之義。又如《書》言"有忍乃濟"，"忍"乃容忍之義；《論語》言"忍"，乃忍於爲惡之義；《孟子》言"不忍人之心"，乃仁心發見之義。經書字如此類者，字同而義異，讀者當各即其義而觀之，不可以字泥也。

孔子曰："多乎哉？不多也。"世儒以該博爲能，而不察其理之有無者，去道遠矣！

有一毫私欲之間雜，即非仁矣。

自古有天下者，觀其所用之人，則政事可知矣。

周子《誠上章》"誠"、"善"、"道"、"性"、"元"、"亨"、"利"、"貞"、"命"，皆太極也。

程子言"國祚之祈天永命"，周過其曆，即其效也。

三王皆以仁立國，所謂王道也。

漢唐雖雜伯雜夷，尚能假仁義而行，故國祚自三代以下最爲長遠。秦、隋、南北朝、五代，皆以不仁立國，故其祚如彼之促。斯可以爲萬世鑑矣！

至大者，善也。人胡不爲善？

正己者乃能正人，未有枉己而能正人者也。

作史者不可以強弱成敗論人，只當斷以大義。

民不習教化，但知有刑政，風俗難乎其淳矣！

賢其賢，否其否，天下所以治；賢其否，否其賢，天下所以不治。

天下國家，當大培根本。何以培之？仁而已。聖人之道蔽昧不明者，千五六百年，至周、程、張、朱而始明。

《書》稱堯曰“欽明文思，允恭克讓”，舜曰“濬哲文明，温恭允塞”。曰“明”，曰“文”，曰“恭”，二帝皆同德。

道流行於天地間，即元亨利貞、仁義禮智是也，未嘗有間斷。但道之托於人者，有絶有續耳。

道體於穆而不已，道統有絶有續。

“道非亡也，幽、厲不由也。”不由，則道之在人者亡矣，而道之在天者則未嘗亡矣。

行止、久速皆有理焉，順理處之可也。

行止、久速由乎天，故不可尤人。

“中”字專言則包四德，“喜怒哀樂未發之謂中”是也；偏言則止爲禮之一德，“定之以中正仁義”是也。

靜存動察，學《易》之要也。

動靜語默、應事接物求合乎理，即學《易》也。

《易》者，陰陽也；其理，則道也。道即天命之流行，朱子所謂“陰陽交錯，而實理流行，一賦一受於其中”是也。

“五位相得而各有合。”相得，謂一與二相得，三與四相得，五與六相得，七與八相得，九與十相得。有合，謂一與六合，二與七合，三與八合，四與九合，五與十合。朱子曰：“相得如兄弟，有合如夫婦。”相得，則取其奇偶之相爲次第，辨其類而不容紊也；有合，則取其奇偶之相爲生成，合其類而不容間也。“相得有合”四字，該盡《河圖》之數。

《河圖》、《洛書》之奇偶，不過一陰一陽耳。朱子言之備矣。《洛書》一五行，即《河圖》之一六、二七、三八、四九、五十之五行也。

《河圖》之數十。太陽之位，一得數九成十。少陰之位，二得數八成十。少陽之位,三得數七成十。太陰之位,四得數六成十。

事無大小,皆當致謹。

舜之"兢兢業業",禹之"祗台德先",成湯之"慄慄危懼",文王之"小心翼翼",皆敬謹之謂也。

義利無並立之理。尚義者必不尚利,尚利者必不尚義。惟君子爲能尚義而去利也。孳孳爲義者,君子也;孳孳爲利者,小人也。聖賢言之詳矣。

尚義則天下治,三代盛時是也。尚利則天下亂,戰國末季是也。

行王道則黜伯功,行伯道則棄王道。後世有王伯並用之説,非矣!

王道,天理也;伯功,人欲也。天理、人欲,未有並立者也。

老子"多藏必厚亡"之言,曲盡事理。自古以來,黷貨厚積以取顛覆者多矣,而猶不知戒,何邪?

利者,人心之同欲,而欲專之,可乎?

孟子深辨王霸之誠僞,所以擴天理、遏人欲也。

千古聖賢之學,惟欲人存天理、遏人欲而已。

天道可畏,聖帝明王事天如事父母。父母有怒,人子恐懼不寧,思有以消其怒;聖帝明王之事天也,亦然。

《春秋》書災異,不言事應,而事應具存;未有書於前而不應於後也。朱子《綱目》書法仿《春秋》之意。

事天當自一念之微純乎天理,次而一身一家皆出於至正,則事天而天心悦矣。

古語云:"事天以實不以文。"存其心,養其性,事天之實也。

《書》言:“罰弗及嗣,賞延於世。”此聖人之仁心也。故賞當過於厚,而刑不過於濫。

乾道變化,各正性命。物物一太極也。

性命之理,於一草一木見之,於天地萬物皆見之。

周子論樂,至矣!

邵子詩云:“不讀人間非聖書。”凡不正之書,皆不可讀。陰陽消息,盛衰屈伸,即“易”也,順之則吉。

“天地盈虚,與時消息。”學《易》當深體此理。

朱子曰:“看來人處大運中無一時閑,吉凶悔吝一息不曾停,如大輪一般,一恁滚將去,①聖人只隨他恁地去看道理如何。這裏則將這道理處之,那裏則將那道理處之。”愚按:朱子此言,論《乾》卦“潛”、“見”、“惕”、“躍”、“飛”、“亢”之事,學《易》者當知此意。

《大有》之“遏惡揚善”,朱子謂“非特用人,反之於身,亦莫不皆然”。如去人欲、存天理,即遏惡揚善也。

“日中則昃,月盈則食,天地盈虚,與時消息。”如東漢諸君子,欲以力扶當時之衰亂,是不知此義也。

陰陽在内外分否泰,聖人以“君子”、“小人”發明其義。自古治亂皆由於是。《易》之垂戒深矣!

朱子曰:“太極中本無一物。”天地生物不言所利,故聖人之於功業,雖有若無,分定也。制將,②智謀爲本。不然,雖驍勇,一夫之敵也。《易》曰:“師。貞。丈人吉。”所謂“丈

① “滚”,原作“衮”,據乾隆本、四庫本改。
② “制”,乾隆本作“爲”。

人”，必能以智謀爲本矣。

聖賢之書，神而明之在乎人。不然，書特塵編耳。

書能神而明之，則活潑潑地。

聖賢之書，所載皆天地古今萬事萬物之理。能因書以知理，則理有實用。不然，書自書，理自理，何以有實用哉？

偶持一卷《中庸》書，因思此書滿天下，能因《中庸》之書，實得中庸之理者，幾何人哉？燈下記此以上四條。

《易》之初，卦畫而已，今《經》、《傳》、《本義》之外，諸儒之説遂至數十卷，何其文之多也？

支流多則迷本源，雜説多則亂本旨。今《五經》、《四書》傳注之外，增録後儒之説日益多，學者至白首不能遍讀，吾恐本源本旨迷而亂也。

宋末之文弊如周末。許魯齋嘗言之矣。

士農工商之業，爲之必有實效。異端誦妖誕之空言，以徼不可必之福，茫如捕風繫影，舉前古爲之，何其惑之甚邪？

六十四卦，其辭至於無窮。

爲善誠實，則天報之以福。豈有爲不善之人，誦異端之誕言而福可求邪？

陰陽迭爲消長。自《復》至《乾》，陽長陰消；自《姤》至《坤》，陽消陰長。然陽之長，雖至《復》始成一陽，而《坤》之初爻陽已萌矣。陰之長，雖至《姤》始成一陰，而《乾》之初爻陰已萌矣。聖人於陽之《復》則喜見於辭，於陰之《姤》則不言，扶陽抑陰之義也。

《剥》盡爲純《坤》，[①]《剥》於上而陽已萌於下。《夬》盡則

① “盡”下，乾隆本有“則”字。

爲純《乾》,《夬》於上而陰已萌於初。此陽無間容息,陰亦無間容息。故程子曰:"陰亦然,聖人不言耳。[①]"

知卦畫即《易》,知"交易"、"變易"之《易》,知陰陽迭爲消長。

陰陽無頓絶之理。至陰之中陽已生,純《坤》初爻有陽是也。至陽之中陰已生,純《乾》初爻有陰是也。

《姤》次《夬》,纔《夬》去陰爲《乾》,而陰又生。邵子所謂"亂生於治"也。

程子曰:"顔子簞瓢,在他人則憂,而顔子獨樂者,仁而已。"愚謂聖賢之樂,不過全天命之性,仁即天命之性也。專言仁,則義、禮、智皆在矣。

程子曰:"理、性、命,一也。"

堯、舜之朝曰"僉"者,衆共之辭,其舉人皆於公朝也。此意行公道行矣。

乾健坤順之類,《易》神明之德;仁義禮智信,人神明之德。

既往之非不可追,將來之非不可作。此吾之自省也。[②]

欲寡其過而未能之意,時時不可忘,此實修己之要也。

蘧伯玉之使以"夫子欲寡其過而未能"之言對孔子之問,不惟能知伯玉之心,其能自知也審矣。

衛武公、蘧伯玉皆以高年而篤於進修,誠可爲後世法。

孔子晚年喜《易》,猶曰:"假我數年以學《易》,可以無大過。"況常人之於學,可不知所勉乎!

---

① "不",沈刻本無此字。
② "省",沈刻本作"性"。

鬼神體物而不可遺。無物無陰陽。

程子曰:“離陰陽更無道。”竊謂離物亦無道。“富有之謂大業”,理氣充塞無涯;“日新之謂盛德”,理氣流行不息。“富有”雖曰大無外,“日新”雖曰久無窮,其實均一理氣耳。

道不爲堯存,不爲桀亡,萬古常如此。

道不離人,人懵然無知覺者,氣質拘之,物欲蔽之也。人之善端,亦時有發見者,但私欲盛,隨復汩之耳。

朱子曰:“董遇云:①‘讀書千遍,其義可見。’又曰:‘思之思之,又重思之。思之不通,鬼神將教之。非思之之力也,②精神之極也。’非妄語也。”此言讀書熟思之精,自有通悟時也。

楊龜山曰:“人性上不可添一物。”以是見龜山之識極高。

朱子曰:“太極之有動静,是天命之流行也。所謂一陰一陽之謂道、誠者聖人之本,物之終始,而命之道也。其動也,誠之通也;繼之者善,萬物之所資以始也。其静也,誠之復也;成之者性,萬物各正其性命也。”是則太極也,天命也,道也,誠也,善也,性也,一理也。

天下之理,再無加於性分之外者。

孟子言性善,於道之大本大原見之至明矣。故其一言一理皆自此出。荀、楊諸子,不明道之本原,雖多言,愈支矣。

聖人之言性與天道,雖曰不可得而聞,然與諸弟子言仁義、孝弟、忠信、天命、仁聖之類,與凡不言之教,何莫非性與天道之妙哉?

---

① “董”,沈刻本作“童”字。

② “思之”,乾隆本作“鬼神”,四庫本作“思鬼”。

孔子曰："若聖與仁，則吾豈敢？抑爲之不厭，誨人不倦，則可謂云爾已矣。"讀《論語》者，須要見何者是聖人之爲聖與仁不厭處，何者是聖人以仁與聖誨人不倦處。

問："自其本以之末，則一理之實，而萬物分之以爲體，故萬物各具一太極。如此説，則太極有分裂乎？"朱子曰："本只是一太極，而萬物各有稟受，又各自全一太極爾。如月在天，只一而已，及散在江湖，則處處皆見，不可謂月分也。"又問："《理性命章》如何下'分'字？"曰："不是割成片去，只如月映萬川相似。"以朱子之言觀之，太極渾然一理，其大無外，其小無内，人物雖各得一理，似乎分矣；合而言之，又渾是一理，實未嘗分也。天地間總是一月光，[①]萬川雖各得一月光，又總是一月光也。太極不可分，於是可見矣。

《大學·傳》言聖人之止，雖有仁、敬、孝、慈、信之分，其實皆以敬爲主。故曰："無不敬而安所止也。"

爲善之心，當念念不忘，不可有須臾之間也。

人心能止，則篤實輝光，故《易》於《大畜》言之。周子言"幾"字，亦自《易》"知幾其神乎"之語來。天體無窮，程子言之備矣。

"維天之命，於穆不已。"自一刻、一時、一晝、一夜、一月、一歲，積累至千萬歲，無非一陰一陽之謂道，循環而無窮，此維天之命，於穆不已也。蓋命即元亨利貞之命，道之謂也。善最大，以性無不在也。

天理本善，故人性無不善。故程子曰："性即理也。"

或在陽，或在陰，故神無方。或爲陽，或爲陰，故易無體。

---

① "天"上，沈刻本、四庫本有"正如"二字。

神不離乎陰陽，亦未嘗倚於陰陽也。

四皓定惠帝之位，先儒多稱留侯之謀，而朱子《綱目》不大書其事，惟附注於高帝還宫之下，必有深意。《楚辭·鴻鵠歌》有朱子《集注》，議論當以爲正。

讀史最有益。古人多有明見於事幾之先者。如事之成敗，人之賢否，皆預言於前，而具應於後。此等殊開人智識。

朱子曰："《易》若靠定象去看，便滋味長。若只恁懸空看，也無甚意思。"《本義》多是靠定象看。

中夜思，千古聖人之心，惟是誠而已。

進學之本，惟在忠信。聖賢言之詳矣。

孔子"視其所以"一章，亦可反觀己之爲善爲惡、所由所安之實。

《大學》經傳，一"明德"貫之。"明明德"者，明德明於己。"新民"者，明德明於人。"止至善"者，人己之明德各造其極。"格物致知"，窮盡此明德之理也。"誠意"者，實其明德於心之所發也。"正心"、"修身"，全此明德於身心也。"齊家"、"治國"、"平天下"者，明德明於家國天下也。

元亨利貞之命，充塞天地，流行古今，無一毫之空隙，無一息之間斷，即"維天之命，於穆不已"也。

五行之外無陰陽，陰陽之外無太極，太極之外無性與天道。精粗本末，渾然一致也。仁義禮智，天理也。樂天，即循天理而樂也。識太極，則識聖人矣。

宴好之私，不形於動静；情欲之感，無介於威儀。盛德之至也。

《易》不出乎陰陽之理，故《太極圖》可以包之。元始統天，仁道統人。

朱子曰："道之體用，不外乎陰陽，而其所以然者，則未嘗倚於陰陽也。"是則道即不測之神與。

堯之命官曆象授時，以閏月定四時之類，皆"範圍天地之化而不過，曲成萬物而不遺"也歟？

晝動夜静，而太極不離乎動静。故曰："太極，本然之妙也；動静，所乘之機也。"天位乎上爲陽，地位乎下爲陰，而太極不離乎陰陽。故曰："陰陽，形而下之器也；太極，形而上之道也。"

《太極圖説》，①不過《中庸》之理耳。《通書》曰："誠者，聖人之本。"誠，太極也，即《中庸》喜怒哀樂未發之中也。其曰："大哉乾元，萬物資始，誠之源也。"即《中庸》天命之本然也。其曰："乾道變化，各正性命，誠斯立焉。"即《中庸》天命流行賦於人物之性也。其曰："誠者，五常之本。"又即未發之中也。其曰："動而和曰道。"即和之達道也。

周子"無極而太極"，指性命之全體而言；張子《西銘》"理一分殊"，指仁義而言。《西銘》示人以求仁之體，專言之仁也，於《太極圖》"中正仁義"亦無不包矣。

《太極圖》言一理、二氣、五行化生萬物。《西銘》言乾坤爲萬物之父母。則一理、二氣、五行化生萬物在其中矣。

惇五典，庸五禮，彰五服，用五刑。治天下之大本大法，不出於是。

千古聖賢教人之法，只欲人復其性而已。聖人千言萬語，雖有精粗本末不同，皆説從性上來，學者默識而旁

---

① "圖"，原無此字，據乾隆本補。

通之。①

天人之理，性命而已。

學只學天理、人倫。

《西銘》大旨，欲人克己爲仁。

顯也，用也，即道之費也；微也，體也，即道之隱也。體用一源，顯微無間。

《太極圖説》，程子之後惟朱子知之。宜程子不以語人也。②

《太極圖説》、朱子《解》，知者鮮矣。

天地萬事萬物，各有自然之條理。人之處事，惟順其條理而行，斯無難處之事矣。

致知格物，是於事物求至極之理。

理不外事，惟於事上求其理。理既明，即以此理處此事，斯得其當矣。

《中庸或問》曰："格物之功，正在即事即物而各求其理。"

"天之神道而四時不忒"，元亨利貞是也。"聖人以神道設教而天下服"，仁義禮智是也。神明之德，在天爲元亨利貞，在人爲仁義禮智。

《中庸序》曰："怳然似有得其要領。"所謂要領，天命之性也，一書之理不外是。

《論語》雖不明言性善，凡言仁義、孝弟、道德、天命之類，無非性善也。

人之寂然不動時，陰也，而理具焉。感而遂通時，陽也，

① "者"下，乾隆本有"當"字。

② "不以"，沈刻本作"以不"。

而理亦具焉。或陰或陽，而理無不在；此在人，陰陽不測之神也。

《論語》凡告門弟子"問仁"、"一貫"、"求仁"、"得仁"、"禮義"、"善性"之類，皆天理也。天理，即性善也。

聖人雖罕言命，而《論語》所言者無非命之理；雖罕言仁，而所言者無非仁之道。蓋命即元亨利貞，賦於人仁義禮智之性。① 聖人一言一事，豈有出於性命之外者？學者默而識之可也。

靜而敬，以涵養喜怒哀樂未發之中；動而敬，以省察喜怒哀樂中節之和。此爲學之切要也。

《關雎》之詩，即"中和"之理。

動以天。天即仁義禮智之天理也。

《論語》言"仁"，《大學》言"明德"，《中庸》言"天命之性"，《孟子》言"仁義"，一理也。

動靜無端，陰陽無始，於貞、元之間見之。

一以貫之，只是性情。

聖人教人百行萬善，一以貫之。②

豁然貫通者，性而已。

日省己過之不暇，何暇責人之過？

"恕"字，用之不盡。

道無聲臭，取之不竭，用之無窮。

朱子《太極》、《西銘》解，至矣！盡矣！

貞元動靜，人心動靜，一也。

---

① "人"下，乾隆本有"爲"字。

② "一"，沈刻本、乾隆本、四庫本作"性"。

朱子言顔子“觸處洞然，自有條理”。條理，即性情之條理，大本達道也。

性命之理，散見於聖賢之書，天地之間，反之吾心至精至密之地，而不可見也。

始終、條理，性命、體用是也。

聖人答門弟子問仁，雖因人變化不同，其致一也。

造化無一息之間，人之存心亦當無一息之間。

學者一日之間，心在義理上之時少，在閑事上之時多，所以於義理生而於閑事熟。誠能移在閑事上之心常在義理上，念念不忘，則天理熟矣。

孟子言：“仁亦在乎熟之而已。”譬之飲食，熟則消融而有益，生則非徒無益，又將有害焉。此“爲仁貴乎熟”也。

程子曰：“人只有個天理，不能存，更做甚人？”蓋天理即仁義禮智也，四者一有失焉，則非人矣。

思萬端外事皆無益。惟思天理，則日進高明。

“誠”爲《中庸》之樞紐，即此性之實也，非性之外别有一物爲誠。

博學詳説，反説到至約之處，則無聲無臭矣。

道心即仁義禮智之心，性是也。

盡性者，聖人；復性者，①賢人至於聖人。聖人相傳之道，不過於此。

堯、舜、禹、湯、文、武之道，非得孔子，後世莫知所尊。周、程、張子之道，非得朱子，後世莫知所統。孔子之後，有大功於道學者，朱子也。古聖人之道，四書之理，湮晦千五百

---

① “性”，原作“聖”，據沈刻本、乾隆本、四庫本改。

年，至程朱始明。

知至處，即性之一源。

性者，萬物之一源，無方所，無形象。

費、隱即達道、大本。

不遷怒，功夫甚難，惟嘗用力者知之，然亦不可不勉。

孔子曰："君子之道四，丘未能一焉。"聖不自聖者如此。

復之有益於人，大矣。雖顔子，亦由於不遠復。

《小學》以事教人，理在其中，精粗本末無二致也。

踐履盡《小學》之事，則天理爛熟，雖大而化之之聖，恐亦不外是。

天地萬物，晝夜寒暑，彌滿六合，流行古今，皆《易》也。

《易》曰："知崇禮卑。"知崇如博文，禮卑如約禮。日夜省察身心思慮動作之過惡，改之；體認身心性情固有之天理，存之。改過存善，晝夜循環用功，庶幾惡去而善存。

讀《西銘》筆録：

朱子解《西銘》"天地之帥，吾其性"，曰："乾健坤順，此天地之志爲氣之帥，而人物之所得以爲性者也。"蓋乾坤之健順，即元亨利貞之德，賦於人物爲仁義禮智之性也。人物皆同此性。"民吾同胞"，以能推明乎此性也。"物吾與也"，以不能推明乎此性也。"大君"、"宗子"、"大臣"、"家相"，"高年長長"，"孤弱幼幼"，"聖人"、"賢者"以至"兄弟無告"，凡天下之人，皆天地之子，而同此性也。惟聖人能全其性，與天地合德也；賢者能不失其性，而秀出於等夷也。"于時保之"，保此性也；"樂且不憂"，樂天，即樂此性也。"違曰悖德，害仁曰賊"，"濟惡者不才"，皆逆此性，戕此性，稔惡而淪滅此性者也。"踐形，惟肖者"，能充形色之性而克肖乎乾坤父母者也。

“知化善述其事”者，知陰陽變化之道，而所行者皆天地之事，即此性見於日用事爲之間者也。“窮神善繼其志”者，通天地元亨利貞神明之德，而所存者皆天地之心，即此性藴於寂然不動者也。“不愧屋漏爲無忝”，存此性於幽隱之中，無忝於乾坤父母也。“存心養性爲匪懈”，存其心，養其性，不怠於事天者也。遏人欲而“惡旨酒”，又所以顧天之養而存此性也。“育英才”而永“錫類”，[1]乃所以廣萬物之一原而推此性也。“不弛勞”而盡“底豫”之恭，[2]非存此性以事天乎？“無所逃而待烹”，非盡此性以順天乎？“體其受而全歸者”，全歸乎此性而已。“順乎天而惟命是從者”，不咈乎此性而已。或“富貴而厚吾生”，吾惟盡其性而不敢驕。或“貧賤而玉吾成”，吾惟順其性而不敢怨。以至“存”，則存吾性以事天；“没”，則全吾性以樂天。此“性”之一字，皆自“天地之帥，吾其性”之“性”來。《西銘》始終之意，因事親之誠，以明事天之道，惟在乎養性而已。[3] 先儒以“理一分殊”明此篇之大旨。然理一所以爲仁，分殊所以爲義，舉仁義而言，則性之全體在其中矣。竊以“性”之一字貫之如此，未知是否，以俟正於後之君子。薛瑄識。

觀《顏子所好何學論》，顏子全在性情上用功夫。

程子曰：“《西銘》乃《原道》之宗祖。”蓋《原道》但言率性之道，《西銘》言道所從出，即天命之性也。

親親而仁民，仁民而愛物，皆仁也。於親曰親，於民曰仁，於物曰愛，仁之施各得其宜者，義也。此仁之理一，貫乎

---

① “永”，沈刻本作“求”。
② “弛”，沈刻本作“施”。
③ “惟”上，乾隆本有“而事天之道”五字；“乎”，四庫本作“吾”。

分殊之中;義之分殊,不在理一之外也。

道學相傳,非有物以相授也。蓋性者萬物之一原,而天下古今公共之理,即所謂道也。但先覺能明是道,[①]行是道,得其人而有以覺之,使之明是道,行是道,則道得其傳。無其人,則道失其傳矣。

天地之塞,吾其體;天地之帥,吾其性。此可見人與天地萬物爲一體。

朱子《本義》,卜筮外亦多本程《傳》。

至誠無息,即"維天之命,於穆不已"。在聖人,則純亦不已。

舉目見天地萬物之理,皆活潑潑地,何止鳶飛魚躍!理者何?即天命之性是也。所謂洞見道體者,恐不過如此。

一"性"貫乎《中庸》,上天之載,無聲無臭,至矣!"君子篤恭而天下平",即首章"致中和,天地位,萬物育"之意。

"明德"、"新民"、"止於至善",無非盡己盡人之性,各造其極。

物理之極處,即性之一原也。天下之物,皆造乎極處,則吾心所知無不至矣。

程子曰:"沿流而求源。"流者,《傳》之辭也;源者,《易》之理也。因辭以求理,所謂"沿流而求源"也。

長沮、桀溺之徒,其言聖人雖非,其自處卻是。蓋天下有道則見,無道則隱,賢者只當守此義。若聖人,則無不可爲之時,不當以賢者例之也。

惟聖人之言,中正無過。賢者之言,或有過者。

---

① "覺"下,乾隆本有"者"字。

宇文周多行周禮,然無其本焉,得有周禮之治?

《大學》:"物格而後知至,知至而後意誠。"觀"知至"連"意誠"説,則"致知格物"先於身心性情上用功,可知身心性情之理明,則意可得而誠矣。

"允執厥中。"中者,性命之理也,千古道學之源本於此。故朱子曰:"堯之一言,至矣,盡矣!"

吴陸遜有"先禮後刑"之言,亦可謂識治體矣。

常存不如人之心,則有進。

元大而始。人得天地生物之心以爲仁,則仁道之大可知。

仁從乾元大本大原中流出,所以爲衆善之長。

"忠信,所以進德也;修辭立其誠,所以居業也。"知行,皆實也。

讀書續録卷六

爲學之要，在於知性善。知性善，則知所用力矣。

告子以“食色”爲“性”。若“紾兄之臂而得食”，得爲性乎？“逾東家牆摟處子，則得妻”，得爲性乎？故食色，氣也；食色之理，性也。

寒暑，陰陽也；所以變化者，神也。變化之神無方，陰陽之易無體。

“天地設位而易行乎其中”，而易亦天地也。“成性存存，道義之門”，而道義亦性也。

“居處恭，執事敬”，存吾心之天對越在天之天，即“顧諟天之明命”。畏天命，尊德性之謂也。

孟子道性善，言必稱堯舜。又曰：“聖人，人倫之至也。”又曰：“堯舜，性之也。”是則聖人之所以爲聖人者，全此性而已。

程子曰“乾，天也”一節，論天至矣。

顔子所言“高”、“堅”、“前”、“後”，朱子曰：“道體也。”道體即性也。

天命之性，渾然無間。故存心養性，即所以事天也。

聖人以四代禮樂告顔子，使其得位，則於前代之法必有因有革，未必盡溺古法也。

朱子曰："功用言其氣也，妙用言其理也。"功用兼精粗言，妙用言其精者。

聖人作《易》，順性命之理。一卦分三才，陰陽、剛柔、仁義之道，即性命之理也。

中夜因思，天賦我惟一性，苟不能全，是逆天也。可不懼哉！

用言以斷事，則尚乎《易》之辭。

朱子《綱目》大書張良謝病辟穀，其旨微矣。

孔子曰："斯民也，三代直道而行也。"是則三代之治，後世必可復。

程子言"漆雕開已見大意"，即道也，道即性也。陽氣自下而上，漸達則温，畢達則熱。陰氣自下而上，漸達則涼，畢達則寒。觀十二月卦氣可見。

聖人教人博文、致知、格物、明善，凡知之之功，皆明此心之性也；教人約禮、誠意、正心、固執，凡行之之功，皆踐此心之性也。

涵養須用敬，存此性耳。進學則在致知，明此性耳。

孔子教人多就事上用功，鮮有指出本原者。至孟子，則指出本原矣。

《孟子》"深造之以道"一章至妙，非知道者，孰能識之？

王凝論元魏曰："夷狄之德，黎民懷之。"不知何謂也？

論性是學問大本大原。知此，則天下之理可明矣。

自泰之否易，自否之泰難。

卦爻，隨時取義不同。

君德，明爲本。居敬窮理，則明矣。

朱子曰："至精之理，於至粗之物上見。"

班彪《王命論》,真西山《文章正宗》取之。

知行雖是兩事,然行是行其所知之理,亦一也。

乾專直,是一;坤翕闢,是二。

《參同契》,終是方技之書。

顔子與聖人,未達一間者,以三月不違與純亦不已也。[①]

聖人相傳之心法,性而已。

既曰"上天之載,無聲無臭",復何言哉?

萬古之闔闢,不可得而窮。程子所謂"動静無端,陰陽無始"者與?

物格知至,在物之理與在己之理無間,故曰:"纔明彼,即曉此。"

格物,是方推致其知;物格,則知至矣。

通天地萬物,總是一理。致知格物者,正欲推極吾心之知,以貫天地萬物之理也。

孟子曰:"使吏治其賦。"後世分封者,多用其言。

天命有善而無惡,性之謂也。

大同之道,即理也。

誠之源,即張子所謂"性者,萬物之一源"。

唐郭子儀竭忠誠以事君,故君心無所疑。以厚德不露圭角處小人,故讒邪莫能害。

觀孟子答"井地"之問,則其法壞已久矣。[②]

四德,仁爲大,知爲重。非知之明,守之固,則仁亦不能有諸己矣。

---

① "亦",原無此字,據乾隆本、四庫本補。

② "久",沈刻本無此字,四庫本作"甚"。

朱子贊明道曰:“龍德正中。”甚大。[1]

“孟氏醇乎醇”,[2]以其言不出乎仁義禮智。

言出乎己,可警乎己。

程子曰:“心通乎道,然後能辨是非,如持權衡以較輕重。”蓋道即仁義禮智。心通乎道,以辨人之是非,其合於道者爲是,不合於道者爲非。道,即權衡;較輕重,即辨是非也。

朱子論陸象山之學,具有定論。臨川吴氏猶左右之,何也?

元人詩曰:“不宗朱氏元非學。”美哉言乎!

晋司徒魏舒,凡有爲,先行而後言,可以爲法;其遜位而去一節,尤高。

孟子“專心致志”四字,讀書之至要。

“率性之謂道”,全是自然。

天下後世,有公是公非。秦檜祖、子、孫三世領史職,亦不能揜其奸邪之迹。

聖人之言,皆自天理中流出,所以爲載道之文。

知性善,則天下之道皆自此出。不知性而論道者,妄也。

學至知道,乃可以言學。道者何?性是也。

在天成象,在地成形,皆造化之迹。

太極動而生陽,静而生陰,即二氣之良能也。

元亨利貞、仁義禮智八個字,無物不有,無時不然,充塞天地,貫徹古今,日用須臾不可離也。

君子行此四德者,故曰:“乾,元亨利貞。”聖人盡性以至

① “大”,乾隆本作“當”。
② “氏”,乾隆本作“子”。

命也。

大哉乾元，乃統天。萬化之源也。

一陰一陽之謂道，繼之者善也，成之者性也。無時不然。

天既無言，恐理亦無名。

二氣之良能，即屈伸之自然也。

細思人與天地本無二理，惟無私貫之。

凡言性、命、仁、義、禮、智、道、德之理，皆無形聲之可接，惟默而識之可也。故曰："上達，必由心悟。"命之曰道，蓋借人所行實有道路之道，以明人所行當然之理耳，非真有形如道路之道也。

先儒言聞道、見道者，但心悟其理，故借聞見以明之，非真有聲之可聞，有形之可見也。

"降衷秉彝"，"天理民彝"，朱子於《孟子》"豪傑興"及"聞見"章注兩言之。千載聖賢所傳所學之道，不外乎是。

持盈，惟有德者能之。

"作德，心逸日休"者，誠也。作僞者反是。

人無忠信，不可立於世。

天地、聖人，誠而已。

本一氣而有動靜耳。

荀子以人性爲惡，則是誣天下萬世之人皆爲惡也。其昧於理，如是之甚！

周世宗亦五代之賢君，而爭南唐江北之地，亦多傷兩國之生靈，仁者不爲也。

孟子處戰國之時不言兵，其仁心大矣。

觀唐虞三代之書，其世道可見。

宋元祐宣仁臨朝，亦非大有爲之時。

氣化流行未嘗間斷,可見道體無一息之停。

《周禮》,後世用其制者猶不可易,可見爲聖人之書。

成湯不邇聲色,不殖貨利,最爲難事。

孟子得仁義禮智之大者,其言千變萬化,皆由此出。

天道,元而已;人道,仁而已。

《大學》言"明德",《論語》言"仁",《中庸》言"性",《孟子》言"仁義",一理也。

《坤》之元,即《乾》之氣也。

"一陰一陽之謂道,繼之者善也,成之者性也。"先儒謂是孔子言性與天道處。

非知道者,不足以知聖人。

自孟子後,知孔子者鮮矣!至周程張朱,乃知之。

"顯諸仁"是"藏諸用"之發見處,"藏諸用"是"顯諸仁"之機緘處。

三代王佐事業,皆本於道德。後世輔相事功,多出於才氣。

莫之爲,莫之致,皆當謹其在己者。

中庸,惟聖人能之。雖大賢,亦未免有過不及者。

議論是非,易;行事合理,難。

聖賢書所言之理,神而明之在乎人。不然,書特塵編耳。

一之理,不患不能知,患無可貫之實耳。

朱子《本義》,依吕氏所定《經》二卷、《傳》十卷,古《易》次序可見。《易》本卜筮之義。

讀書續録卷七

通天地萬物之理，皆善也。人胡不爲善？

用之則行最難。自聖人以下，雖大賢用之，未免有過不及處。

聖人見幾明決，①未有至於事幾之難處者。

“色斯舉矣，翔而後集。”可以人而不如鳥乎？

天理、人事，精粗無二致。故下學人事，即所以上達天理也。

“大哉乾元。”元者，性善之源也。

千載之下，得《易》之本義者，朱子一人而已。

孟子言“性善”，擴前聖之未發。程子“性即理也”與張子皆論氣質之性，又擴孟子之未發。至朱子，會萃張、程之論性，至矣。

“大哉乾元！萬物資始，乃統天。”道莫大乎是。

孟子之後道不明，只是“性”之一字不明。

朱子論專言、偏言之仁，皆本於程子“四德之元，猶五常之仁，偏言則一事，專言則包四者”之語。其論性、命，皆本於程子“天所賦爲命，物所受爲性”之語。其論“本然之性”，皆

① “決”，沈刻本作“夬”。

本於程子“性即理也”之語。其論“氣質之性”，皆本於程、張論氣質之性。如論“致知格物”之類，皆本於程子。

“居處恭”，即“吾心之天，對越在天之天”。如“顧諟天之明命”、“畏天命”、“尊德性”，皆是恭之實。

雖明善而反諸身，不誠，終未有得也。

程子曰：“性即理也。”發明性善無餘藴矣。

性無聲臭，①不可以物形容之。

理無形，只是事物所當然、已然者。②

朱子之後，諸儒有失諸子之本義者。至魯齋許氏，尊朱子之學至矣。

“忠信，所以進德；修辭立其誠，所以居業。”業之存於心者爲德，德之見於事者爲業。如仁義禮智是德，行仁義禮智之德見於人倫事物之實爲業。德、業非有二也。

漢文帝即位之後，除收孥相坐律，卻貢獻，定賑窮養老之令，除誹謗妖言律，以至免租之類，皆仁政之大端也。三代以下，誠爲賢君。

孟子言“左右逢其原”，即“自得之”者。

理即在氣中，不可脱去氣而言理。

仁者，天地生物之心，人之所得以爲心，即專言仁，則包四德。

“陰精陽氣，聚而爲物，神之伸也”，即人之始而生。“魂游魄降，散而爲變，鬼之屈也”，即人之終而死。此所謂“人者，鬼神之會也”與！

---

① “聲”下，乾隆本有“無”字。

② “已”，乾隆本作“以”，其上有“所”字。

用之則行最難，所以孔子言“行義以達其道，未見其人也”。

“仰之彌高，鑽之彌堅；瞻之在前，忽焉在後。”此言性也。性無窮盡，無方體，朱子謂之道，道即性也。

但當循理，不可使氣。

非知周乎萬物者，不能辨天下之惑。

繼之者善，性之原也；成之者性，善之在人者也。

動静者，陰陽也；所以動静者，道也。

中庸，惟聖人能之。所謂“惟天下至誠，爲能盡其性”。

鬼神之屈伸，伸之極爲屈。屈，則伸之氣已往而遂盡。其屈而復伸者，乃方生之氣，非藉夫已屈之氣復爲方伸之氣也。程子曰：“不必將既屈之氣，復爲方伸之氣。生生之理，自然不息。”朱子亦曰：“往者過，來者續。”

見到至處，人或可及；行到至處，人鮮能及也。

明本然之性、氣質之性與喜怒哀樂未發已發之性情，了然無疑，此本領之學也。

“古之學者爲己。”顔、曾之徒是也。

“中庸不可能”者，以天命人心之理，極其至也。“博學而詳説之，將以反説約也。”約，乃理之統會一原，“上天之載，無聲無臭”，至矣！

爲學能使理勝氣，則可以變化氣質之性，而反天地之性。若氣勝理，則不能矣。

雖盡明《五經》、《四書》之理，而反諸身不誠，猶未有得也。有人談道理浩博無窮，至其心，則無實得處。故其行事，與所談者無一句相合，即程子譏韓持國“如談禪者”是也。

程子之門人論“未發之中”無“致知格物”，[1]皆失程子本意，至朱子發明至矣。

朱子大本原，皆得程子之學。

就氣質中指出仁義禮智不雜氣質而言，謂之“天地之性”；以仁義禮智雜氣質而言，故謂“氣質之性”。非有二也。

有氣即有性，有性即有氣。性雖不雜乎氣，亦不離乎氣。

人之物欲淺深，由於氣質之有清濁也。氣質極清者，自無物欲之累；其次，雖或有之，亦淺而易去。氣質極濁則物欲深，而去之也難。

氣質之拘最大，變化之功極難，然亦不可畏其難而不加變化之功也。

孟子曰：“人之可使爲不善，其性亦猶是也。”此亦言氣質之性。

至善之所在，在天爲元亨利貞，在人爲仁義禮智，在人倫爲五常，以至一事一物，莫不有天理之極，是皆至善之所在也。

《夏書》止四篇，《商書》稍多，《周書》最多。

人心通貫天地之心。

得聖學之真，則知異學之妄。

重外輕内，學者之通患。

朱子盡得程子之學，故曰：“亦幸私淑而與有聞焉。”

衛武公年九十五，猶作懿戒以自警。

朱子稱陶淵明有高志遠識。

默識性與天道，内外合一，無處不有，無時不然。

---

① “無”，乾隆本作“與”。

孟子曰："知其性，則知天矣。"天者，性之所自出，即天命之性也。

張子曰："形而後有氣質之性，善反之，則天地之性存焉。[①] 故氣質之性，君子有弗性者焉。"此言氣質昏濁，則天地之性爲其所蔽，故爲氣質之性；善反之而變其昏濁，則天地之性復明。若氣質本清，則天地之性自存，[②]初無待於反之之功也。

性情得其正者，聖人也。

大德敦化，理氣之一原；小德川流，理氣之殊派。

造化密移，無一息之停，常在目前，人自不察。精義入神，乃知至之事；致用，所以行其知也。

道理，物我無間，天人一致。

堯舜之治不可及已。君德盛，氣化盛也。

灑掃應對，亦精義入神，致用之事。

吾得性之善，[③]念念不忘。

人日用之理，性情而已。

漢唐歷代以來，賢人君子雖鮮克聞道，而其嘉言善行，高風偉節，見於傳記者多矣，不可謂世無其人也。

言乾，則元亨利貞已具；言性，則仁義禮智已具。

道則萬古不易，氣化則日新。

萬物皆有始終，惟道無始終。

先儒論孟子言齊魯之封，皆方百里，與王制同，與《周禮》異。然孔子曰："安見方六七十里、五六十里非邦也者？"則孟

---

① "存"，沈刻本作"有"。
② "自"，沈刻本作"有"。
③ "得"，四庫本作"德"。

子所言爲是。後來齊魯之大，皆兼併而然，非始封之制矣。

論宋、遼、金之統，當以宋爲正無疑。朱子《綱目》，五代時石晋雖爲遼所立，後來契丹侵晋，皆以"入寇"書，是則自晋傳漢、周至宋，宜得一統之正。況女真嘗入貢於宋，又非遼之比矣。

凡聖賢之書，皆先知先覺，覺後知後覺之言。讀其書而無知覺，可乎？

《堯典》、《舜典》首言其德，《禹謨》則言"文命敷於四海，秪承於帝"。所言有不同矣。

《詩》曰："其人如玉。"君子之德必如玉，斯無一毫之點污。

氣質之性，以理在氣中而言。氣質之濁者，理爲之蔽，性固有不善；氣質之清者，理無所蔽，性焉有不善乎？

未能盡顔子之學，則不能知顔子之樂。

滿天地間皆中庸之理，人自不察。

性與天道，無内外，無限量，無止息。

元者，善之長，亨利貞皆善也。仁爲善之長，禮義智皆善也。

性命一理也。有善而無惡也。明矣。

稟氣之濁者，心不開明，善言不能入。

見外物重，則氣象卑矣。

好仁者，無以尚之。顔子簞瓢陋巷，不改其樂與！

細思千古以來，窮奢極欲者漠然無存矣，但留不令之名於不泯耳。

漢唐間英主大抵能用言，則能成事功。

人之吸極而呼者，退極而進，柔變而趨於剛也。呼極而吸者,進極而退,剛化而趨於柔也。既變而剛,則闢矣;既化而柔,則闔矣。張子曰:"人之有息,蓋剛柔相摩,乾坤闔闢之象。"其斯之謂與。

朱子解《孟子》"孔子登東山"章言:"聖人之道,大而有本。"即天命之性也。

朱子曰:"已升之氣便散矣。"觀此言,則方生之氣,自是新者,非既散之氣復爲方生之氣也。程子論呼吸亦如此。

釋氏出世,法天地陰陽。古今皆世也,而可出乎?

"沖漠無朕之中,萬象森然已具。"竊意萬象如人與鳥獸、草木、昆蟲之類,莫不有一定之象具於沖漠無朕之中。及陰陽流行之後,其可見之象,即沖漠無朕中之象也。是則人物之偏正、通塞,雖曰稟氣賦形於有生之初,各有不同,然其已定之理,[1]固已具於沖漠無朕之中矣。

孔子曰:"我非生而知之者。"蓋以氣質言也。故朱子曰:"生知者,氣質清明,義理昭著。"

程子曰:"陽無可盡之理。"蓋陽即乾元之氣也,又豈有盡乎?

《堯典》春夏秋冬之四仲,即《乾》之元亨利貞也。

孟子言"取之左右逢其原"。"原",即天命之性也。性無時不發見於日用之間,故"取之左右逢其原"。"原",如水之有來處。[2]

人物之生,各接得天賦之命以爲性。

勢亦甚大。如趙宋之有遼、夏,勢不可去,若欲以力勝即

① "已",乾隆本作"一"。
② "處"下,乾隆本有"也"字。

有患。惟若古帝王修德以來之，則無患矣。

《論語》曰："吾莫如之何也已矣。"言人自絶於善，雖聖人之教，亦無所施也。

不輕妄則重厚，不昏塞則虚明，其要在主敬。

東漢之季，雖使陳、竇得行其計，可復治乎？朱子有言，意蓋如此。

漢高、惠、文、景皆少私欲，故程子謂其近於"善人爲邦"之效。

朱子曰："心有善惡，性無不善。若論氣質之性，則有不善。"

宋理宗雖崇理學，而不能行理學，安得有致治之效？

宋理宗用賈似道卒至僨國，此任小人之效也。豈非萬世之永鑑！

人能常存仁義禮智之性，則與天命之元亨利貞渾合無間，所謂"永言配命"也。

三代以下，唐宋之治，皆不及漢。

後漢嚴光有"懷仁輔義天下説"之言，則其所藴非尋常高士之可及也。

子陵之清，足以廉頑立懦，亦可謂百世之師矣。

讀書續録卷八

今天地闔闢之前方其明白：時天地間萬物，亦如今之所有；若天地再闔再闢之後，天地間萬物亦與今無異。誠以太極有一定之理，雖萬闔萬闢，而天地萬物不易也。

因有一定之理，故天地萬物常如此。

程子曰："動静無端，陰陽無始。"天地之闔闢，莫測其端倪也。

生於程朱之後者，何幸如之！以《四書》有成説，而大道明也。

程子論《禮》、《書》，至矣。

"孔子射於矍相之圃"，"使子路等執弓矢"之類，以病人之短，不敢信其必然。

浩然之氣，即乾元之氣也。

朱子言《易》中"器"字，皆謂有形之實事也。

性本善，反之而惡。如水性本下，搏激之可使過顙在山，亦反水之性也，然其就下之性終在。故反性爲惡，而本善常在。

伊尹曰："臣罔以寵，利居成功。"有《易》道焉。

程子曰："愛，情；仁，性。不可以愛爲仁，然仁是愛之性，愛是仁之情。"程子之意，但謂不可以情爲性耳。而愛之情終自仁之性出，故論仁，以愛爲仁固不可，而仁之情實不外乎愛也。

《八索》、《九丘》之書在唐虞之前，然唐虞三代之書無引其一言者，以是知其書之不傳也久矣。孔安國乃謂“孔子黜之”，恐不然。

漢高帝時，臣下無章奏，而聞諫即聽。至元、成、哀帝之間，章奏愈繁，而言不見用。此亦可以觀世道矣。

明道得志，使萬物各得其所。學者亦不可無此志。

二帝、三王公天下之心，萬世可見。

伊尹在畎畝，樂堯舜之道，即隱居以求其志。及其相湯，[1]即行義以達其道。

諸葛孔明與昭烈草廬之論及請救孫權之談，其素藴可知矣。

天地生物之心，即乾元也，其大無方，其遠無盡。

三代之佐，格心兼論事。後世之佐，論事多而格心者少見。

好仁者，無以尚之。巍巍乎！舜禹之有天下也，而不與焉。

人皆知曹操爲漢賊，而不知袁紹亦爲漢賊未成者，觀其與曹操論取天下之策及臧洪之事可見。《列傳》稱其“善下士”，過矣。

知正之所在，而固守之弗去，爲知。如知父子之仁、長幼之禮、君臣之義之類，固守而弗去，則爲知矣。

由辭以得意。讀書之至要，無過於是。

---

① “相”，沈刻本作“在”。

“允執厥中。”朱子謂:“堯之一言,至矣盡矣。”蓋中者天命之性,萬理不外乎中,故朱子云然。

因具於沖漠無朕之中者,有無窮之象,故見於卦畫者,有無窮之數。

《大學》出於《書》,如“克明俊德”作“新民”之類是也。

始條理之事有缺,則終條理之事不全。

道無有不到處,亦無有間斷處。釋氏出家修行,是有不到處;[1]專務上達而無下學,是有間斷處。又焉得爲道乎?

識進則量進。

性純是天理,[2]故有善而無惡。心雜乎氣,故不能無善惡。朱子曰:“心比理則微有迹,比氣則又靈。”又曰:“心是氣之精爽。”

程子曰:“有是心則有是迹。王通言心迹之判,便是亂道。”以此而觀,心迹既不可判,則人爲善之迹固出於心,而爲惡之迹亦出於心也明矣。

聖人雖有心,然動以天,順理而已,復何爲哉?故程子曰:“聖人有心而無爲。”

因看曆日,曰:“乾,元亨利貞之道,皆具於此矣。”

經書言“性”自《書》始,言“學”亦自《書》始。

自古奸雄若曹瞞之徒,雖逞欲一時,而終遺臭萬世。

孔子之後,知作《易》之本原者,程明道、邵康節;發明二子之學者,朱子也。

陰精陽氣,聚而成物,即所謂“天地之塞,吾其體”。

---

① “有”,沈刻本作“行”。
② “天”,乾隆本無此字。

不使他事勝好學之心，則有進。

朱子詩曰："若識無中含有象。"即"無極而太極"也。

惠雖不能周於人，而心當常存於厚。

注焉而不滿，[①]其量無窮；酌焉而不竭，其源無盡。

朱子《本義》，依吕氏所定《經》二卷、《傳》十卷古《易》之次序。後儒以《本義》附今《易程傳》之次，失朱子之意矣。

解《春秋》者，以己意爲聖人之意，不知果得聖人之意否？

至誠無息之體，與萬物各得其所之用，渾然無間。

朱子以"《易》有太極"，即周子所謂"無極而太極"。《易》所謂"是生兩儀"，即周子所謂"太極動而生陽，動極而静，静而生陰，静極復動。一動一静，互爲其根。分陰分陽，兩儀立焉"。《易》言"兩儀生四象"，即周子所謂"水火木金"。以是而觀，則《易》所言太極之生萬象，周子所言太極之生萬物，同一理也。

人之精神，即陰精陽氣，聚而爲物者，故與天地之氣流通而無間。人晝之所爲，夜之所夢，吉凶善惡，各以類應也。

消息盈虚，[②]造化自然之理。聖人知之，故順之而吉；衆人不知，故逆之而凶。

畫前之《易》，沖漠無朕之中，萬象森然已具。既畫之《易》，即卦即爻一理沖漠無朕。

朱子論太極曰："惟其理有許多，故其物亦有許多。"蓋"理有許多"者，沖漠無朕之中，萬象森然已具也。"故其物亦有許多"者，皆由理有許多也。

---

① "注"，沈刻本作"滛"。

② "盈"，原作"滿"，據乾隆本、四庫本改。按，"消息盈虚"，在宋明時代是一個成語。

精義入神,是致知明善之事,於天下之理知之極其明;致用是力行之事,於天下之理行之無不至。

朱子言:"公私邪正,廢興存亡,皆原於幾。"蓋知幾,則公正興存;不知幾,則私邪廢亡。

心統性之静氣,未用事,心正則性亦善;心統情之動氣,已用事,心正則情亦正。心有不正,則情亦不正矣。

乾元,萬物無時不資始;坤元,萬物無時不資生。

動静無端,陰陽無始。兩言括盡造化之妙。妄念忽然而起,然即覺其妄,但不能絶於再起,此所以爲難也。

廓然而大公者,性也;物來而順應者,情也。性者,情之體;情者,性之用。此性所以無内外也。

滿天地間皆是天所賦之命,物所受之性,但人自不察耳。

"天之蒼蒼,其正色邪?其遠而無所至極邪?[①]其視下也亦若是則已矣。"此論天之色體俱盡。

明善,是明仁義禮智之性。誠身,是實性之善,無一毫之妄。

明善,是格物、致知、知性、知天之事。誠身,是誠意、正心、養性、事天、修身之事。

性即理也,理即堯舜至於塗人,[②]一也。故復性則可以入堯舜之道。

陽之成形者,莫大於天;陰之成形者,莫大於地。

凡"性"、"理"字,皆聖人所制,以明難明之道。[③]

---

① "至",原作"止",據乾隆本、四庫本改。按,此處引述《莊子》,今本《莊子》作"其遠而無所至極邪"。

② "即",乾隆本作"則"。

③ "以"下"明"字,沈刻本作"闡"。

無聲無臭，至矣！況可以言語形容之哉？

性情之外無道。

滿天地是生物之心，滿腔子是惻隱之心。

劉康公曰：[①]“民受天地之中以生，所謂命也。是以有動作禮義威儀之則，以定命也。”周子“定之以中正仁義而主靜”之“定”字，蓋出於此。

朱子曰：“命即理也。”《書》曰：“顧諟天之明命。”《詩》曰：“永言配命。”孔子：“五十而知天命。”子思：“天命之謂性。”命皆以理言也。

孔子曰：“焉用殺？”《論語》二十篇，無以“殺”字論爲政者，聖人之仁心大矣。

帝王，公以爲治；霸者，公以假名。

聖人爲治，推其固有之善及人。纔有私意，即入於權謀術數矣。

《論語》一書，未有言人之惡者。熟讀之，可見聖賢之氣象。

心虚涵萬理。

《易》曰：“由辨之不早辨也。”朱子曰：“李光祖云：‘不早辨也，[②]直到得郎當了卻方辨，剗地激成事來。’此説最好。”愚按：此説凡事皆當謹之於微。性與天道，内外合一，其大無窮。

---

① “康”，原作“原”，據乾隆本、四庫本改。按，此處引述的是《左傳·成公十三年》裏劉康公的話。

② “也”，乾隆本作“他”。

讀書續録卷九

人心所具之性，即天所賦之命。人能常存仁義禮智之性，即不咈乎天之所命。或有一之未盡，即咈乎天命而自絶於天矣。

天命之流注於人心而爲性者，其來源源無窮。人能常存此性，則天命無時不流注，而其本無窮矣。

分正百職，各司其事，此唐、虞、三代大公至正之法也。後世有内相之稱，非相之職，行相之事，失公正矣。

唐太宗過鄴，祭魏武。夫魏武，漢賊也，祭之過矣。胡氏以魏武、唐太宗"才優於德"。夫唐太宗雖假仁義，猶有及人之德。魏武則殘賊生民，潛移漢鼎，弑伏后及皇子，殺害忠良，乃天下萬世不道大賊也，何德之有？胡氏以之與唐太宗並稱，①恐非至論。

處大事，貴乎明而能斷。不明，固無以知事之當斷，然明而不斷，②亦不免於後艱矣。

《中庸》言"明善"，不言"明性"。善即性也。

言善則性在其中，言性則善在其中。善、性無二理也。

---

① "稱"，沈刻本作"猶"。按，若作"猶"，則當屬下讀。

② "不"下，乾隆本有"能"字。

"逝者如斯夫！不舍晝夜。"即元亨利貞之理。

濂溪先生在當時知之者少，故從游者亦少，惟程珦知之，使二子從學，遂大明斯道之傳。是則周子從游者雖少，反勝於從游者之多也。

人之一呼一吸之息不停，即天地之化不停也。

朱子言人"心最靈，而有以通貫乎性命之全體"。心、性、命，一理也。

性即理也，滿天地間皆性也。

朱子《本義》，依古《易》次序自爲一書，不與程《傳》雜，最可見象占卜筮教人之本意。後儒摘以附程《傳》之次，失朱子之意矣。

費隱是顯微無間。

朱子《本義》，簡切明白，深得聖人作《易》之意。

雜慮少，則漸近道。

古聖賢多言私欲爲人性之蔽，至張子、程子皆論氣質之性，則知爲人性之蔽不獨私欲，而亦拘於氣質。故朱子論人性之蔽，必兼私欲、氣禀言之。

朱子曰："明命赫然，罔有内外。"是性無内外也。

性情之德具於人心，此道不可須臾離也。

"由經以求道"，"由辭以得意"。程子教人切要之言。

程朱之書，吾寤寐敬畏之，不敢慢也。

漢馬融絳帳女樂，爲權奸作奏，害忠良，得罪名教大矣！猶配饗孔子廟廡，謂宜黜罷之可也。

"語之而不惰者"，①夫子獨稱顏子，則其餘聞夫子之言

① "者"，原無此字，據乾隆本、四庫本補。

而惰者,亦恐多矣。

人心,即食色之性;道心,即天命之性。

聖人立法,皆修道之謂教,非於道之外强立法制也。若雜霸立法,則非修道之教矣。

自得之,全在因書之辭,以得其意。得其辭不得其意,程子所謂"糟粕"耳。

程子有曰"帝王以道治天下"者,蓋自天德推之王道也。其曰"後世只是以智力把持天下"者,則無天德以行王道,但用智力之私以防制之耳。

漢詔多引咎、責躬、恤民之意,最爲近古。

爲人須做徹表徹裏一般人。

自孔子後,知《易》者,周子、程子、邵子、朱子也。

堯命舜"慎徽五典",舜命契"敬敷五教",臯陶言"敕我五典",湯"肇修人紀",武王"重民五教"。"五典"、"五教"、"人紀",天理人倫,道莫出乎是。

朱子至精至粹之言,已見於《四書集注》、《章句》及《易本義》、《詩傳》中。其《文集》、《語類》之屬所載者,或有非定論者,讀者擇焉可也。

聖人之德莫大於孝,故《書》首稱舜"克諧以孝"。[1]

《孟子》書首言利之害。千萬世人之失,[2]皆由於此。

"老吾老以及人之老,幼吾幼以及人之幼。"聖人之仁政,皆自此推之。

道從天出,是有本之學。

---

① "諧",沈刻本作"協"。

② "人",乾隆本無此字。

文章俗學所以淺者，由不知大本大原自天出而賦於人物。故雖博極群書，識達古今，馳騁文章，建立事功，終爲無本原而淺。故君子貴乎知道。

知性、知天，則理無不明矣。

惟“天”之一字，足以包括萬理。

聖人所以爲聖人，無一毫之不實處。程子論邵子“爲人直是無禮不恭”，恐與聖人之學異。

水爲搏激之可使過顙在山，而就下之性常在。性爲氣質、物欲拘蔽爲惡，而善之性常在。

孔子稱“孟之反不伐”。如漢丙吉，深厚不伐善，恐孟之反不能過也。

天地之一陰一陽、一闔一闢、一晝一夜、一寒一暑、一暘一雨，人之一動一静、一語一默、一作一止、一寤一寐、一呼一吸，皆《易》道也。

孟子、董子、韓子論王道與霸術，誠僞貴賤不同。司馬氏言“王霸無異道”，胡氏論之明矣。

盛衰皆陰陽之變，萬古如此。

不明善而行者，冥行也。

乾健不息，故運而成晝夜，成四時，成古今。故曰：“但謂之乾，而無所不包矣。”

《易》，非邵子，羲畫不明；非程子，周經不明；非朱子，本義不明。三君子大有功於《易》者也。

《四書》經文《集注》，爲聖爲賢，皆由此入。惟讀者真知實得，乃有其效耳。

率性而行，即孟子所謂“大智”也。

天者，萬物之祖，無一物一理不出於天。

周、程之學，非朱子無以發。

“四時行，百物生”，即“逝者如斯夫！不舍晝夜”之意。

天理發見流行之實，不但四時行，百物生而已，如雨露、霜雪、風霆、鬼神、星辰、雲物、山峙、川流，凡有形有色、有動有息者，皆天理發見流行之實也。

周子之學，得於《易》者多，發明《大學》、《語》、《孟》、《中庸》者少，然其理則同也。

“克己復禮爲仁”，則盡性矣。

“維天之命，於穆不已”，忠也，道之體也，萬殊之所以一本也；“乾道變化，各正性命”，恕也，道之用也，一本之所以萬殊也。“中也者，天下之大本也”，道之體也，萬殊之所以一本也；“和也者，天下之達道也”，道之用也，一本之所以萬殊也。“大德敦化”者，道之體也，萬殊之所以一本也；“小德川流”者，道之用也，一本之所以萬殊也。“萬物統體一太極”者，道之體也，萬殊之所以一本也；“萬物各具一太極”者，道之用也，一本之所以萬殊也。“大哉乾元，萬物資始，誠之源也”，道之體也，萬殊之所以一本也；“乾道變化，各正性命，誠斯立焉”，道之用也，一本之所以萬殊也。然凡言體用，不可分而爲二。

史雖紀事，然事皆有理，即事而窮其理，亦致知格物之一端也。

明善，即是知性。

“克、伐、怨、欲不行”，心尚爲四者之累而不虚；必四者淨盡，則心虚而仁全矣。

漢、唐、宋之君，未聞有知道者，所以治效止於如此。

聖人不輕許人以仁。蓋專言之仁，則包四德，仁則四德全而盡性矣，故不輕許人以仁也。

《孟子》曰："道一而已矣。"朱子注曰："古今聖愚，[①]本同一性。"是則自堯舜至於塗人，同一性也。如《書》言"峻德"、"玄德"、"迪德"、"大德"、"一德"、"敬德"，以至言"道心"，言"中"，言"降衷"，言"天之明命"之類，雖所主有殊，而莫非性之理也。故自堯、舜、禹、湯、文、武、周公、孔子、顔、曾、思、孟相傳之道，又豈外於性哉？所謂"道一而已矣"者，於是可見。

復則吉，迷復凶。古之亡國之君、敗家之子，皆迷復者也。

復而無妄，聖人矣。

道體無内外，無古今。

必君臣同德，乃可有爲。

仁義禮智之性，日用無時無處不發見，但人自不察耳。

"論性，不論氣，不備。"言孟子論性善，固得性之本原，然不論氣，則不知有清濁、昏明之異，故未備。"論氣，不論性，不明。"言告子以知覺運動之氣爲性，而不知性之善，故不明。"論性不論氣"，此"氣"字指氣質之性而言；"論氣不論性"，此"氣"字指告子以知覺運動之氣而言。蓋告子論氣，亦不知有清濁、昏明、氣質之性也。"二之，則不是。"言性不離氣，氣不離性，分性氣爲二，則不是。

---

① "聖"，原作"性"，據沈刻本、乾隆本、四庫本改。

讀書續録卷十

朱子詩曰："渾然一理貫。"即性與天道也。

心、性、天，一理也，其大無外。

誠，即性命之實理，非性命之外别有誠也。

天人之理，誠而已。

"維天之命，於穆不已"，即乾之健而不息也。

人之威儀，須臾不可不嚴整，蓋有物有則也。

張子"反原"之説，吕氏"屈者不亡"之言，謝氏"歸根"之論，程子、朱子辨之明矣。

程子曰："人心一有所欲，則離道矣。"此克己所以爲難也。

嚴子陵有"懷仁輔義天下悦"之言，非不仕也，但不肯少貶其道耳。觀其謂光武"差增於往"，則其微意可見。作史者列於《逸民傳》，非知光者。

出處去就，士君子之大節，不可不謹。《禮》曰："進以禮，退以義。"孔子曰："有命。"孟子不見諸侯，尤詳於進退之道。故出處去就之節，不可不謹。

王者行一不義、殺一不辜而得天下，不爲也。

魏、晋、五胡、南北朝、十六國、五代，或假禪授以竊人之國，或騁兵力以荼毒生民，皆王者之賊也。

古經,《易》畫自伏羲始,《書》自《堯典》始。

周子之學,當時無知者。《太極圖説》、《通書》傳之程子,程子以其理微不以語學者,至朱子始發明之。然能因朱子之言以求周子之學者,亦未易得也。

誠心父母斯民,爲王道;有一毫不誠,即非王道矣。

性與天道只在目前,默而識之可也。

顔子簞瓢陋巷,不改其樂。使達而在上,則有天下而不與矣。

韓子言《孟子》"醇乎醇",以其言仁義而不雜也。

朱子謂程子説荀、楊等語,"是就分金秤上説下來"。蓋所謂知言知人也。

無物非氣,無氣非道。①

千古聖賢之心,仁而已。

自近古,四海九州,無不崇信釋老。惟今孔子闕里曲阜一縣,無佛老之居,無僧道。

"維天之命,於穆不已"者,誠而已。

朱子曰:"程子言以功用謂之鬼神,以妙用謂之神。功用,言其氣也;妙用,言其理也。"凡《易》兼言鬼神者,皆言其氣;單言神者,皆言其理。朱子釋"陰陽不測之謂神"章言:"道之體用,不外乎陰陽。而其所以然,則未嘗倚於陰陽。"是則神即道也、理也。

神無方而易無體。不但陰陽造化爲然,如人之動而陽,神在動中;静而陰,神在静中,此神無方也。人之動而静,静而動,動而又静,此易無體也。

---

① "非",沈刻本、乾隆本、四庫本作"無"。

一陰一陽之謂道，繼之者善也，成之者性也。

流行賦予，無一息之間，但人自不察焉耳。①

“論性，不論氣，不備”，有二説。性氣不相離，專論性不論氣，則性無安泊處，此不備也；性氣既不相離，因氣有清濁，故性有明暗，若專論本然之性善而不論氣，則不知有清濁、明暗、氣質之性，此不備也。

“論氣，不論性，不明”，是指告子以知覺運動生之義爲性，②而不知性即理也，故不明。

萬事萬物，一理貫之，理即性也。性之仁，貫乎父子之親，仁民愛物之類。性之義，貫乎君臣之義，尊賢之等，事物之宜。性之禮，貫乎長幼之序，天秩之節文儀則。性之智，貫乎夫婦之别，是非、善惡、賢否之分。性之信，貫乎朋友之交，五常萬事之實。只一性，貫乎萬事萬物，所謂“一理渾然而泛應曲當”也。

知一陰一陽之謂道，繼之者善也，成之者性也，則知道德之本源矣。

氣質之拘最大，不然，何自古聖賢之生不多見與？

孔子以聖人、君子、善人、有恒者不得而見，聖賢之生豈偶然哉？

人心所具之性，從繼之者善來，即所謂“天命之謂性”也。

夏、商、周皆有興廢，惟唐、虞無廢。

善惡不係於世類多矣，以莽賊而有孝平后之貞烈。

自古來，萬變之外物皆泯，惟善惡之迹不泯。可畏哉！

---

① “焉”，沈刻本、四庫本無此字。

② “義”，乾隆本、四庫本作“氣”。

夏、商、周之子孫久而無聞,孔子之子孫愈久愈盛,何其德之長也!

心每有妄發,即以經書聖賢之言制之。

程子曰:"以形體謂之天,以主宰謂之帝,以功用謂之鬼神,以妙用謂之神,以性情謂之乾。"此數言不出理、氣二字,而天以貫之。

游程子之門流於老禪者,由致知格物之功未至也。

程子曰:"天本廓然無窮。"即道之廓然無窮也。天以形體言,道即理也。

老子曰:"大道廢,有仁義。"夫仁義即大道也,大道既廢,又豈有仁義乎?至分道、德、仁、義、禮爲五,皆理不明也,先儒已辨之矣。

陳希夷亦遁世離群者與。

程子曰:"性即理也,理則自堯舜至於塗人,一也。"此論本然之性。又曰:"才禀於氣,氣有清濁。禀其清者爲賢,禀其濁者爲愚。"此論氣質之性。

朱子之後,大儒真西山《大學衍義》有補於治道。

朱子言自程子之後,論格物致知者皆失程子之意。詳見《大學或問》。

學者不於身心事物上體認其理而力行之,徒矻矻於記誦文辭之間,難乎有得矣!

因惻隱、羞惡、恭敬、是非之情善,而知仁、義、禮、智之性善。亦猶因水之流清,而知其源之清也。此先儒之成説,特申言之。

自孔子後數千年,《易》只曰《周經》"乾,元亨利貞"以下,[1]而

---

① "曰",乾隆本無此字。

伏羲《先天四圖》隱而不傳。雖有《繫辭》"易有太極，是生兩儀，兩儀生四象，四象生八卦"及《説卦》"天地定位，山澤通氣，雷風相薄，水火不相射；八卦相錯，數往者順，知來者逆"之言，人亦不知何謂。至邵子傳《先天圖》自陳希夷，於是以《繫辭》、《説卦》之言證《圖》，一一相合，而伏羲作《易》本原復明。

邵子"一分爲二，二分爲四，四分爲八"等語，即發明"易有太極，是生兩儀"云云之《横圖》也；其曰"乾坤縱而六子横"等語，即發明"天地定位"云云之《圓圖》也。

《堯典》"克明俊德"一言，實千萬世君德之始。

程子稱邵子"觀天地之運化，陰陽之消長，以達乎萬物之變"，其意深矣。

鬼者，屈也；神者，伸也。屈伸是陰陽之靈處。

乾一而實，故以質言，而曰大；坤二而虚，故以量言，而曰廣。乾坤之廣大，即《易》之廣大也。

人與天地萬物，混然一理一氣，但分有不同耳。

孔子以"至德"稱泰伯、文王，乃萬世之人極。

天人一理，備見於孔子贊《易》之辭。

明德，貫《大學》經傳。

天人一理。湯曰："惟皇上帝，降衷於下民。"武王曰："惟天地，萬物父母；惟人，萬物之靈。"《詩》曰："天生烝民，有物有則。"孔子所謂"性與天道"，[①]子思所謂"天命之性"，孟子所謂"知性"、"知天"，皆有以見天人之一理。後世大道不明，論天者不及於人，言人者無涉於天，由是分天人爲二致。惟

① "孔"上，乾隆本有"劉子所謂民受天地之中以生"十二字。

董子有“道之大原出於天”之言，亦可見天人之一理。至周子作《太極圖》，明人物出於造化之一原，而張子、程子、朱子各有發明天人一理之説，大道於是復明。

學問大本，原在天命之性，於此所見不差，則天下之理不差矣。

邵康節見造化人事熟，所以終不出。

惟知言窮理，則能知人之邪正。

聖賢成大事業者，從戰戰兢兢之小心來。[1]

孔子言“有恒者”難見。驗之人，信然。

帝王治道治法，皆實德實事，豈後世無本智力之所及？

至誠能盡其性，盡性即至誠。

純乎天理而不雜，爲誠。雜則妄，而不誠矣。

克盡己私，爲誠。有一毫之私未盡，則非誠矣。

程子曰：“有無、動静、始終之理，聚散而已。”蓋聚則爲有，爲動，爲始；散則爲無，爲静，爲終。生死之説不過如此。釋氏聚散亦人耳，安能以已散者爲禍福邪？舉前古爲其所惑，理之不明也甚矣！

聖人最重民力，觀《春秋》所書可見。

心無愧怍，則廣大寬平，而體常舒泰，其樂可知矣。

程子曰：“釋氏不識陰陽、晝夜、死生、古今。”愚謂惟其如此，故其言誕妄。

聖人言天地之造化，莫備於《易》。論天地之造化而不本於《易》，皆妄也。

---

① “從”上，乾隆本有“皆”字。

讀書續録卷十一

“天地以生物爲心，而所生之物，因各得夫天地生物之心以爲心，所以人皆有不忍人之心。”苟爲物欲所蔽，失其不忍人之心，所謂戕滅天理，自絶本根者，賊殺其親，大逆無道也，故謂之賊。

以氣中有太極，則可；以氣即太極，則不可。

程子曰：“無妄之謂誠。”朱子曰：“真實無妄之謂誠。”“誠”非虚字，皆指實理而言。

程子不言太極，其論性、天道，即太極也。

性與天道，不可得而聞，故程子不以《太極圖説》語學者。

知之至，信之篤，則實有得於己矣。

伊川曰：“學者於道不知所向，①則孰知斯人之爲功？不知所至，則孰知斯名之稱情？”此言當深玩。

讀聖賢書，於凡切要之言，皆體貼到自己身心上，必欲實得而力踐之，乃有益。不然，書自書，我自我，雖盡讀聖賢書，終無益也。

孟子言“見而知之”，“聞而知之”。尹氏曰：“知，謂知其道也。”蓋道即仁義禮智之道也。程子“明道”者，明是道也。

---

① “向”，沈刻本作“爲”。

伊川言“學者於道不知所向所至”，亦此道也。道即朱子所謂“天理民彝”，性是也。性外無道，道外無性。千古聖賢所知所傳者，豈外於是哉？

求復仁義禮智之性，即是道學。

人聞道學之名，不駭以爲高，則笑以爲迂。且爲學而不學道，則無天理人倫矣，果何學乎？言命即有性，言性即有命；命、性，一理也。天人無二，内外無間。

言心即有性，言性即有心，心、性不相離也。

朱子曰：“天理只是仁義禮智之總名，仁義禮智便是天理之件數。”愚竊謂天道是元亨利貞之總名，元亨利貞是天道之件數。

聖人不忍人之心，即天地元亨利貞生物之心。人皆有是心，惟聖人能全盡耳。

聖賢相傳之道，盡性而已。

周子《太極圖説》，程子之後，惟朱子知之。

周子《太極圖説》，一字一句之義皆貼在《圖》上，朱子《太極圖説解》，一字一句之義亦皆貼在《圖》上，須細心體玩三四十年，庶可知其妙，非用力於時日淺近者之可窺也。

周子《太極圖説》，朱子《圖説解》，其一字一句之義固皆貼在《圖》上，苟玩索之久而超然自有得焉，則又默識其理於象言之表矣。

養氣，則人之氣與天地之氣同其大；盡心，則人之性與天地之性同其大。

一息之運與古今之運同，一塵之土與大地之土同，[1]一

① “大”，原作“天”，據沈刻本、乾隆本、四庫本改。

夫之心與億兆之心同。

陽氣成形之大者爲天,陰氣成形之大者爲地。乾元,天之德也;坤元,地之德也。

克勤小物,爲學之切要。

物格知至,則異端、邪誕、妖妄之説不辨而自明矣。

孔子言“生而知之”,“學而知之”。其“知”之字,皆指知性而言。故爲學之本,求知其性之所有,全之而已。

學而知之之功夫條目,如格物、致知、擇善、明善、博學、審問、慎思、明辨、學聚、問辨、博文、知性、知天之類,皆是也。

天道之全體大用,元亨利貞四時而已;人道之全體大用,仁義禮智四端而已。

外物無窮,不能以禮制心,則逐外物亦無窮。①

聖賢道尊德貴,舉天下之物豈能尚乎?

自得之爲難。自得之,則實有諸已矣。

雖能建立大事功而不知道,猶爲淺。故君子貴乎知道。

朱子論子産、管仲於道,“概乎未有聞也”。

魏伯陽《參同契》,假《易》論長生之術,若指諸掌;然伯陽今竟能踐其言而度世常存邪?

程子曰:仙者,“天地間一賊,若非竊造化之機,安能延年邪?”愚謂仙者雖竊造化之機以延年,亦未有久而不散者。不然,自古以仙得名者多矣,何千百年不見一人在世邪?

神仙既自謂能度世,常在人間以化人可也,何必作爲言語邪?以作爲言語而不常在人間,則其誕妄不可信也明矣。

萬物始終,乃陰陽造化自然之理,神仙者必欲超出陰陽

---

①“則”下,乾隆本有“心”字。

造化之理以常存,必無此理。

老莊亦無神仙之説,自秦漢來乃有之。秦皇、漢武求之之效可見矣。

屈原《遠游篇》神仙度世之言,皆假設耳。人將謂神仙真可學,誤矣!

羲、周之《易》,專主動察變占;至孔子之《易》,乃有居省象辭。

堯曰:"允執其中。"故言中,自堯始。聖賢相傳之道,中而已矣。

《尚書》言中最多。中者,天命之性。《書》多言無過不及之中,乃性之已發者。至子思作《中庸》,乃兼言未發已發之中。程子、朱子論之詳矣。

讀書不於身心有得,懵然而已。

本朝祀典極正,以不雜於佛老。

天地以生物爲心,元亨利貞也;人得天地之心爲心,仁義禮智也。是即天命之性與!

人物從天地大化之本原來,故天人一理。

程子曰:"氣清則才善,氣濁則才惡。稟得至清之氣爲聖人,稟得至濁之氣爲愚人。如韓愈所言、公都子所問之人是也。"愚謂韓子所言,即"性有三性"之説;公都子所問,即"有性善,有性不善"云云者。此皆言氣質之性也。

韓子言堯、舜、禹、湯、文、武、周公、孔子、孟氏之傳,又曰:"軻之死,不得其傳焉。"又曰:"孟氏醇乎醇者也。"又曰:"惟孟軻師子思,而子思之學出於曾子。自孔子没,獨孟軻氏之傳獨得其宗。"愚謂自秦漢以來,諸儒未有論道統相傳之詳且正如韓子者,至程朱論道統之傳亦主其説。若韓子所見,誠所謂豪傑之士矣。

一故神，或在陰中，或在陽中，皆此一也，故曰："兩在故不測。"兩故化，陽化爲陰，神在其中，陰化爲陽，神在其中，故曰："推行乎一。"

程子曰："動静、有無、始終之理，聚散而已。"蓋聚則爲動，爲有，爲始；散則爲静，爲無，爲終。

"議擬"二字出《易大傳》，今法家用之。雖細事亦可見《易》無不包之一端。

人皆知求鬼神於茫昧不測之間，殊不知天地、四時、日月、星辰、雨露、風霆、雪霜、山川、草木、人物、鳥獸，皆鬼神之著者。

舉天地萬物皆至理，民鮮知之。

《孟子》七篇，雖論有不同，皆本於此心之義理。學者忘之時多，所以於義理不熟。

聖人只以仁義禮智之心，應天下之事。

《中庸》書"天命之謂性"，盡之！

"大哉聖人之道！洋洋乎發育萬物，峻極於天。"此性、天道合一也。

致知格物者，欲推極知識以知性也。故朱子曰："知性則物格之謂，盡心則知至之謂也。"

明道曰"道之不明也，異端害之也"一段，辨盡異端之失。

觀《大學》經，[1]"致知格物"連"誠意"說，則格物先欲格身心之理，[2]而後誠意之功可施。故程子曰："格物，莫若察

---

① "經"下，乾隆本有"文"字。
② "欲"，乾隆本作"於"。

之於身，其得之尤切。”

論天地陰陽造化，莫備於《易》。外《易》而論造化者，即程子所謂“邪誕妖妄之説”也。

天之明命，即天之所以與我，而我之所以爲德，天命之性是也。

孟子言“浩然之氣”，“至大至剛”及言“知性”、“知天”，是其論理氣處。

致知格物，於讀書得之者多。

各正性命，各得性命之正。

孔子之道，得孟子而愈尊；程子之道，至朱子而始明。

理萬古只依舊，氣則日新。

理大無窮，氣亦大無窮。

天所賦之性，[①]無時不然；物所受之性，無物不有。

舍己從人，最爲難事，所以舜稱堯，孟子稱舜。公都子所問三者之性，前二説，朱子以告子、蘇氏、胡氏之言證之，固非矣；後一説，以韓子性有三品之説明之。程子曰：“氣清則才清，[②]氣濁則才惡。禀得至清之氣生者爲聖人，禀得至濁之氣爲愚人。[③] 如韓愈所言是也。”然則此一説正論氣質之性，未爲非也。但孟子專論性，不及氣耳。

《易》書一字一義，皆自《先天圖》出；《通書》一字一義，皆自《太極圖》出。

以静言性則可，以静形容性則不可。

宋言官有“以策題作詩爲謗訕”者，皆非也。觀周公《無

① “性”，乾隆本作“命”。

② “才”下“清”字，乾隆本作“善”。

③ “爲”上，乾隆本有“生者”二字。

逸》之書曰："小人怨汝詈汝。則皇自敬德。厥愆，曰：'朕之愆！'允若時，不啻不敢含怒。"則古之聖臣，曷嘗道其君以言語罪人哉！

感中有寂，寂中有感。

人心惟危，道心惟微。皆以心之用言。

聖人之教，皆自近以漸及高遠，循循有序。

不忍人之心，即天地生物之心，所謂元也。

仁道至大，以即天地生物之心也。

健而無息之謂乾，即"逝者如斯夫，不舍晝夜"之意。

邵子論天地始終之數，乃前聖所未言者。

先儒謂邵子以一萬八百年爲一會，初間一萬八百年而天始開。竊疑天未開時只是氣塞，既未有日月、星辰、曆數、四時，不知如何計其年數。

讀書續録卷十二

窮理之言出於《易》。以致知格物爲窮理，始於程子。

天地生物之心，流行於四時，無一時之間斷。①

伊尹言“顧諟天之明命”，見天人合一之理。自是而後，聖賢之言天命者，皆原於此。

周、張、程、朱之前，知孟子者，韓子一人而已。

自有《大學》書以來，發明致知格物爲窮理之事者，程子而已。繼程子而發明其言者，②朱子一人而已。

不知致知格物之功即始條理之事，有缺矣。

程子謂韓子“言所傳者何事”。竊謂聖人之心，天理渾全，得其心，斯得其傳矣。

程子言：“性即理也。”故滿天地間皆理，即滿天地間皆性矣。此合内外之道也。

朱子曰：“天地之間，只有動静兩端，循環不已，更無餘事，此之謂易。而其動其静，必有所以動静之理焉，是則所謂太極也。”愚謂朱子之言，即所謂“一陰一陽之謂道”也。

《易》曰：“安土敦乎仁，故能愛。”此言仁之體用。

---

① “時”，乾隆本作“息”。
② “言”，乾隆本作“義”。

天地以生物爲心，元亨利貞也；人得天地生物之心以爲心，仁義禮智也。是即天命之性也。

學後世之詩到工處，止做得詩人。學聖人之道到極處，可以爲聖人。

"上天之載，無聲無臭。""維天之命，於穆不已。"乃《詩》言天道之至妙處。

"昊天曰明，及爾出往。昊天曰旦，及爾游衍。"是亦《詩》言天之妙處。

一陰一陽之謂道，繼之者善也，成之者性也。一息如此，萬古如此。

表章《大學》、《語》、《孟》、《中庸》，始於程子，成於朱子。

天有以形體言者，有以理言者。然以形體言即有理，以理言即有形體，非可二之也。

"幾"字始見於《書》，如"萬幾"、"時幾"之類。至《易》有"知幾"之類。周子發明"幾"字至矣。

"君子無終食之間違仁，造次必於是，顛沛必於是。"此專言之仁，則包四德。無違仁，則欲常存仁義禮智之性矣。

《易》雖古於《書》，然伏羲時但有卦畫，而無文辭，文辭實始於《書》。故凡言"德"，言"聖"，言"神"，言"心"，言"道"，言"中"，言"性"，言"天"，言"命"，言"誠"，言"善"，言"一"之類諸性理之名，多見於《書》。《書》之後乃有《易》之辭。及諸經書，聖賢發明性理之名，雖有淺深不同，實皆原於《書》也。

孟子"知言"，亦本於孔子"不知言，無以知人"之説。

孟子言"知言"，即孔子所謂"知者不惑"；其言"養氣"，即孔子所謂"勇者不懼"。

程子言："孟子學已到聖處。"故其論"堯舜性之"、"湯武反之”、“孔子聖之時”之類，皆深知聖人所以爲聖人。使非學到聖處，安能知聖人哉？

論古今人物賢否、得失，惟心通乎道者能之。心不通乎道，而論人之賢否、得失，鮮不差矣！

程子曰：“天人一也，更不分别。浩然之氣，乃吾氣也。”觀此則天人一理可知矣。

程子曰：“荀子只一句性惡，大本已失。楊子亦不識性，更説甚道？”蓋性者，大本也，言性惡則大本已失；道者，率性之謂，不識性，更説甚道？

《孟子》“養氣”章“縮”字、“直”字、“義”字，皆意同。

《書》以前雖已有文籍，[①]皆不傳。今文籍可見者，自《書·堯典》始。

知言最難。惟心乎道，乃能知古今天下言之是非。

所行不合乎仁義禮智，即莫由道也。

“見賢思齊，見不賢而内自省。”不獨見當時之人如此，以至讀古人之書，見古人之賢者皆思齊，見古人之不賢者皆自省，則進善去惡之功益廣矣。

“論性，不論氣，不備”有二説。專論性，不論氣，則性無安泊處，此不備也。專論性，不論氣，則雖知性之本善，而不知氣質有清濁之殊，此不備也。“論氣，不論性，不明”亦有二説。如告子以知覺運動之氣爲性，而不知性之爲理，此不明也。如論氣質有清濁之殊，而不知性之本善，此不明也。二之，則不是。蓋理氣雖不相雜，亦不相離，天下無無氣之理，

---

① “已”，沈刻本作“曰”。

亦無無理之氣,氣外無性,性外無氣,是不可二之也。若分而二,[1]是有無氣之性,無性之氣矣。故曰“二之,則不是”。

“論性,不論氣,不備”,言孟子於極本窮原之性已明,但未備耳。“論氣,不論性,不明”,則是告子全不識性也。

《大學》之“明德”,即《中庸》“天命之性”。

默識仁義禮智之性與元亨利貞之天合,則有得矣。[2]聞道即知性知天也。

“天者,理也;其尊無對。逆理,則獲罪於天矣。”蓋理即仁義禮智之理,逆理則獲罪於天矣。

程子曰:“四端不言信者,既有誠心爲四端,則信在其中矣。”愚謂若無誠心,則四端亦無矣。故學道以誠心爲本。

克己復禮,與天地合德。

性者,人所受之天理,仁義禮智也。天道者,天理自然之本體,元亨利貞也。性與天道渾合無間,故曰“其實一也”。

聖人接人,惟一誠。

“由辭以得意。”如元亨利貞、仁義禮智,辭也;由辭以得元亨利貞、仁義禮智之意,則有得矣。

鬼神者,天地陰陽之靈。魂魄者,人身陰陽之靈。

學不至於聖賢,只是有不誠處。

《易》曰:“苟非其人,道不虚行。”朱子曰:“神而明之,則存乎其人也。”莊子論斫輪之意近之。

程子言:“荀子只一句性惡,大本已失。楊子亦不識性,更説甚道?”然則自孟子没,道失其傳,只是性不明。

---

① “二”下,乾隆本有“之”字。
② “有”,沈刻本作“日”。

跋重刊《讀書録》後

右《讀書録》并《續録》凡二十三卷，作者爲我朝河東薛文清公。新而梓之者，爲我大侍御石州張公也。文清公平生讀書，以誠敬爲主，本以關閩諸子爲法繩，以古聖賢爲歸宿。故其《録》也，於心身爲切要，詞不枝蔓，意不幽秘，句不怪誕，明正簡易，讀者可索而玩味焉。雋永沖足，悠遠整潔，如太羹鐘鏞，非嗜樂之真者弗取。賦竊謂古之人以文名者，若韓、柳、盧、駱；今之世以詩名者，若高、楊、張、徐，士人或加膾炙。至問文清公，不知何如人，《讀書録》不知何如書，抑獨何邪？然則知文清公者，惟我侍御公而已。公膺命特憲兩淮鹺政，法貞弊釐，遠邇肅然。其教士也，仍獨拳拳於古聖賢之學，其心尚矣！賦又因而嘆夫今之患人之無者，功名；而公之患人之無者，道德；世之患人之趨也，不於今；而公之患人之趨也，不於古。以古之號能文者律文清公，以今教士文者律公，可謂真愧焉者矣！

嘉靖乙酉夏六月望直隸淮安府知府後學建安田賦拜書